Romance Mediúmnico

EL PRISMA DE LAS MIL CARAS

Eurípedes Kühl

Dictado por el Espíritu

Claudinei

Traducción al Español:
J.Thomas Saldias, MSc.
Lima, Perú, Abril, 2024

Título Original en Portugués:
"O Prima das mil faces"
© Eurípedes Kühl, 1994

Traducido al Español de la 3ra Edición Portuguesa, 2002

World Spiritist Institute
Houston, Texas, USA
E–mail: contact@worldspiritistinstitute.org

Del Médium

Eurípedes Kühl nació en Igarapava, SP, el 21–08–1934. Hijo de Miguel Augusto Kühl y Anna García Kühl, está casado con doña Lúcy Câmara Kühl y tienen 2 hijos.

Profesionalmente es oficial del Ejército (Capitán), paracaidista, estando en la Reserva Remunerada desde 1983, después de 31 años de servicio activo, sirviendo en varias guarniciones militares.

También es Licenciado en Administración de Empresas.

Su nombre es un merecido homenaje a Eurípedes Barsanulfo, rendido por su madre, quien fue curada por el bondadoso médium, en un desdoblamiento espiritual, en 1917.

Vive en Ribeirão Preto – SP, donde trabaja con gran entusiasmo en el movimiento espírita.

Del Traductor

Jesús Thomas Saldias, MSc, nació en Trujillo, Perú.

Desde los años 80s conoció la doctrina espírita gracias a su estadía en Brasil donde tuvo oportunidad de interactuar a través de médiums con el Dr. Napoleón Rodriguez Laureano, quien se convirtió en su mentor y guía espiritual.

Posteriormente se mudó al Estado de Texas, en los Estados Unidos y se graduó en la carrera de Zootecnia en la Universidad de Texas A&M. Obtuvo también su Maestría en Ciencias de Fauna Silvestre siguiendo sus estudios de Doctorado en la misma universidad.

Terminada su carrera académica, estableció la empresa *Global Specialized Consultants LLC* a través de la cual promovió el Uso Sostenible de Recursos Naturales a través de Latino América y luego fue partícipe de la formación del **World Spiritist Institute**, registrado en el Estado de Texas como una ONG sin fines de lucro con la finalidad de promover la divulgación de la doctrina espírita.

Actualmente se encuentra trabajando desde Perú en la traducción de libros de varios médiums y espíritus del portugués al español, habiendo traducido más de 310 títulos, así como conduciendo el programa "La Hora de los Espíritus."

Índice

INTRODUCCIÓN 7
PREFACIO 9
NOTA DEL AUTOR ESPIRITUAL 11
PRIMERA PARTE 13
    EN LAS TIERRAS DE LOS SFENDU 14
    LA LLEGADA DE LAS PRUEBAS DE LA VIDA 29
    EL DESHIELO 38
    ENGAÑOS DEL PASADO: DESENGAÑOS ....
    EN EL PRESENTE 42
    EL CIRCO 55
    EL MAGO Y EL DOMADOR 69
    NUEVAS FRONTERAS 84
    EL NIDO DE LAS CATARATAS 87
    ILUMINANDO LAS CARAS DEL PRISMA 96
    OSCURECIENDO LAS CARAS DEL PRISMA 106
    CELOS Y ODIO 111
SEGUNDA PARTE 125
    LA VIDA DE LOS MUERTOS 126
    PUESTO DE SOCORRO NÚMERO NUEVE 128
    MÚSICA EN EL MÁS ALLÁ 143
    EL HOSPITAL DE LA PRIMERA BENDICIÓN 153
    EQUIPOS DE RESCATE 160
    LOGROS Y MÉRITOS 179
    REENCUENTRO 187
    ATRACCIÓN Y REPULSIÓN 198

AUXILIO PREVENTIVO..210
TERCERA PARTE 223
　　LA "COSECHA DE ESPÍRITUS"..224
　　AMOR, AMOR..242
　　RECONSTRUCCIONES 245
CUARTA PARTE..256
　　EL AYER MÁS EL HOY FORMAN EL MAÑANA................257
　　CONQUISTADORES DERROTADOS 282
　　SIGLO XX Portugal – Ciudad de Oporto...............................296
　　CUMPLIENDO COMPROMISOS 300

INTRODUCCIÓN

De julio 88 a septiembre 89 Claudinei, espíritu amigo, Director de una Institución Espiritual, nos dictó esta obra, a través del lenguaje mental.

Con buena voluntad buscamos responder a tanta bondad y confianza.

Nos sentimos como un aprendiz de sastre encargado de tareas honorables como es vestir la Reencarnación, ¡un personaje tan ilustre!

De Claudinei, toda la materia prima: contenido y mensaje. De nosotros, el "sastre de la prenda": composición fraseológica de los hechos.

Consideramos fundamental señalar que las páginas de esta obra fueron recibidas semanalmente, sin que se pudiera establecerse conexión alguna entre los hechos narrados, ni con el pasado ni con el futuro.

Una vez presentado el guion sin encadenamientos cronológicos, con bloques temporales deliberadamente desacoplados, se convierte en una grata sorpresa comprender plenamente, solo al final, toda la trama que ofrece el autor.

Por lo tanto, leer, al principio, puede parecer como sentar unas bases.

Pero no lo es.

Al desarrollarse en el plano físico, justifica uno de los principales aspectos de la ley de causa y efecto.

Hay un propósito evidente al encubrir la secuencia natural del tiempo.

Acciones cometidas, a veces, en un segundo, se proyectan en la inmensidad del tiempo en resultados maravillosos o terribles para los autores, según fueron practicados por amor u odio, por perdón o por venganza...

En la segunda parte se produce un increíble cambio de escenario, que nos lleva a reflexionar sobre lo poco que sabemos todavía sobre las cosas que están "entre la Tierra y el cielo."

La tercera parte nos echa siglos atrás, aclarando los siglos venideros.

La cuarta y última parte nos demuestra, elocuentemente, cómo a veces, en segundos, los destinos se unen a la eternidad.

¡Al final quedó comprobado que, en referencia a nuestras acciones, palabras y pensamientos, nada, absolutamente nada, escapa a un registro inimaginable, hecho con precisión, por la Justicia Divina!

* * *

Agradecemos sinceramente el indispensable apoyo espiritual brindado por los compañeros de la Asociación de Costura Meimei – "Me Acostumbré" –, en las reuniones de la 21ª feria, de 20 a 21 horas, en esta ciudad, durante las cuales psicografiamos este trabajo.

Al autor espiritual, nuestro amigo Claudinei, solo podemos agradecerle pidiéndole que Dios le permita tareas similares y que nos encontremos más preparados, si nuevamente tenemos la suerte de participar en ellas.

Eurípedes Kühl.

Ribeirão Preto, SP – Enero de 1990

PREFACIO

Cuando nos invitaron a presentar este trabajo, sentimos una mezcla de alegría y preocupación. Alegría, porque durante meses estuvimos presentes en las reuniones donde fue recibida psicográficamente; y preocupación, porque estábamos más familiarizados con los "regalos domésticos" que con el lápiz y el papel.

La humanidad sufriente de nuestros días necesita creer en la reencarnación y en la espiritualidad, para poder soportar mejor el dolor, en las diversas formas que éste se presenta. Esta creencia es la única esperanza de tiempos mejores, tanto para los analfabetos como para los intelectuales.

Es necesario tomar conciencia de hechos como los aquí narrados, que llevan al hombre al encuentro de la realidad misma, la razón de su existencia en este mundo, su inmortalidad e indestructibilidad.

La situación mundial confusa, incierta y llena de contradicciones nos lleva muchas veces a la pérdida del legado divino que nos ha sido confiado. Violencia, agresión, creada por mentes brutalizadas, sobreviven porque tienen a Cristo en sus corazones.

Esta obra descubre el drama de varios personajes, mostrando, a través de la reencarnación, las consecuencias de los compromisos asumidos, todo dentro de la lógica de la ley de la acción y reacción. Casos similares. y aun más enredados tal vez son parte de nuestra vida diaria. Aquí, los hechos iluminados están muy bien explicados por nuestro querido mentor Claudinei, constituyen un excelente aprendizaje sobre las luchas por la reencarnación.

Hay un momento en la vida de todo ser en el que desea ardientemente encontrar respuestas a sus dudas y/o alivio al sufrimiento. Llega el momento en que quiere entender qué sucede y por qué, intentando dominar las circunstancias y dejar de ser víctima de ellas.

La obra muestra que las situaciones difíciles de nuestra vida son nada más y nada menos que la suma de nuestras actitudes negativas. En los primeros capítulos aprendemos sobre las leyes que gobiernan los mundos material y espiritual y las relaciones entre ellos.

Y mientras lees, entenderás las necesidades reales de la rectificación a través de la reencarnación. Pero dejemos que el trabajo hable por sí solo.

¡Nuestro cariño y agradecimiento al mentor Claudinei y a nuestro compañero Eurípedes, expresado por nosotros en nombre de todo el Grupo Me Acostumbré.

María Aparecida del Moro

Fundadora de la Casa Asistencial "Meimei"

Ribeirão Preto, SP

NOTA DEL AUTOR ESPIRITUAL

Sobre el título de este trabajo:

"El Misterio de la vida":

– ¿De dónde venimos?

– ¿Por qué estamos aquí?

– ¿A dónde iremos?

LA RAZÓN:

Dios es todo: ¡el Universo y mucho más! Y el Universo es un prisma inmenso, formado por innumerables caras:

– cada cara del prisma universal es una de las creaciones de Dios:

estrellas, planetas, satélites, tierras, aire, ríos, mares, nubes, vientos, fuego, bosques, colores, seres vivos...

– cada ser viviente, lleva dentro de nosotros un poco de Dios y por libre albedrío nos dirigimos al sur del bien, alejándonos de Él;

– "hijos pródigos", tendremos que caminar hacia el norte, para que un día podamos purificarnos y encontrar nuevamente al Padre:

– en este regreso redentor, cada viaje, cada parada, cada paso alcanzado, representará la identificación de una cara del prisma que nos representa a cada uno de nosotros: *El Prisma de las Mil Caras*.

Después que nuestros mil rostros estén iluminados – primer paso evolutivo –, nos estacionaremos un rato sobre el Sol y de allí continuaremos hacia arriba, siendo recibidos por Jesús, quien luego nos dará mil más caras – segundo peldaño de la escalera infinita hacia la Perfección.

¡El Sol está entre Dios y nosotros para no cegarnos!

PRIMERA PARTE

SIGLO XIX – Marsella, Francia

EN LAS TIERRAS DE LOS SFENDU

Joanne nació rica. Creció hermosa. Desde la cuna, cada día más bonita.

Su lujosa residencia estaba ubicada en una zona rural, a las afueras de la ciudad del famoso y gran puerto francés.

La casona, de aspecto noble y feudal, totalmente equipada con una elegante y costosa colección de materiales, demostraba la a sociedad, abundantemente, la fortaleza financiera y noble de esa raza.

Joanne fue atendida desde niña, gracias a la fortuna familiar, con las mejores ropas, con bocadillos y delicias de diferentes partes del mundo, siempre servidos con pompa.

Tareas, ninguna… Gustos, atendidos todos…

Una vida de muchas ventajas y pocos logros, si es que hay alguno.

La belleza y la fortuna eran dos concesiones naturales, mal aprovechadas; he aquí, ella abusó de ambas: estaba demasiado mimada, vivía demasiado orgullosa.

El tiempo para asistir a la escuela, como la gran mayoría de los hijos, sus padres, para la satisfacción social que el escudo de armas de la familia se consagrara cada vez más, invirtió la tradición secular – o tal vez milenaria –, la costumbre del estudiante de ir a la escuela y contrataron profesores privados para, día tras día, ir a la mansión y enseñar a la única e importante estudiante.

Era interesante ver, en ocasiones, a dos o tres profesores esperando su turno para ser "atendidos" por la noble alumna, quien los recibía según su estado de ánimo ese día.

El espíritu ágil y flexible de Joanne, tan peligrosamente contemplado por tantas gracias espirituales y materiales, desarrolló inmediatamente una fascinación fatal e indeleble por el poder.

Con tantos privilegios, el poder de mando, que dictatorialmente tenía en sus manos, llevó su formación espiritual a la ruina, mientras la intelectual a las alturas terrenales. Liberar su personalidad del poder nocivo exacerbado fue un hecho que se proyectó lejos en el tiempo, ya que sus padres, silenciosos sobre este punto, fueron, por eso mismo, los mayores garantes. La engañosa e imparable codicia social, que desde el principio del mundo ha alimentado el orgullo y las vanidades humanas, no dejó pasar en aquel domicilio una semana sin una fiesta o recepción destinada a desfiles de frivolidades, más inmundas en el aspecto mental, por las conversaciones irreflexivas y vacías duelen más que en lo material, por la vana e inútil secuencia de impresionantes joyas y vestidos que se presentaron. Todo en nombre de "buen vivir."

Bientout Sfendu y Marceline Fravel Sfendu se casaron en 1830, en Marsella.

El matrimonio, que reunió a dos jóvenes y bellos amantes, unió también dos fortunas.

Del matrimonio solo nació una hija: Joanne.

No es que la pareja evitara tener otros hijos, sino simplemente porque, después de un año de matrimonio, al dar a luz, la señora Sfendu sufrió complicaciones durante el parto y debido a la atención médica que fue necesaria para salvar a madre e hija, no pudo nunca más quedar embarazada.

La pareja fue debidamente informada de ello por los médicos.

El padre no se dejó intimidar por esta información. De carácter fuerte, físicamente robusto y emocionalmente equilibrado, aceptó el hecho con calma. Se dedicó aun más a las innumerables tareas agrícolas, cuyos conocimientos dominaba en gran medida, y así, cada vez más, la fortuna de Sfendu aumentó.

En cuanto a Marceline, de espíritu delicado, de origen social noble, procedente de un clan tradicional de aristócratas, nunca asimiló lo que empezó a llamar, en privado, un "golpe del destino." Se volvió retraída, compleja y extremadamente sensible. Aunque se comportó correctamente en su rol de esposa y madre, internamente se sentía frustrada como mujer.

Esto no pasó desapercibido para Bientout.

Aunque se dedicó a mimar a su hija, nunca olvidó el mismo trato cariñoso y cariñoso hacia su esposa.

Las amaba intensamente a ambas.

Siempre fue un padre y un esposo amoroso.

En las propiedades del señor Bientout había una familia de colonos blancos, cuyos antepasados durante muchas décadas se habían asentado en esas tierras, como jornaleros, mucho antes que naciera el actual jefe.

La zona de la finca habitada por los Champgnie, los colonos, era la que producía mejores frutas y alimentos a granel.

Esta familia había venido de las costas más íntimas de Francia, dirigiéndose hacia el sur, buscando la proximidad a la costa mediterránea, donde el gran puerto de Marsella destacaba como un verdadero El Dorado, mientras a su alrededor gravitaban más civilización, más orden, más progreso.

En las tierras de origen de los Champgnies, la corrupción y los abusos eran rampantes, todo ello sin castigo, apoyados por el poder monetario de los nobles que orbitaban en la Corte real. La limpieza del honor se hacía con buena puntería, casi siempre conseguida mediante emboscadas mortales.

Por limpieza de honor, en aquellas tierras, se entendía todo lo que contradecía a sus señores.

Poderosos y malvados, muchos nobles de aquellas regiones, así como de otras regiones, trataban a sus empleados blancos del mismo modo que trataban a los esclavos; es decir, no les concedían ningún derecho. El único derecho era trabajar sin recibir nada a cambio, más allá de lo necesario para nada más que sobrevivir.

El tribunal para juzgar cualquier transgresión era casi siempre un recodo del camino, donde se escondía la muerte, cobardemente, se convirtió en un instrumento de justicia, a través del cual verdugos anónimos trajeron pánico y miedo permanente a los pobres, blancos o negros, así como, naturalmente, a otros enemigos.

¡Insatisfecho con tal situación, los Champgnie de la época abandonaron sus pocas tierras con todas sus posesiones y emprendieron lo que creían que eran proyectos de vida más prometedores.

Y así llegaron a las tierras de los antiguos Sfendu, encontrando allí trabajo, refugio y logrando sus objetivos, que no eran otra cosa que seguridad y tranquilidad, a través del trabajo y una vida honorable.

Dos años mayor que Joanne había ahora en la familia Champgnie un joven – Elysian –, respetuoso, honesto y trabajador.

A los pocos meses de su nacimiento, antes de cumplir su primer año, sufrió una terrible enfermedad – hoy quizás diagnosticada como deshidratación –, que casi lo lleva a la tumba, como a miles y miles de niños de aquella época, tanto como, lamentablemente todavía en nuestros días.

Una noche, recoge al niño inerte y ya casi cadáver, piadosas damas, no solo familiares sino también vecinas de los Champgnie, se reunieron para realizar oraciones al unísono, a veces dictadas, a veces cantadas.

En medio de aquella sincera y piadosa ceremonia doméstica y religiosa, cuando mayor era el momento de fe y de petición por la salvación del niño, se oyó tocar suavemente la puerta.

Al abrir, la madre de Elysian se topó con una anciana negra, de mirada respetable, circunspecta, enérgica pero traslúcidamente amable, tácitamente sin intención. Todos la conocían. La llamaron "Abuela Negra." Trajo una pequeña vasija de barro, de la cual exhalaba un humo tenue, revelando su contenido caliente.

De hecho, esa señora trajo té, que automáticamente le dio a Elysian. Casi muerto, el niño bebió el líquido tibio, infusión de algunas especies de naranjos, con abundante sal.

El té era de color caramelo. Estaba casi pastoso.

No se había pedido permiso para proporcionar este té, pero la desesperanza que se vivía en esa cabaña constituyó el consentimiento para que esa mujer lo hiciera.

El aire estaba pesado y todos los corazones estaban compungidos, porque, aunque la muerte es el acontecimiento más seguro de la vida, uno nunca está preparado para ella.

Y, en aquella casa, la muerte ya era palpable.

Mientras le daba un trago de té, la negra colocó simultáneamente unas hierbas frescas en la frente del niño, con las que dibujó una pequeña cruz, bendiciéndola, a poca distancia de la epidermis, con el uso de un crucifijo viejo y grasiento, toscamente tallado en madera.

Fue entonces cuando sucedió algo muy interesante: una llama atravesó el cielo de lado a lado, iluminando intensamente la rústica estancia, aclarando toda la bóveda celeste, sin que hubiera un posterior y consecuente estallido. Duraron, la chispa y su destello, menos de un segundo.

Se diría que un relámpago, un rayo, había pasado descuidadamente por aquella región, por encima de aquella finca y de aquella casa. Esta vez; sin embargo, inexplicablemente, sin la inseparable compañía del trueno, quizás perdido entre las nubes...

Y llovió.

Llovió copiosamente, lluvia que creó ríos, lagos y cubrió kilómetros y kilómetros de bosques, dejando los troncos de los árboles casi sumergidos.

Una imperceptible somnolencia se apoderó de todos, adultos y niños enfermos y también del gran amigo de Elysian, su perro Bombón, que siempre permanecía impasible ante su dueño, aunque todavía ni siquiera había pronunciado su nombre.

Todos se durmieron dulcemente.

Al amanecer, despertados por los primeros cantos de los gallos, se levantaron refrescados, descansados.

Sorprendidos, descubrieron que el niño había vuelto a su color rojizo en su rostro, y con sus ojitos abiertos, miraba fijamente el viejo crucifijo que estaba en sus manitas, pero cuyo dueño ya no estaba allí: había desaparecido, en mitad de la noche, sin que nadie se diera cuenta.

Elysian, después de aquella noche memorable, regresó de las fronteras de la muerte y volvió a entrar en la vida.

Años más tarde, cuando aun era un niño, perdió a su padre y se convirtió inmediatamente en el sostén de su familia: su madre y sus dos hermanos menores. Como un vendedor ambulante, caminó dos kilómetros hasta la ciudad, donde vendía todo lo que podía: frutas, verduras, aves y otros productos como dulces y quesos, que elaboraban unas señoras de la finca y le entregaban parte del dinero, como recompensa por la venta.

Trabajador de la primera y casi siempre de la última hora solar, desarrolló un cuerpo sano, un cerebro abierto a analizar todo lo que la naturaleza tiene mucho que enseñar.

En edad escolar, asistió a clases que se impartieron por la noche en la iglesia de la ciudad, a cargo del párroco, el padre Chevery.

Su esfuerzo y sacrificio para ir y volver diariamente a la escuela, lo recompensaron después de unos años, brindándole conocimientos y educación.

No fue solo a la escuela: cuando no era en compañía de algún pariente, invariablemente iba Bombón.

En mitad de la noche, al regresar a casa, el fiel amigo, atento a todo, alertaba innumerables veces a su dueño sobre circunstancias que, de alguna manera, podían presentar algún peligro – ora un animal callejero, ora una serpiente moviéndose cerca, a veces obstáculos en el camino.

A sus conocimientos escolares añadió observaciones de la vida, sin duda la mejor maestra.

A los ocho años había aprendido de sus mayores y en la intimidad de su hogar los rudimentos del alfabeto, escrito y hablado. Trabajando en el campo y como vendedor ambulante, aprendió, por un lado, algunos procedimientos de la agricultura planificada, y por otro, propiedades aritméticas; casi siempre acertaba en las previsiones meteorológicas y en las estaciones, además de ser un buen contable práctico.

Sin juguetes y sin tiempo para divertirse, disfrutó mucho de la visita mensual que hacía el Padre Chevery a la capilla Sfendu, donde se dijo misa para casi todos los residentes de la región: empleadores y empleados.

Aunque no era rebelde, siempre se preguntaba por qué había tanta pobreza, tantos sacrificios.

Preguntas sin respuesta...

Después de la ceremonia religiosa, el padre Chevery mantenía siempre una animada conversación con la gente. En estas ocasiones informales, Elysian era quien tenía más dudas, y el párroco discutía pacientemente sobre la filosofía de vida, dada la actitud cristiana: siempre citaba a un personaje llamado Jesús, diciendo que era un hombre pobre, incomparablemente sabio, que hacía mucho tiempo que había estado en la Tierra, ni muy lejos, ni muy cerca. El sacerdote dijo que este hombre bueno había sido asesinado injustamente por las autoridades de aquella época, quienes, por omisión, eran los verdaderos culpables del engrosamiento que le había infligido la población.

Elysian quedó cautivado por tales narraciones, que le recordaron un desafortunado incidente ocurrido cuando tenía catorce años: una noche regresaba de la escuela, cuando fue detenido por tres hombres que maliciosamente intentaron cometer actos indescriptibles contra él. Al menos uno de ellos logró identificar, en su desesperado esfuerzo por escapar: era un colono de una finca vecina. Con lo que no contaban los hombres era con la heroica reacción de Bombón; quien, ladrando furiosamente entre bocado y mordisco, y arrojando su cuerpo contra los atacantes, había impedido la consumación de la ignominia. Los hombres huyeron asustados por el revuelo que había causado el perro y también porque habían sufrido algunas mordeduras que requirieron atención inmediata.

Meses después, Elysian todavía albergaba ideas de venganza y violencia, que chocaban en su cabeza con las palabras del padre Chevery, cuando decía que Jesús había logrado perdonar a sus verdugos, siendo víctima inocente de crímenes no cometidos.

Elysian pensó entonces: "si Jesús perdonó el mal que sufrió, sin tener ninguna culpa, yo también necesito perdonarlo. De esta manera, al menos en algo seré igual a él."

En cualquier caso, aunque no pudo olvidar el hecho, logró alejar de su mente cualquier represalia.

Elysian tenía dieciséis años cuando vio a Joanne por primera vez: acompañada de su padre, había llegado a la granja en busca de algunas frutas, recogidas entre las mejores y cuidadosamente seleccionadas.

Para Joanne, solo lo mejor.

El señor Sfendu siempre se comportaba así con su hija.

Cuando encontró la mirada de Joanne, algo dentro de Elysian le recordó una luz silenciosa, en una noche tranquila, hace mucho tiempo... Nunca podría decir cuándo vio esa luz fascinante.

Su cuerpo se calentó, repentina e incontrolablemente, mientras su cerebro, tocado por una energía extremadamente concentrada, ordenaba a su corazón que latiera rápidamente, lo cual también era incontrolable.

Joanne, igualmente, estaba electrizada.

Los jóvenes sintieron que no era la primera vez que se veían.

Pero, ¿cómo? – Se preguntaron en privado.

Algo trascendental llenó repentinamente sus almas, en un intento infructuoso de desarchivar de los recovecos de la memoria, alguna página escrita mucho antes, pero ciertamente la narración testimonial de lo que realmente sucedió.

Pero, ¿cuándo?

En el contexto del universo entero, en esa fracción de segundo, dos mundos temblaron: los mundos interiores de Elysian y Joanne.

Un resplandor visitó todas sus profundidades orgánicas, de pies a cabeza, inundando todo su ser con un bienestar dulce, suave y embriagador. ¡Fue la llegada del amor!

Pocas veces un ser humano puede repetir la fantástica experiencia vivida en el momento exacto en el que florece el amor.

Hay un éxtasis sublime contenido en esta mágica experiencia, la onda expansiva que se produce en el aura de dos seres que se aman comienza, particularmente en el momento en que lo que seguramente será un gran viaje para dos, en sociedad. Quienes sean testigos de este verdadero reencuentro también se beneficiarán de la descarga electrostáticamente contagiosa, de luz mental, de alegría universal, que irradia la gran distancia de donde se encuentran las dos "almas gemelas", que se acercan por primera vez en cada viaje terrenal.

Sus miradas se interpenetraron.

Aunque sus cuerpos estaban a distancia, sus almas se cerraron lentamente, aunque sea en un segundo de eternidad. ¡No hay criatura humana que no haya experimentado esa sensación!

Bombón, el perro fiel, el amigo de Elysian, ahora al final de su existencia, pero aun manteniendo cierta agilidad, en un gesto rápido, sin ninguna connotación de agresión, saltó hacia la joven, con las orejas humildemente pegadas a la nuca y con la cola, en un movimiento muy agitado, de ida y vuelta, todos se dieron cuenta inmediatamente que el cerebro del animal le causaba gran admiración a la hermosa niña.

Joanne estaba conmovida.

Las pocas personas alrededor se conmovieron.

El perro, todo autenticidad, lamió los pies de la joven.

Como Joanne se encontraba en un estado de excitación y su corazón estaba a punto de desencadenar una taquicardia similar a la que había afectado a Elysian, ante la silenciosa declaración de amor entre ambos, el hecho transmitió, en lenguaje singular, la instantánea aprobación del animal, la chica que había intercambiado una mirada tan ardiente con su dueño.

Otras veces, después de ese día, el señor Bientout y su hija, a petición de ella, visitaban las tierras cultivadas por los Champgnie.

De hecho, lo que Joanne quería era ver a Elysian.

Sin embargo, se disculpó y dijo que quería llevarle algo de comida a Bombón, de quien se había hecho amiga.

Fue así como durante casi dos años los jóvenes intercambiaron votos de amor, nunca hablados, pero siempre demostrados, a través de mil gestos de bondad, de miradas fugaces, de la simple presencia de uno frente al otro.

La esclavitud, otro gran error humano después del advenimiento de Cristo Jesús, disminuyó en toda Europa alrededor de 1846.

En 1848 fue definitivamente abolido en Francia.

En sus propiedades, el señor Bientout tenía sirvientes blancos y negros. Trataba a todos con energía, pero sin crueldad ni castigo. Él mismo, en privado, aborrecía la esclavitud, ya que se sentía penalizado por lo que sufrían los esclavos en otras propiedades.

En sus tierras, el servicio de los asistentes excedía con creces las necesidades materiales de una familia tan pequeña, formada únicamente por marido, mujer y la única hija.

Entre los sirvientes de la casa, todos negros, asignados a pocas tareas cada uno, ya que su número era excesivo, había algunas mujeres jóvenes, para servir exclusivamente a la hermosa muchacha, la hija del amo. Otro grupo de criadas se encargaba de la comodidad del jefe.

En el grupo que atendía a Joanne, una criada se ocupaba de todos los zapatos – que eran decenas –, y otros objetos de cuero; otra, se encargaba de prendas finas, como vestidos de seda y terciopelo, así como de las pieles más finas; otra pulía diariamente sus joyas, que eran muchas y valiosas; finalmente, otra, mantuvo limpios los aposentos privados de la heredera Sfendu.

Una criada nunca hacía el servicio de otra persona.

Iguales tareas tenían tantas otras criadas para Marceline. Solamente Joachim se hizo cargo de las cosas y de las habitaciones del señor Bientout.

Gislaine, la joven sirvienta encargada de limpiar las instalaciones de Joanne, tenía la misma edad que Joanne.

Cumplía sus funciones con desapego, alegría e incluso placer.

Aunque existía una brecha social entre las jóvenes, ambas se entendían muy bien y vivían en armonía.

El despotismo que Joanne empleaba con los demás sirvientes no se aplicaba igualmente a Gislaine.

Gislaine, desde su nacimiento, estuvo rodeada de humildad y nunca se rebeló contra su situación, que aceptó con naturalidad.

Su madre era sirvienta en una propiedad vecina a los Sfendus. Nada más al nacer quedó huérfana, ya que el embarazo de su madre había estado lleno de trabajos forzados, debido a las exigencias autoritarias de sus jefes, resultando en un inevitable parto problemático, en el que había sucumbido, dos horas después de dar a luz.

Su padre, un joven sano e inquieto, con modales que rayaban en la cobardía, se ganó el favor de sus patrones y dispuso su traslado a otra propiedad, muy alejada de aquella. Así, no presenció ni se enteró del nacimiento de su hija Gislaine, ni de la muerte de su infortunada compañera, quien un día, llevada por sus promesas, que no había cumplido, se entregó voluntariamente a los placeres del sexo. Éstos, en su momento, también eran, a decir verdad, placeres del espíritu juvenil y soñador de la infeliz futura madre.

Un observador astuto e interesado en el caso se habría dado cuenta que la madre de Gislaine, al identificar el abandono del que era víctima, con el corazón destrozado, sufrió doblemente: en primer lugar, por su autoestima herida y, en segundo lugar, porque le robaron un mil sumas de dinero, en cuanto al futuro del niño que nacería sin un padre oficial.

En aquel momento – como en cualquier otro momento –, esto provocó graves problemas, sumados a la vergüenza pública, debido a responsabilidades no asumidas, por ambas partes, entre la pareja. Así, inconscientemente, de forma no declarada, ese niño que iba a nacer no era deseado por la madre o el padre.

El padre se fugó y la madre se autoflageló con exceso de trabajo, aceptando las órdenes despiadadas de su amo, realizando tareas ajenas a sus fuerzas y responsabilidades, además de desear que algo sucediera y la liberara de la tormenta que se avecinaba, para durar para siempre...

Fue en este clima, en este estado de ánimo, que Gislaine, inexorablemente unida al refugio uterino de su madre, registró, antes de ver el Sol, las sombras y los males que la esperaban afuera...

El comportamiento de aquella mujer desesperada, lamentablemente, constituyó dos actitudes reprobables, dos crímenes, simultáneamente: el aborto y el suicidio, ya que, como futura madre, era responsable ante Dios de dos vidas: la suya y la del feto.

El espíritu que estaba por nacer, aferrado fuertemente a las entrañas maternas, desarmonizó los planes de la naturaleza y así el nacimiento no pudo ser diferente: difícil, doloroso y penoso, para los dos seres involucrados en él.

La madre fue victimizada. Dio la vida, por su vida.

La hija sobrevivió. De hecho, la muerte de su padre y de su madre, ya al nacer. La madre de Gislaine no tenía a sus padres cerca de ella. Compartía residencia en las dependencias de servicio, con una sencilla pareja negra, trabajadores de la casa, como ella. Esta pareja, Gisbert y Elaine, de más de cuarenta años, por caridad adoptaron a la niña. Ellos fueron quienes le dieron nombre, formado a partir de la fusión parcial de los suyos. La criaron como a una hija adoptiva, según sus principios, que habían sido adquiridos de esclavos transmigrados desde tierras africanas, desde hacía mucho tiempo.

Gislaine recibió, en cuanto a las cosas terrenas, una educación dirigida enteramente, desde su nacimiento, a la actividad de servir, servilmente. Recibió estas enseñanzas, las asimiló y las practicó durante toda su vida.

En el campo de su mente, sus padres adoptivos lo llenaron de información fantástica sobre ángeles y demonios, bendiciones y castigos, alegrías y dolores, bien y mal, en fin, pero a su manera.

Enseñaban que los santos eran bondadosos con quienes los obedecían y les daban devoción, pero a veces se convertían en severos castigadores cuando sus instrucciones no se cumplían. Cuando se les obedecía, siempre recompensaban.

Esta extraña dicotomía espiritual, de ángeles–demonios, habitó el espíritu de Gislaine desde temprana edad y así fue que en su juventud fue informada que el nacimiento de un niño presupone una unión de pareja, autorizada por protectores invisibles, los ángeles–demonios, y visibles, los jefes. Un niño nacido sin padre sería severamente castigado por los cielos y la Tierra, privándole de la felicidad durante toda su vida y, lo peor de todo, de antemano ya estaría condenado a una plaga emanada de las reglas de oro de tales protectores invisibles. Según estas reglas, si un padre no lo tuvo al nacer, si ella fuera mujer, cuando creciera también daría a luz a un hijo que, al nacer, sería igualmente padre de su padre y, más aun, En serio, su madre también.

Tenía siete años cuando la conoció el matrimonio Sfendu, que visitaba a su granjero vecino.

Sin ninguna vibración, ni con placer ni con disgusto, se aceptó la invitación de Gisbert y Elaine de apadrinar a la niña. Esta aceptación, según la costumbre de la época, implicaba el traslado de Gislaine a la mansión Sfendu, donde sería sirvienta.

Poco después de la llegada de Gislaine, destinada a servir a Joanne, se produjo una curiosa coincidencia: ambas sufrieron una enfermedad muscular que les dificultaba caminar.

Joanne, en la pierna izquierda. Gislaine, a la derecha.

Además de los moretones y las manchas rojas, en ellos aparecieron cicatrices inexplicables e indelebles.

Todos los intentos médicos para Joanne fracasaron. En cuanto a Gislaine, fue tratada por otros sirvientes, igualmente no se libró de los dolores ni de las misteriosas cicatrices... Tal asunto se volvió, por orden del jefe, inmencionable. Jefes y empleados se dieron cuenta que solo en lo sobrenatural encontrarían respuesta a tan grande e intrigante coincidencia. Unidas por el dolor, las dos niñas se acercaron física y espiritualmente. Joanne tomó la iniciativa de romper las barreras sociales y al hacerlo ganó una amistad sincera y espontánea con Gislaine.

Un año después, el dolor y las cicatrices desaparecieron en ambas niñas, tan inexplicablemente como habían aparecido.

Como resultado positivo, la amistad entre ellos se mantuvo.

Amistad que no siempre se pudo expresar en la sociedad.

LA LLEGADA DE LAS PRUEBAS DE LA VIDA

Esa semana Elysian no trabajó en el campo ni en la finca, ni vendió nada, ni asistió a la escuela por las noches.

El joven comió poco. Se desconectó del mundo y se convirtió en hermano del animal, con el que ganó, si aun era posible, una amistad mayor.

Cuando Bombón se recuperó, Elysian también reanudó con normalidad de sus tareas diarias.

Elysian tenía una intensa amistad con su perro Bombón, un perro de tamaño mediano y color chocolate al que le pusieron ese nombre precisamente por eso.

Una vez el perro lo libró del ataque de una serpiente cascabel, que pensó irrespetuosa por la invasión de extraños, mientras el joven y su perro corrían descuidadamente entre la maleza y pisaban una pequeña planta de frutos silvestres, manjares dulces y apetitosos para los pájaros y pequeños animales rastreros, pero también serpientes que los cazaban.

Este lugar fue elegido por serpientes que esperaban comida.

Entonces, cuando casi la pisaron, la serpiente saltó sobre Elysian.

Acto continuo Bombón saltó sobre la serpiente, evitando que el hombre resultara herido, pero no salvándose de ser golpeado por la serpiente, mordido por el reptil, momentáneamente desconcertado por el perro que se había interpuesto en su camino hacia el pie del joven. Al cambiar inesperadamente el objetivo de su trayectoria, en este desvío solo arañó al perro, pero lo suficiente para que el hombre se salvara y el animal le hubiera inoculado una pequeña dosis de veneno en el cuerpo.

Durante una semana, Bombón estuvo entre la vida y la muerte. El humo que le pusieron sobre la herida lo salvó, previa consulta realizada por Elysian a la "Abuela Negra", que además de bendecir al animal, le dio una poción de hierbas durante tres días seguidos.

Una vez, Joanne se cayó de un caballo mientras caminaba por su terreno y se lastimó gravemente.

Elysian se enteró de esto días después y entre lágrimas silenciosas permaneció amargado, orando a Jesús por la recuperación de su amada, cuya ausencia se volvió insoportable durante casi dos meses, durante los cuales Joanne se recuperó.

Emocionado y feliz recibió la visita de Joanne y su padre, después de una ruptura tan dolorosa. En un instante en que el señor Sfendu se alejó brevemente de ambos, incapaz de contenerse, Elysian tuvo un ataque de sincera alegría.

Su espíritu, todos sus sentimientos, gritaban muy fuerte su amor por la joven y, ardientemente, tomándole las manos por primera vez, le declaró apasionadamente su amor.

Repasando las construcciones fraseológicas – miles de veces ensayadas, en soledad –, le dijo, con los ojos dilatados pero brillantes y sinceros:

– Joanne, perdona mi gesto, perdona mi pobreza, pero acepta mi corazón que está lleno de amor por ti. Yo te amo ¡y te amo mucho!

Joanne, fascinada y completamente perturbada por lo repentino de la declaración, tantas veces esperada en secreto, pero sabiendo que era imposible, aunque deseada, no reaccionó negativamente e incluso alentó el gesto y la audacia de Elysian.

Por ahora, la brecha social que los separaba se había derrumbado.

Los ojos de la joven estaban extasiados y actuaban como pocas veces lo había hecho antes, con franqueza y relajación, sus labios, reflejando sus sentimientos íntimos, traicionaban su educación y su forma habitual de actuar y, entreabiertos, murmuraban solo tres palabras, en un tono muy arpegio bajo:

– ¡También te amo!

En ese momento sucedió algo increíblemente desagradable, algo que nunca se borraría de la memoria de los dos jóvenes: sacándolos abruptamente del arrobamiento y la serenidad del momento del amor, ambos escucharon el agudo gemido de dolor que Bombón dejó escapar. cuando fue alcanzado por una formidable patada que le propinó un colono, cerca.

El perro, pacífico y amigable, se dirigió hacia el visitante que llegaba, solo para darle la bienvenida, como siempre hacía con todos.

El colono era uno de los que había intentado un acto indecoroso con Elysian, junto con otros dos compañeros, hace algún tiempo.

Había venido a la granja para pedir trabajo al señor Sfendu, quien había llegado hacía un momento.

El grito de dolor hizo que Joanne recuperara la razón, o mejor dicho, despertó su habitual orgullo, parcialmente anestesiado por los momentos felices que acababa de vivir.

Con su "aplomo" característico, se recompuso.

Soltó las manos que sostenían las suyas y con estudiado desdén, muchas veces practicado antes, de manera demencial y desleal, reprendió a Elysian, humillándolo frente a unas cuantas personas más que se acercaban.

Elysian iba a decirle algo a Joanne.

Perplejo y herido espiritualmente, no cumplió con ninguno de sus reflejos, pues se escuchó un nuevo grito, ya que su amigo Bombón había sido víctima de una segunda patada de Alonse, el colono, que enfurecido y brutalizado, no podía compararse en agresividad con el animal al que atacaba libremente.

Actuando por puro instinto, Elysian saltó sobre el colono que se preparaba para un tercer ataque al perro, quizás letal.

Los dos hombres cayeron y, por inexplicable que pareciera, Alonse cayó con la cabeza cerca de la del perro herido, que se retorcía sintiendo dolor.

En ese momento, Bombón soltó una bocanada de sangre que golpeó a Alonse en la cara.

Aun en un impulso de suprema humildad, buscando corregir el malestar que había causado a su torturador, el perro intentó lamer la sangre que había manchado el rostro del hombre.

El señor Bientout, que se acercaba al lugar, atraído como los demás por los gritos del perro y los gritos de Elysian para que Alonse detuviera el ataque a su amigo, además de los gritos del propio colono, llegó con su arma, de la cual nunca se separaba cuando iba por aquellos lares.

El arma, una escopeta de doble cañón, ya tenía ambos gatillos amartillados, listos para disparar.

Tratando de golpear al feroz animal que le parecía un perro a punto de morder la cara del colono, apuntó a la cabeza del animal. Y disparó.

El colono, al darse cuenta que un arma apuntaba en su dirección, instintivamente levantó el brazo para defenderse.

Elysian, anticipando también el disparo, en una fracción de tiempo infinita, en un instante, vislumbró el destino del proyectil. Sin razonamientos, actuando en uno de esos raros momentos en que el hombre es todo fraternidad y todo devoción, se colocó entre el arma y el blanco. Fue alcanzado por decenas, cientos de bolitas de plomo, impulsados por la explosión de pólvora, que penetró dolorosamente en su cabeza.

Bientout, sintiendo el drama del momento, cuándo probablemente le había quitado la vida al joven, colocó su dedo índice el segundo gatillo, paralelo al primero, y, sin condiciones necesarias para una buena puntería, disparó de nuevo. Esta vez golpeó el cuerpo del perro.

Agonizando, ya que las patadas habían hecho que las costillas rotas penetraran sus pulmones, Bombón logró lamer dos veces a su dueño, igualmente ensangrentado y convulsionado, antes que el segundo y fatal disparo le provocara un formidable impacto de decenas de otros perdigones de plomo que lo impactaron.

Elysian, con movimientos exangües, logró aun abrazar al perro, por un instante, un segundo antes que el animal muriera.

Mirándose, ambos establecieron, para la eternidad, la amistad que no hace fronteras entre hombres y animales, y que equipara a las criaturas de Dios como iguales.

Joanne sintió toda la gravedad del momento.

Tuvo la necesidad de ayudar al joven, que íntimamente amaba.

También quería ayudar al perro, que tanta amistad le había mostrado.

Pero no hizo ninguna de las dos cosas. Tomó una decisión que la acompañaría de remordimiento por el resto de sus días: sufrió impulsos de amor, silenció las palabras generosas que acudían a sus labios, ocultó el dolor de su alma en un nerviosismo fáctico, y así lo hizo. No permitir que nadie vislumbre, un maravilloso sentimiento de dolor, de compasión, de lástima.

Mucho menos amor.

La madre de Elysian, que corrió gritando, al darse cuenta inmediatamente que su hijo agonizaba, ensangrentado, junto al perro despedazado por patadas y proyectiles, y al ver al colono con el rostro bañado en sangre, no pudo soportar la tensión de la tragedia y se desmayó.

En un último suspiro, que el tiempo recíprocamente perpetuaría, Elysian volvió su mirada hacia Joanne y ella, con un esfuerzo sobrehumano, logró contener las numerosas lágrimas que estaban a punto de brotar. Una sola lágrima delató su control nervioso y muscular, y corrió por su rostro, lentamente.

¡Fue un adiós!

A sus dieciocho años de edad, solo en ese preciso momento Elysian se sintió completamente feliz, de amar y ser amado.

La visión de aquella lágrima solitaria no permitía que se instalara en su alma el más mínimo recuerdo del comportamiento paradójico de Joanne, justo ahora, cuando había fingido despreciarlo. Sí, estaba completamente seguro: ¡Joanne también lo amaba!

Desencarnó, en una ligera convulsión.

En los momentos que siguieron al doloroso acontecimiento en el que Elysian había perdido la vida, el señor Bientout, trágicamente elevado a situación bochornosa en la que pasó de defender una vida humana – la del colono –, a las características de un homicidio culposo, también sufrió mucho, pues desde que nació no albergaba maldad en su corazón. Siempre había actuado con energía y rara vez con violencia, solo cuando se sentía ofendido y otros medios habían fallado. Abrazó a su hija, con la escopeta todavía humeante en una de sus manos.

Atónito e incrédulo, presenció aquel juramento silencioso y definitivo entre los dos amantes, de un amor no realizado y definitivamente, nunca alcanzable.

Su corazón estaba preocupado.

– ¿Qué había visto? ¿Qué había notado? ¿Su hija mirando con amor a un campesino? – Se preguntó, en un angustiado soliloquio.

– Dios del Cielo: ¿qué estaba pasando? – Seguía pensando.

Combinando el razonamiento con la acción, abandonó el lugar junto a su hija.

Las personas que habían venido ayudaron a la señora Champgnies. Se dieron cuenta que Alonse, al limpiarse la cara ensangrentada, no hubo ni un solo rasguño.

Todos esperaban ver profundas marcas de dientes feroces de...

Comprendieron, de un vistazo, que el perro no era un acusado en ese caso, sino una víctima inocente de un crimen que no había cometido y por el que había pagado un precio muy alto: su vida.

Primero fueron los niños; luego los adultos: no hubo testigo que no llorara.

Los llorones, tardíamente generosos, los animales mojados y los hombres, muertos.

Sí.

Pensar que todos lloraban solo por el joven no sería correcto: ellos también lloraban, y eso aumentaba la intensidad del dolor que les desgarraba el pecho, por el perro.

Un perro sencillo, casi anónimo, conocido por poco más de dos o tres decenas de personas, pero sin duda, una creación de Dios, entre muchas.

Un perro que escribió su autobiografía en el libro de la Naturaleza por actos de humildad y heroísmo, merecedor de aparecer en una galería imaginaria de héroes universales, desde su existencia.

La tensión, aparentemente inexpresiva, cuando terminó, lanzó anclado en la eternidad, en el gran mar del amor.

A raíz de estos graves acontecimientos, el Sr. Bientout se vio perturbado por varias medidas policiales. Interrogado por un juez de Marsella, que tenía jurisdicción sobre sus tierras, tuvo el amargo disgusto de tener que sentarse, aunque fuera por un breve momento, en el banquillo de los acusados.

Los testigos presenciales de la tragedia, con sus testimonios, a veces complicaron y otras desdibujaron la verdad.

Fueron semanas agonizantes hasta que se pospuso la sentencia.

El tribunal lo absolvió de homicidio culposo.

Sin embargo, hubo una severa advertencia por parte del magistrado a ser más discreto con las armas en el futuro.

Combinadas con el remordimiento, estas advertencias redujeron al orgullo el altar interior que Bientout había erigido dentro de su pecho.

La lección fue beneficiosa para él, pues nunca más utilizó armas, ni se apresuró en sus decisiones de vida, convirtiéndose en un hombre mesurado.

Le dolía, sobre todo, ver el dolor en el rostro de la madre con la que la señora Champgnies, testigo silencioso y resignado, había asistido a todas las reuniones, hablando solo cuando era llamada y aun así con serenidad... Excepto las lágrimas de añoranza por el hijo, no había rebelión...

Del juez al fiscal, del jurado a los testigos, de los servidores de justicia a los asistentes y curiosos, en todos, se estampó, irreversiblemente, la fatalidad, lo inexplicable, sobresaliendo del proceso que Bientout era también una de las víctimas que la tragedia produjo.

Por unanimidad fue considerado inocente.

Joanne, con sus dieciséis años, a partir de este momento, congeló su corazón y ninguna persona vio o sintió que de ella provenía cualquier gesto de bondad.

EL DESHIELO

Pasaron dieciocho meses.

Joanne, ahora una hermosa jovencita, desarrolló y practicó el mismo hábito de humillar a las personas, reflejo de su creación, basado solo en los falsos fundamentos de la belleza y la fortuna y, en serio, por ahora elíseo, frustrado, pero nunca olvidado.

El tiempo natural de enamorar redujo los posibles candidatos a refugiados; los pretendientes para un posible compromiso, estos pobrecitos, fueron repelidos, sin piedad, ya que en ninguno de ellos la joven vio mayor brillo que el suyo.

Finalmente, los pocos audaces que se atrevieron a pedir su mano fueron rechazados como animales pestilentes.

Todo esto hizo que la chica fuera cada vez más buscada.

Tal codicia; sin embargo, llevaba dentro lo más duro que tiene la naturaleza humana, que es el rencor que proviene del odio, disimulado casi siempre con halagos y demostraciones de adoración, cortesía y postura masculina de pasión amorosa.

Ya sea por el odio que le dirigían, ya sea por su propio destino, ya sea por los amargos acontecimientos relacionados con Elysian, sea lo que fuere, lo cierto es que, de forma casi imperceptible, los primeros síntomas de la enfermedad se hicieron presentes.

Superando los primeros dolores, compareciendo llamativa y elegante en las reuniones en su hogar y en otros ambientes sociales similares, logró durante algún tiempo engañar, no se sabe a quién si a ella misma o al mundo...

Sin embargo, en el transcurso de algunas semanas, inexorablemente, su cuerpo se debilitó y ya no fue posible disimular la enfermedad.

Cuando la situación se volvió irreversible, tal "debacle" de este falso castillo mundano, derrumbándose en un proceso de implosión, muy superado, en comparación, e incluso superado en intensidad, dadas las repercusiones íntimas sobre toda la familia, la caída del rayo en el mar embravecido, en una noche de tormenta, seguida de el estrépito del trueno.

Semejante iceberg de la vanidad, al derretirse ante el Sol de la realidad, ahogó la inutilidad social de aquella familia que, instalada en él, navegaba descuidadamente en el mar de la vida. Todo cambió en la casa de los Sfendu. No más fiestas.

Las visitas fueron muy limitadas.

Los padres de Joanne llamaron a los mejores médicos, quienes atendieron rápidamente a la paciente. Se desarrollarían juntos, durante días y semanas interminables, prescribiendo medicamentos y tratamientos, el más eficaz entonces conocido.

¡Todo por nada! Joanne empeoró día a día.

Los médicos, reunidos, diagnosticaron enfermedades cardíacas y coronarias, que provocaron graves trastornos renales y pulmonares. Extremadamente cautelosos, al darse cuenta juntos de la inutilidad de su tarea, reunieron a los padres de la joven y les explicaron, con mil reticencias, que creían prudente interrumpir, por algún tiempo, el tratamiento que se estaba dispensando a la paciente.

Afirmaron, en discursos, que la Naturaleza promovería la recuperación de la paciente, siendo ésta su última esperanza, como la medicina ya lo había hecho todo, nada tuvo tanto éxito como la cura.

Los padres de Joanne no podían creer lo que oían.

– ¿Cómo, suspender el tratamiento médico? ¿Qué quedaría? ¿Qué significaba exactamente esa decisión? – Reverberó.

Disculpándose al unísono, los médicos informaron de la incompetencia de la Medicina para proporcionar la cura deseada. Sintiéndose cada vez más acorralados por las preguntas embarazosas que les dirigía la pareja, dada la fragilidad de los argumentos presentados, decidieron abandonar la mansión lo antes posible; sin embargo, primero dejaron un informe de la compensación económica que les correspondía por el trabajo realizado hasta ese momento.

Este informe fue preparado cuidadosamente.

Aunque contenía algunas advertencias, muchas prohibiciones e infinitas precauciones a observar, revelaba, entre líneas, la gravedad de la enfermedad.

Las palabras escritas superaron todo lo dicho hasta ese momento. Citando casos anteriores, el informe dejó la conclusión tácita a la familia Sfendu que Joanne ya no tendría más de seis meses de vida...

Sí: ese fue, sin duda, el "ultimátum" de la muerte.

Con el plazo para morir, Joanne estaba como una canoa sorprendida por la corriente resultante de una inexorable y copiosa cascada, que pronto frente al río, en un proceso de viaje sin retorno.

La joven se dio cuenta de ello después de tres días en los que sus padres permanecieron junto a su cama y no aparecieron más médicos.

Los Sfendu comieron poco.

Los padres no observaron ningún descanso. Todo era angustia.

Sus almas se volvieron sensibles al dolor.

Se volvieron receptivos y extremadamente conmovidos por la compasión. Ningún sirviente se atrevió a interrumpir semejante conversación familiar, sin precedentes en esa casa.

Siguiendo el consejo del párroco, el padre Chevery, comenzó a leer diariamente extractos del libro sagrado: la Biblia.

Y estas lecturas, realizadas en la habitación de Joanne, con la familia reunida obligatoriamente, produjeron un efecto singular, ya que la paciente mostró mejoras inexplicables y significativas.

Bientout Sfendu y Marceline Fravel Sfendu comprendieron, junto con Joanne Fravel Sfendu, la fragilidad de la brillantez social, que en toda su vida brilló menos que el humilde resplandor de una luciérnaga.

El brillo mundano de las festividades sociales de Sfendu, en verdad, nunca iluminará un corazón infeliz, mientras que los niños de todo el mundo se regocijan en la naturaleza cuando se acercan a una luciérnaga...

ENGAÑOS DEL PASADO: DESENGAÑOS EN EL PRESENTE

Un dato curioso, debido a la coincidencia: Gislaine, parcialmente relevada de sus funciones debido al doloroso período de enfermedad de Joanne, que permaneció más en cama que de pie, se retiró por más tiempo a las habitaciones destinadas a los sirvientes. En estos momentos de recogimiento, estando sola, dio rienda suelta a su imaginación y, vagando en las profundidades del pasado, tarareó canciones de su raza, trayendo al presente recuerdos inexplicables.

En efecto, su mente consciente era incapaz de identificar recuerdos de una época lejana.

Una mano invisible desarchivó de su memoria pinturas nubladas de acciones sin duda ya vividas con su participación...

Se veía noble, poderosa. Tenía esclavos. Tenía de todo. Menos paz.

Fue amada por muchos hombres.

A uno, en particular, le dedicó amor y luego desprecio, lo que lo volvió loco, ya que, estando casado, acabó con su propia vida al verse rechazado por su amante y detestado por su familia, esposa e hijos.

Ante tal confusión mental, Gislaine intentó calmarse, tarareando. El canto era casi siempre nostálgico, pero con su rara y agradable voz conmovía a todos.

Al cantar, su espíritu parecía emprender un viaje, desprendiéndose de su cuerpo, dirigiéndose a lugares y suelos que aun no había puesto un pie, pero que identificaba como familiares...

– ¿Cómo fue posible todo esto? – Se preguntó angustiada.

Esta confusión interior le provocó emociones significativas y aumentó su sensibilidad.

Su voz, viajando por el aire y atravesando paredes, entró, sin invitación y sin permiso, en los rincones de la gran mansión. En su habitación del dolor, Joanne, convulsionada y también sufriendo, se tranquilizó igualmente ante las vibraciones de la cantante que llenaban su corazón.

Esta canción, a veces triste, a veces mensajera de esperanza, otras veces llena de agonía y anhelo, fue siempre portadora de una innegable sugerencia de introspección, meditación, inmersión en el tiempo... Los padres de Joanne, turnándose para estar de guardia alrededor de su cama, notaron que a la paciente le hacía bien aquellas canciones.

Joanne, en esos momentos, se dormía dulcemente y solo horas después se despertaba, registrando breves, pero felices síntomas de cierta mejoría en su rostro.

Gislaine, en otras ocasiones, aburrida de pocas obligaciones que cumplir, salía a pasear por el bosque de aquella propiedad, a veces saltando, a veces deteniéndose, a veces corriendo, siempre tarareando canciones en un idioma que ella misma no conocía, como lo había aprendido de sus mayores. Estos, a su vez, habían aprendido de sus antepasados, que fueron llevados a la fuerza a Francia, como esclavos, de la lejana África...

Durante una de estas incursiones en el pequeño bosque cercano, Gislaine notó que al tocar las ramas bajas, agitaba una gran caja de avispas que, sintiéndose atacadas, comenzaron a contraatacar, picando al invasor.

Gritando, Gislaine huyó frenéticamente. No pudo llegar muy lejos porque había perdido las fuerzas.

Al escuchar el grito de Gislaine, unos sirvientes acudieron en su ayuda, llevándola inconsciente a las habitaciones de los sirvientes, que en ese momento estaban desiertas.

El terrible efecto venenoso de las picaduras no tardó en llegar: Gislaine, desfigurada por la hinchazón de todo el cuerpo, permaneció durante unas horas en un desmayo providencial, despertando poco a poco, sufriendo de intensos dolores.

Lo curioso fue que en los brazos recibió más picaduras, que permanecieron inmóviles durante muchos días, hecho idéntico a las picaduras de las innumerables inyecciones que le estaban aplicando a Joanne, que también le provocaron una reacción alérgica, hinchándole el cuerpo, desfigurando sus delicados rasgos e inmovilizando temporalmente sus movimientos.

Esta fue la segunda coincidencia entre ambas, pues se recordó que hace un tiempo habían sido afectadas por extrañas e idénticas cicatrices en sus pies, las cuales aparecían, duraban y desaparecían al mismo tiempo… en ambas.

Dos semanas más tarde, para sorpresa del personal, Gislaine, parcialmente recuperada, fue llamada a la habitación de Joanne para limpiar.

Los patrones no se dieron cuenta que los brazos de la criada aun estaban heridos por decenas de picaduras de avispa.

Pero Gislaine vino y llevó a cabo su tarea, sin mostrar ningún signo de dolor ni ningún problema. Estaba saliendo de casa cuando el señor Bientout recordó de repente que la chica debería estar, como su propia hija, en la cama. Compenetrándose interiormente, dijo en voz alta:

– ¿Cómo estás, Gislaine?

A lo que la muchacha respondió, toda respetuosa:

– La "Abuela Negra" me curó.

– ¡¿Cómo?!

– Con medicinas muy malas y muy amargas.

La señora Marceline, presente, no acogió con agrado ese diálogo.

– ¿Por qué ahora el interés por esta esclava? – Pensó.

Más tarde, rompiendo el formidable muro de los prejuicios raciales y sociales, el señor Bientout buscó a la "Abuela Negra" y le pidió, sin rodeos, que curara a su hija.

Las oportunidades que tiene el espíritu humano para un aprendizaje tan grande y rápido de la humanidad son raras. El dolor, el mayor maestro, había quedado tallado en la montaña social construida por el clan de aquella propiedad, una sintonía significativa, que había vinculado, *"ex–abruptu"*, la riqueza con la pobreza, los blancos con los negros, la nobleza con la gente común, el intelectualismo con el primitivismo, finalmente, Europa con África.

La anciana, de carácter caritativo, psicóloga formada en la vida, administró amablemente a Joanne, en los días siguientes, tés desconocidos que, al principio, hicieron desaparecer la hinchazón, devolviendo la suavidad a los rasgos de la bella joven.

La "Abuela Negra" sabía de la prolongada enfermedad de Joanne.

Sin embargo, también sabía, como había aprendido de sus abuelos, que las mujeres jóvenes, en la frontera que separa la adolescencia de la edad adulta, presentan trastornos glandulares, propios de la transición, un grito silencioso del aparato reproductor femenino que, al ser reprimido, interfiere con la vía circulatoria armoniosa, provocando inflamación por cualquier motivo, con cualquier toque o golpe, en cualquier parte del cuerpo.

Gracias a los tés de la negra, Joanne se sintió libre del dolor que la afectaba desde hacía casi tres años. Su madre, una vez más, albergaba celos injustificados, pues aunque la solterona había ido a la mansión a petición de su amo, era Gislaine quien lo había sugerido...

– ¿Qué ascendiente o poder tendría Gislaine sobre Bientout? – Se preguntaba íntimamente, resolviendo dudas.

Pasaron unos meses. Curó completamente a Gislaine. La enfermedad de Joanne cesó.

La expresión de preocupación en el rostro de todos se alivió. Una calma relativa residía en el hogar Sfendu.

Gislaine, como siempre, tarareaba todos los días con una voz muy pura. Pero siempre en sus habitaciones o en los campos, pero nunca dentro de la casa de los amos.

Bientout, tratando de contemplar a su hija con momentos de calma y paz, decidió autorizar a Gislaine a cantar en las habitaciones de su hija, o mejor dicho, decidió que Gislaine cantara a Joanne, cara a cara.

Llamando a Joachim, jefe de los sirvientes, le ordenó que llevara a Gislaine a su biblioteca.

Sentado en su cómodo sillón barroco, Bientout oyó tímidamente llamar a la puerta de la biblioteca, adivinando que era la delicada mano que lo hacía.

En un tono solemne pero consensual, dijo una única palabra, a mitad de la potencia de la voz:

– Entre.

Gislaine, con pasos graciosos, seguía mirando hacia atrás para asegurarse de la presencia, en el umbral, de Joachim, que había venido a buscarla a sus habitaciones y la había acompañado hasta la entrada de la habitación.

La criada se detuvo a unos tres metros del amo.

Con la cabeza gacha y arqueada, como si sus hombros no tuvieran omóplatos, no podía ocultar el temblor muscular que sus extremidades insistían en revelar.

Desde lo más profundo de su alma llevaba los miedos que su espíritu creaba, segundo a segundo, en una secuencia interminable de desastres cercanos, que iban desde una inevitable hermosa paliza hasta una eventual brutalidad sexual... Para la primera hipótesis, la paliza, Gislaine había preparado, antes de venir, una salmuera muy caliente: pensaba que cualquiera que fuera su castigo, no tardaría mucho y, por eso, cuando regresara, tal vez herida y sangrando, tal medida le sería de gran valor, ya que el agua ya debería estar tibia y esa tibieza actuaría como un bálsamo anestésico y cicatrizante.

Para la segunda hipótesis, más terrible, pero más probable, Gislaine, sufriendo de antemano, se imaginaba perdida, ya que no podía soportar que su cuerpo grácil e intacto se duplicara debido al embarazo resultante; recordó que todas las mujeres embarazadas que había conocido no habían logrado mantener un perfil esbelto durante el embarazo; pero estas mujeres, blancas o negras, ricas o pobres, contaban con la comprensión de todos, sus maridos y familiares, sus amigos y sus jefes.

¿Y ella? – Se preguntó –, sin un marido, sin el permiso de la familia, no podría llevar sola la carga no deseada y, en ese caso, ¿qué debería hacer?

Como solución, solo pensó en desaparecer cuando empezó a ganar peso, dirigirse al bosque y ahondar allí hasta Dios sabe cuándo.

Y, en privado, seguía preguntándose:

– Pero, ¿cómo cuidaría de su hijo, en el bosque?

¿Sería niño o niña?

¿Sería más blanco o más negro?

¿Les gustaría ser sus padrinos?

¿Qué harían con ella sus jefes, madre e hija?

Así se sintió Gislaine, en medio de la conversación del Sr. Bientout, como si su cuerpo pesara más de doscientos kilos.

No tenía fuerzas para mantenerse en pie, ella que era tan inteligente y ágil, en los paseos por el campo.

Tal sobrecarga emocional provocó inesperadamente la aparición de desmayos. Se tambaleó.

Bientout la ayudó inmediatamente: la tomó en sus brazos, intentando, precariamente, despertarla.

Fue en ese momento cuando la señora Sfendu, angustiada, acudió a su marido para comunicarle un nuevo cambio en el estado de salud de su hija, que repentinamente había empeorado.

Entró sin llamar en la biblioteca, cuya puerta estaba entreabierta, y encontró a Bientout con la joven en brazos. Escuchó a su marido decirle palabras delicadas a la criada. La sangre se le subió a la cabeza y el asombro dio paso a la rebelión.

Notó que la joven sirvienta no resistía e incluso pareció acomodarse lánguidamente en los vigorosos brazos que la rodeaban – así le pareció la escena.

Semejante permisividad hirió profundamente a Marceline. Agravándose la situación, en el segundo previo a la entrada de la señora Marceline, Gislaine había comenzado poco a poco a recuperarse, gimiendo y gesticulando lentamente, lo que parecía lascivia, la asombrada e incrédula esposa, lo que sus ojos claramente fotografiaron. Debido a una absoluta falta de fuerza, Gislaine tartamudeó débilmente, gemidos y palabras ininteligibles.

Marceline interpretó tales gemidos, identificándolos como resultado de sensaciones fuertes, vividas recientemente, sin quitar ni guardar, como lo hacen dos amantes apasionados después del acto sexual. Al ver a su marido con su cuerpo coloquialmente unido al de Gislaine, sintió un golpe insoportable, mucho más en sus castillos íntimos de rígidos fundamentos morales, que correctamente ante el espectáculo que sus ojos, mal guiados por la razón y menos aun por la confianza, lo registraron como una escena de traición conyugal.

Se desmayó.

Como un gato, actuando por reflejo, Joachim, que se había quedado cerca, sintiendo un presentimiento, la ayudó, evitando una peligrosa caída sobre el duro suelo de la austera biblioteca.

Bientout, al ver a su mujer en brazos del criado, incapaz de soltar a Gislaine, todavía medio desmayada en sus brazos, tuvo un momento de indecisión que duró una centésima de segundo. Sin embargo, recuperándose, gracias a su larga experiencia ante situaciones embarazosas, dejó a la joven en la planta baja y corrió, angustiado y ansioso, a ayudar a su esposa.

La tomó de los brazos del viejo sirviente.

Preocupado, temiendo un mal mayor, llamó con voz suplicante a Marceline, a quien amaba sinceramente.

La esposa recobró el sentido. El calor de los brazos de su marido constituyó siempre para ella una fuente incomparable de sensaciones placenteras, donde la seguridad se mezclaba con la sensualidad.

Por un momento, olvidando lo que había presenciado e interpretado como el fin de su feliz matrimonio, se enfrentó a Bientout. Sintió una fuerte necesidad de acurrucarse más y ser abrazada. Se sentía como un pájaro herido que regresa a su nido. En el duelo entre el corazón y la razón, ganó esta última.

Marceline se recuperó, física y mentalmente.

Se liberó de su marido, asumiendo una expresión corporal de agresión mesurada.

Levantando levemente la barbilla, en un signo indudable de superioridad concebida, aunque sea parcial y temporal, preguntó a su marido con una rudeza que llevaba mucho tiempo escondida en su alma y nunca antes demostrada, en el ya largo período de convivencia conyugal:

– Bientout: ¿qué representa esta vergonzosa escena?

El hombre, algo sorprendido e incrédulo, le respondió, casi tímidamente:

– ¿Qué escena?

– Ahora, Bientout, no disimules la realidad. Te vi aferrado a esa negrita y aun pude ver que tus murmullos realmente le agradaban. Nunca imaginé verlo con otra mujer en brazos y mucho menos con una criatura que tiene, en todo caso, la edad de nuestra hija. ¡Y encima una negra! No puedo impedir que cometas adulterio, pero nunca permitiré que esto suceda aquí, en el techo sagrado de nuestra casa. No lo perdonaré. ¡Prefiero la muerte!

Y dirigiéndose bruscamente a Gislaine:

– ¿No te da vergüenza, criatura desvergonzada? Bien, te mereces una lección de látigo, hasta el punto que nunca más puedas participar en tan gran vileza. ¿Entregarte al jefe? ¿Y a la luz del día? ¿Tienes las puertas abiertas, en compañía de este viejo horrible...? Dime, desvergonzada, di algo...

Atónito, Bientout iba a explicar el grave malentendido. Marceline, sibilina, reprimió su incipiente tartamudez, exigiendo, solo con una mirada furiosa, que la niña, solo la niña, dijera algo, cualquier cosa.

Gislaine se sintió doblemente atacada.

Anticipó que le aguardaban más desgracias de las que imaginaba.

Y el jefe dijo:

—Se equivoca señora, porque no estaba haciendo nada malo, simplemente tenía mucho miedo que un hijo mío y del señor Bientout no tuvieran ninguna protección...

Marceline no podía creer lo que escuchaba.

Prueba tácita de infamia, su marido y la doncella efectivamente estuvieron involucrados en traición.

Se sintió incómoda y disgustada.

Joachim, servicial, intentó llevar a su ama a un cómodo sofá, pero fue brutalmente rechazado.

Gislaine enfrentó la mirada inexpresiva de su jefe y se sintió tan asustada que también se sintió enferma.

La escena era patética.

Sería hilarante si no tuviera consecuencias graves e impredecibles en las reacciones de cada uno de los involucrados.

No sería difícil para un espectador libre de cualquier vínculo con ese grupo percibir que otras formas, inmateriales, acecharon esa casa negativamente, para dañarla, aprovechando el momento delicado que atravesaba la familia Sfendu, emocionalmente desprotegida, debido a la prolongada enfermedad de Joanne.

Bientout estaba completamente desorientado.

Poseyendo un excelente físico, ganando los torneos y partidos atléticos en los que compitió cuando era niño, tuvo, al mismo tiempo, una buena formación espiritual. Confiado en su convicción cristiana, aunque no estaba convencido de su práctica de la Iglesia, por lo que era advertido de vez en cuando por el vicario, actuó casi siempre con equilibrio, virtud inherente a los espíritus parcialmente madurados en la buena conducta.

En el aspecto matrimonial, desde su matrimonio con la bella Marceline, nunca había permitido que su atractiva exuberancia fuera un instrumento de infidelidad. Al amar sinceramente a su esposa, había logrado evitar el adulterio que tantas veces lo había atormentado. La sucia vida en sociedad que había sostenido la familia Sfendu durante tantos años fue un poderoso catalizador de la falta de respeto; sin embargo, incluso allí, en aquel hogar, el honor estaba intacto.

No en vano, entonces, por primera vez, en sus cuarenta y cinco años de buena vida, sintió que el mundo giraba ante sus ojos. Le faltó apoyo y casi cae al suelo.

La fuerza de la inocencia; sin embargo, le ayudó. Inseguro, se preguntó para sus adentros:

– ¿Cómo es posible que tantos años de comportamiento ejemplar puedan, en menos de quince minutos, verse cruelmente enturbiados por sospechas viles e infundadas?

Nuevos delitos imperdonables que le atribuye su esposa:

1º: Infidelidad conyugal;

2º: Violencia contra jóvenes indefensos;

3º: Paternidad no asumida.

– ¿Sería posible algún día demostrar su inocencia? – Se preguntó asombrado.

Un sabor amargo, ácido e incluso corrosivo subió a su boca y se sintió, a su vez, disgustado por todo ello.

Sabía que tales acusaciones no serían fácilmente disipadas.

Impulsado por la fuerza de la razón, buscó justificarse. Ninguna de las mujeres aceptó la disculpa.

Gislaine, excesivamente supersticiosa e ignorante. Marceline, reprimida por la vida, muy celosa.

Joachim, el viejo criado, era el único del grupo que había logrado equilibrar las cosas. Devoto de la Santa Madre de Jesús, se había dirigido a ella en oración silenciosa, desde el momento en que el señor Bientout lo llamó para recoger a Gislaine en sus habitaciones para ir a visitar la biblioteca. Su rostro mostraba calma interior.

Anticipando un resultado infeliz, permaneció tranquilamente entre las dos mujeres, evitando cualquier proximidad física entre ellas.

Sabía que estaba a punto de estallar una pelea, ya que la señora y la doncella ahora se miraban con odio y disgusto mutuos.

Cara a cara, Marceline miró a Gislaine. Trascendió odio.

Gislaine, en el primer impulso, iba a bajar la mirada. Herida y asustada, quiso huir. Miró a Joachim y sintió protección en su mirada y actitud. Desde lo más profundo de su personalidad surgió la reacción.

Miró a Marceline desafiante. Ya no había señora y doncella mirándose.

No eran ambas, hipotéticamente, una esposa traicionada delante de su amante. La tormenta era inminente.

Pero, como marionetas controladas por hilos invisibles, en sus mentes, simultáneamente, Bientout emergió como el gran villano.

Incluso aquí, fuerzas inmateriales les sugirieron a ambos el odio hacia el hombre.

Bientout se sintió irremediablemente comprometido. ¡Y era inocente!

Buscó fuerzas del Señor del cielo, el Creador.

Su rostro se calmó.

Confundiendo serenidad con necedad, la señora Marceline, excesivamente nerviosa, al borde de la pérdida total de control, física y espiritualmente, balbuceaba, entre lágrimas que rodaban por su rostro, ahora muy sonrojado, las palabras que resonarían en el futuro y solo serían olvidadas en la eternidad:

– Bientout, nunca pude esperar de ti tanta ignominia, tanta bajeza, tanta maldad… No sé cómo pude haber estado ciega durante tanto tiempo. Ahora; sin embargo, que la verdad me ha sido mostrada tan cruelmente, juro por lo más santo que existe – lo juro por Dios – que no quiero que vuelvas a ponerme un dedo encima. Sería un regalo del cielo no escuchar más tu voz, excepto cuando sea indispensable.

Y continuó:

– Aunque sigamos bajo el mismo techo, de ahora en adelante seré viuda con marido vivo. Solo no tomo ninguna otra iniciativa, dejándote lejos, en consideración a nuestra hija, quien, a partir de este momento, además de esperar la breve llamada de Nuestro Señor, también queda huérfana de padre vivo.

Sí, porque no es justo, ni lo permitiría, no deberías acercarte, para que tu impía presencia no agrave más nuestra tristeza, a medida que se acerca la hora suprema que Dios reserva para Joanne.

Fue un triste castigo para Bientout saber, de esta manera, que su hija había empeorado y que tal vez no duraría mucho.

A partir de ese día, no hubo ningún ambiente familiar en la casa de los Sfendu. Amigos, pocos, la mayoría alejados por una enfermedad pulmonar.

Joanne, que puso fin a las frívolas recepciones sociales. Y, además, marido y mujer no se hablan.

Gislaine, como castigo, fue eximida de las tareas domésticas, recibiendo otras, mucho más rudas, en los graneros y establos, donde Alonse estaba a cargo. Doble y terrible castigo: trabajar al lado de alguien por quien sentía un asco incoercible, desde que lo viera…

EL CIRCO

Joanne, al enterarse por su madre de lo sucedido en la biblioteca, quedó abrumada y se recluyó durante varios días en sus lujosas y solitarias habitaciones, sorprendida por la reaparición de la enfermedad y aun más por el malestar.

Una semana después superó otra crisis de su enfermedad.

Su espíritu astuto y soberbio exigía mejores explicaciones por su frívolo comportamiento paternal hacia Gislaine.

Buscó a su padre y escuchó otra versión de los hechos, la verdadera.

Lo confirmó, escuchando a Gislaine a continuación.

Interrogándola enérgicamente sobre la historia de su hijo por nacer, su hermano por parte de padre, descubrió que todo era solo un malentendido, resultado de las creencias y supersticiones de la criada.

Aunque estaba enferma, se rio a carcajadas. La madre volvió y aclaró todo.

Pero ya era demasiado tarde: Marceline, infectada por el presunto virus, rechazó cualquier explicación que pudiera exonerar a su marido. Joanne, por su parte, seguía manteniendo a la criada todo el tiempo con la misma relación anterior.

Realizó breves paseos con ella por el bosque, ocasiones en las que logró mejorar mucho el nivel educativo y cultural de Gislaine.

Continuó enseñándole alfabetización, como lo había estado haciendo durante algún tiempo.

Manteniendo las exigencias de las reglas sociales, siguieron siendo amigas.

Naturalmente, en presencia de terceros, primaba la etiqueta.

Sin embargo, a solas, intercambiaron diferentes impresiones e incluso confidencias.

En uno de los paseos oyeron y al mismo tiempo se asustaron los agudos acordes de una corneta y el redoble de un bombo, seguidos de voces y ruidos de niños.

Su curiosidad se despertó y se acercaron a aquel grupo festivo, que estaba integrado por algunos artistas, de un circo que anunciaba electrizantes espectáculos para esas tardes.

De hecho, el circo había llegado a Marsella.

Gislaine, humilde y sencilla, se sintió transportada a una dimensión que solo podía ser el paraíso.

Joanne, aunque también electrizada, se contuvo, como de costumbre.

Si la criada sintiera entusiasmo por un espectáculo popular, no sería ella quien sintiera lo mismo.

Así, demostró total desinterés y una vez terminado el paseo, se separaron, una se fue a trabajar y la otra al ocio. El episodio ya estaba olvidado cuando, cuatro días después, Joanne escuchó a dos criadas comentar la maravilla del espectáculo que habían presenciado, el día anterior, en el circo.

De los más grandes, lo que quedó fue el increíble número de un mago.

El espíritu de Joanne se avivó, siempre inquieta ante las cosas nuevas: buscó a su padre y en un tono aparentemente distante, como si alguien no quisiera nada, le preguntó si le gustaría ir al circo. Ante la respuesta afirmativa, la joven le pidió que la llevara. No se puede demostrar públicamente después del desequilibrio matrimonial, los Sfendu fueron todos al circo: padre, madre e hija.

El circo ha sido casi siempre igual desde hace siglos: hombres y animales son extraordinariamente entrenados, demostrando sus habilidades, con el sincero objetivo de agradar al público.

La familia Sfendu se instaló en el mejor lugar que el circo podía ofrecer a sus asistentes: no era el mejor y, por tanto, tampoco el más caro, viable solo para los ricos.

El dueño del circo era de mediana edad y ya rondaba los cuarenta años.

Era, por tradición, el maestro de ceremonias.

Al inaugurar solemnemente el espectáculo de esa tarde, proclamó en voz alta, seria y disciplinada que la "obertura" de ese día, y solo de ese día, sería verdaderamente gala: pasar por Marsella, permanecer unas horas en el circo, su sobrino estaba allí... Informó que este familiar se había ido destacando en toda Europa, desde Polonia, donde nació, por sus reconocidos méritos como músico y pianista; había llegado a Marsella por consejo médico, dado el clima saludable que proporciona el Mediterráneo. Y, por invitación de su tío, accedió a interpretar, en el viejo y casi olvidado piano del circo, algunas piezas musicales.

Terminado el anuncio, un hombre de complexión erguida, delgada, de mirada profunda y misteriosa, salió tranquilamente del porche de los artistas y se dirigió directamente al piano, que hacía muchos años que no se usaba, pero que se guardaba en herencia, solo para comprobar la clase del circo.

Se sentó con severidad.

Permaneció circunspecto durante dos largos minutos. Y luego, con gestos lentos, dirigió sus manos hacia el teclado.

Había reservado para la apertura una vibrante composición propia, que expresaba, al mismo tiempo, convicción patriótica y drama sentimental íntimo.

Al ligero contacto, las cuerdas chocaron y un frenesí se apoderó del artista. Y él, hasta entonces lento y tranquilo, se transformó en un pianista muy agitado, pero disciplinado, extrayendo del viejo instrumento el solo que puso a todos en éxtasis. La música encendió los corazones presentes, despertando sentimientos latentes, haciendo aflorar emociones fuertes, abrumadoras, brillantes, irresistibles. Durante el solo, una vez que el artista apartó la mirada del teclado y la dirigió hacia el público, en su conjunto, no vio a nadie en particular: estaba físicamente allí, pero emocionalmente en las olas de su imaginación.

Sus ojos se posaron en los de Joanne.

Como saliendo de un aturdimiento, o como si regresara de un largo viaje astral, fijó su mirada en la bella joven.

Ese momento no duró.

Pero resonará durante mucho tiempo, muchísimo tiempo, en la memoria de la joven.

Una vez finalizado el primer número musical, el público, de pie y emocionado, aplaudió largamente.

También de pie, con una leve reverencia, el artista agradeció al cielo.

Ahora, mirando fijamente a Joanne, informó al público que interpretaría, como número final de su participación, su pieza musical favorita, símbolo de la despedida de amor.

Sin quitar los ojos de Joanne, dijo algunas palabras.

Y, después, interpretó la canción, expresión de tristeza, más en los acordes que en su propio semblante, igualmente triste.

Aplausos, largos.

Siguieron acrobacias, animales domesticados y otros actos.

¡El señor Bientout se emocionó mucho al ver un perrito parecido al que tenía! Le había robado la vida, hacía mucho tiempo, llevando a cabo piruetas que demostraban gran percepción y humildad, casi inteligencia, ya que el perro, dócilmente, obedecía los gestos y la voz del adiestrador, de forma directa. El maestro de ceremonias pidió disculpas al "público respetable" por la ausencia de uno de los animales, un elefante con un comportamiento cariñoso hacia los niños.

Esa tarde el animal se encontraba en estado crítico de salud. ¡Algo no iba bien y el elefante estaba muy enfermo!

Joanne se había desinteresado del espectáculo después que el músico abandonara el escenario.

Como conclusión, se anunció un fabuloso acto artístico: el señor Marcel Lieber, mago de fama mundial y amigo del dueño del circo, realizaría esa tarde un acto de magia, para lo cual necesitaba un voluntario del público, con el coraje suficiente para estar presente, capaz de establecer contacto entre el mundo de los vivos y el mundo de los muertos.

Aunque la criatura humana siempre tiene curiosidad, lo cual es absolutamente necesario para su progreso, de ahí el coraje de enfrentar lo desconocido, sin importar en qué área se encuentre, un fuerte escalofrío recorrió la columna vertebral de todos los presentes.

En un gesto clásico de interés desperdiciado, y de promoción buscando el retorno, el mago Marcel, sin saber si había algún voluntario en la audiencia para su número, preguntó si, como descuidadamente, de un lado a otro, en busca de la pareja deseada.

Distraídamente y "por casualidad" se detuvo frente al palco ocupado por los Sfendu y con voz estudiada, lo suficientemente alta como para no ser un grito, pero sí un desafío irresistible, preguntó si no había alguien allí que fuera un candidato a ser su coparticipante en el acto.

Bientout, siempre disciplinado mentalmente, no respondió de inmediato.

Joanne no parecía estar presente, tal era su apatía.

La señora Marcelina sintió que el suelo del circo se abría a sus pies y casi se desmaya, siendo extremadamente religiosa, no queriendo involucrarse en tales asuntos, del gusto de los herejes.

Había gente sensible entre el público que estaba al borde de la locura, en un nivel insoportable, con miedo de lo que estaba por suceder.

En el fondo, Bientout sentía que eso no era bueno.

Notó la angustia de su esposa y el ofensivo desprecio de su hija por el artista.

El aire se volvió irrespirable. El maestro de ceremonias, con picardía, se dirigió a varios del público y advirtió que si no había voluntarios, el acto no se realizaría.

Concluyó la advertencia mirando al señor Bientout y estallaron los gritos.

Eso es exactamente lo que quería el dueño del circo.

Para evitar más vergüenza, especialmente para su familia, Bientout respondió al reto.

Hubo un momento de pesado silencio mientras caminaba hacia el escenario.

Luego, bajo el mando del mago, todo el circo aplaudió al valiente que iba a sufrir un encuentro con los muertos.

Fuera de la vista del público, en la parte trasera del circo, el domador de elefantes y felinos, Jussard, notó que los animales de repente se inquietaban, demostrando que sentían algo extraño en el aire, como si un maremoto estuviera a punto de suceder, o si se estaba produciendo un gran incendio hacia el circo.

El domador sabía que esto siempre ocurría con ese número, lo que provocaba que los animales se emocionaran muchísimo.

Esta agitación duró toda la tarde y la noche, durando a veces dos o tres días.

– ¿Qué puede ser eso? – Se preguntó el domador.

Incluso había pedido al dueño del circo que detuviera esa promoción, pues el espectáculo de magia desestabilizaba a los animales e incluso les hacía daño.

Nunca fue atendido.

En la arena, subiendo dos pequeños escalones de madera, Bientout pronto alcanzó el nivel más alto del escenario.

Marcel pidió el máximo silencio. Resonaron los tambores. El mago encendió unas ramas que pronto perfumaron la habitación, a modo de incienso.

Pronunciando palabras ininteligibles, acompañadas de gestos cabalísticos, se estremeció con un súbito estremecimiento y luego, con la voz totalmente cambiada, mirando del cielo a la tierra, clavó a Bientout y le preguntó:

– ¿No me reconoces?

Bientout, sin mucho interés ni creyendo en la veracidad de lo que estaba sucediendo, respiró hondo, apretó los dientes, consciente que se encontraba ante una grosera mistificación.

Mentalmente a la defensiva, respondió enojado:

– No, no lo reconozco. De hecho, ¿cómo podría hacerlo si lo conocí recientemente?

Su respuesta fue para Marcel.

– Es una pena – dijo con diferente voz Marcel, y agregó –, puede que esta oportunidad no se repita en esta vida, pero te voy a decir algo que te ha molestado mucho.

Bientout se impacientó e inmediatamente se puso en guardia, ya que en las últimas palabras pronunciadas por el mago se presagiaba que algo íntimo estaba a punto de hacerse público.

– Señor Bientout – dijo la voz –, esa mirada que viste en mis ojos, un minuto antes de mi muerte, fue la mirada de amor con la que mi corazón se despidió de tu hija Joanne, a quien todavía amo y amaré para siempre. ¡Soy Elysian! – Exclamó.

Bientout sintió ahora que el mundo giraba a su alrededor. Completamente desprevenido para lo que acababa de escuchar, asombrado.

Joanne, completamente distraída, quedó impactada por la declaración de amor que, sin duda, Elysian acababa de repetir, solo que ahora, directamente desde el mundo de los muertos… También para ella la carga emocional era insoportable. Sintiéndose mal, como su padre, fue apoyada por Marceline, a su vez también temblando y peligrosamente pálida.

Antes de desmayarse Joanne gritó:

– ¡Elysian!

El circo abandonó la ciudad al día siguiente, apresuradamente. El dueño del circo, temeroso de ser perseguido por la policía, tenía la intención de alejarse lo más rápido posible del alcance del poderoso Sfendu, cuya familia había sido transportada a casa en estado delicado, consecuencia directa del insólito espectáculo.

Había un problema que impedía el rápido movimiento de todo el circo: hombres, animales y equipos: el elefante, que estaba aun más enfermo, era una pesada carga para los equipos que lo transportaban, rugiendo con un dolor perceptiblemente insoportable.

El problema lo resolvió el dueño del circo, así cobardemente: engañando al domador, muy apegado a todos los animales, abandonó al elefante unos kilómetros más allá del perímetro urbano, en una región escasamente habitada, donde solo había unas pocas chozas.

Por allí pasaba Joachim, quien presenció el malvado acto.

Amigo de los animales y amante de la Naturaleza, sintió pena por el pobre animal y amargado y entristecido presintió la muerte cerca de él, rápidamente fue a la mansión y le dijo al Sr. Bientout lo que vio.

La mirada sincera y la voz inquietante del anciano negro, rogando a su jefe que ayudara al elefante moribundo, hicieron que Bientout se dirigiera hacia donde estaba el animal abandonado.

Bientout había actuado así, en parte para prestar atención al anciano y en parte porque el circo había dejado una huella imborrable en su espíritu la tarde del día anterior. Al llegar al lugar donde se encontraba el animal, una pequeña multitud, curiosa y sedienta de espectáculos vinculados a la muerte – he aquí, el animal estaba en agonía –, se situó a pocos metros del elefante.

El animal, incluso con una mirada suplicante, no recibió un solo gesto de apoyo o consuelo por parte de ninguno de aquellos espectadores. Toda una larga vida dedicada a entretener a niños y adultos, por miles, que llega a su fin, sin una sola mano amiga para transmitir solidaridad.

Bientout rápidamente apoyó generosamente al animal.

Desenredándose de algunas prendas, juzgó la situación: inmediatamente se dio cuenta, basándose en su larga experiencia.

Con las ideas de la vida rural y el trato con los animales domésticos, el elefante estaba muriendo.

– ¡Pero, Dios mío! – exclamó al darse cuenta también que la hembra estaba preñada y tenía dificultades para dar a luz a su cría.

La intensidad del dolor del animal era notable para todos, ya que se retorcía y rugía de una manera que despertaba lástima en el corazón incluso de los más insensibles.

La curiosidad de los presentes fue grande.

Sin embargo, colectivamente se apiadaron del gran animal.

Curiosidad y omisión. A veces, lástima: tales son los ingredientes rutinarios de cualquier acontecimiento desastroso que rompa la monotonía de los mediocres del mundo.

Bientout miró a su alrededor y vio, a unos cien metros de distancia, de la carretera, una humilde choza. Intuitivamente preguntó en voz alta, sabiendo ya que la respuesta sería afirmativa:

– ¿Quién vive en esa choza?

De hecho, respondieron tres niños.

Dirigiéndose a la hija mayor, una niña de doce años y de trece años, le preguntó, o mejor dicho, le ordenó:

– ¡Corre y consigue un balde de agua! Si es posible, ¡agua caliente!

La niña corrió, seguida de sus dos hermanos menores.

Bientout se acercó al animal con cautela, mientras, conocedor de las cosas rurales, sabía muy bien, por experiencia propia, que mientras sufren dolor, todos los animales irracionales actúan con un exacerbado sentido de defensa, atacando con fiereza y brusquedad a cualquier cosa o ser vivo que se acerque a ellos.

Con cuidado, rodeó al animal, para no exponerse a un posible lanzamiento de su trompa, que sabía que sería mortal. Colocándose junto al lomo del animal caído y casi sin sangre, observó un poco mejor la escena. Se dio cuenta que el nacimiento sería inminente, pero que el elefante ya no tenía fuerzas y que sin ayuda externa activa esto no sucedería. De cualquier manera, el final estaba cerca.

Los tres niños llegaron trayendo tres vasijas de barro, todas con agua caliente.

A falta de algo mejor, Bientout mojó su abrigo en la olla más grande y, casi con cariño, a modo de caricias, colocó esa prenda mojada sobre la frente del animal.

De alguna manera la elefanta no se negó, entreabrió sus ojos proporcionalmente pequeños y miró a Bientout.

Tomó otra prenda de vestir, una especie de chal, y, mojándola en otro cuenco, la colocó en la región genital del elefante.

El silencio dominó la escena.

Solo se podía escuchar, a cada minuto, la voz profunda, pero tierna del hombre que envolvía repetidamente al animal con paños mojados en agua caliente. Nadie entendió lo que decía Bientout: solo el elefante...

El tono de voz del hombre resonó en el cerebro del animal y esto se tradujo en ayuda, principalmente, en vibraciones de amor universal.

Durante unos quince minutos se repitió esta operación hasta que se acabó el agua.

El milagro; sin embargo, no se hizo esperar: reuniendo sus últimas fuerzas, la elefanta, en una formidable contracción muscular, que primero hizo encoger su cuerpo, uniendo sus cuatro patas y luego alargándolas desproporcionadamente, logró salir del nido uterino su descendencia. Con un peso de casi cien kilos, el cachorro rodó hacia el mundo y se detuvo a unos cinco metros del glorioso portal que lo había trasladado de su madre a la luz.

El pequeño elefante sano, al nacer, casi atropella a los tres niños que habían traído agua, quienes, en pocos minutos, fueron testigos de la vida, pero también de la muerte: dos minutos después, el elefante murió, poniendo fin, melancólicamente, a medio siglo de vida generosa. El nacimiento de cualquier criatura, en todo tiempo, sitúa al hombre muy cerca de Dios, he aquí, revela, para todos, sin excepción, el importante puntal de un comienzo.

La vida, en el primer momento, ya sea del hombre o de los animales, siempre es algo agradable de ver.

Por otra parte, mientras el hombre no conozca el más allá, que es el punto final de la línea de la vida, la muerte siempre será desagradable: de los hombres o de los animales.

En cuanto a los hombres, llegará el momento en que comprenderán que la vida continúa, aunque dividida en tramos, a veces materiales, a veces espiritual.

Cuna y tumba son, por tanto, experiencias repetidas varias veces.

La lógica muestra cuán fuerte es la creencia en la reencarnación: si es una quimera de algunos soñadores o idealistas de lo invisible, o si es la perfección de la Justicia Divina. Porque no sería creíble, ni aceptable, que alguien naciera con graves discapacidades físicas o en extrema pobreza, o con degeneraciones orgánicas insolubles, si la causa, o las causas de tales malestares, no fueran matemáticamente vinculados a vidas anteriores. Estas vidas pasadas, en las que las víctimas de hoy ciertamente hayan sido los verdugos de aquella época. O, incluso, mafiosos custodios de préstamos naturales, como la salud, la inteligencia, la belleza o incluso las grandes fortunas, los prestamos mal utilizados, casi siempre de forma egoísta, nunca en beneficio de otros. En cuanto a los animales, nuestros hermanos inferiores, es nuestro deber respetarlos y protegerlos: Dios no les daría la vida ni los hombres para compañía, si no para evolucionar.

El señor Bientout envió a algunos sirvientes de su casa, que estaban presentes, para que fueran a la granja a buscar un carro tirado por bueyes con un equipo, para transportar al ternero lo más lejos que pudiera para recibir atención que garantice su supervivencia.

Rápidamente, dos jóvenes se dirigieron al lugar de Sfendu y transmitieron las órdenes del jefe, con recomendación expresa de urgencia.

El coche estaba lleno y dos fuertes bueyes estaban enganchadas a un yugo, fue por el camino a buscar al elefantito, y como siempre ocurría, las ruedas, rozando el eje, empezaron a cantar, melancólico, repetitivo. Allí, Bientout ordenó a unos hombres que cavaran suficiente agujero para albergar al animal muerto.

Pagó bien y fue atendido rápidamente.

No habían pasado cuatro horas y el elefante estaba enterrado. En ese momento llegó la carreta de bueyes.

Se necesitaron varios hombres para levantar al bebé del suelo y colocarlo, con cuidado, según las instrucciones de Bientout, en el asiento del conductor, quien pronto regresó a la finca, tomando aquella extraña carga.

A su llegada, la operación de carga se repitió a la inversa.

El pequeño elefante fue colocado en un establo vacío y, esa noche, el señor Bientout permaneció allí, haciéndole compañía, indeciso sobre los cuidados que debía darle al animal.

Antes del amanecer, cuando reinaba el silencio en la cercana madrugada, el hombre se dio cuenta, hasta entonces despierto, que el animal mostraba algún tipo de anomalía: sus ojos se dilataron con el tiempo y su temperatura, medida en la punta de su trompa por el contacto de la mano del experimentado campesino, aumentó significativamente.

El hombre estaba tan confundido y preocupado por qué hacer, cuando se acercó la anciana "Abuela Negra." Tenía en sus manos una vasija de barro, de la cual se escaparon trozos de manzana, dando la impresión que contenía algo caliente. Se trataba de un líquido que la anciana colocó entre las gigantescas mejillas del animal, con una cuchara de madera. El animal que gimió, bebió un poco de ese líquido, unas dos o tres horas. De la hierba, Bientout pudo ver que, entre otros componentes, en ese caldo estaba presente melisa.

Poco a poco el animal pareció calmarse y tras varias contracciones finalmente se durmió.

La "Abuela Negra" pidió al señor Bientout que descansara ya que permanecería allí vigilando hasta que el animal despertara. Bientout, sin ser contradicho, asintió.

Horas más tarde, cuando ya estaba saliendo el Sol, se dirigió apresuradamente al carruaje y al llegar al establo donde estaba el elefante, su corazón casi se detuvo, de tanta emoción y alegría, porque el pequeño–gran mamífero estaba parado, sobre sus cuatro patas. Se balanceaba de un lado a otro, usando su trompa como pajita para beber leche del recipiente que le ofrecía la "Abuela Negra." Se trataba de leche de una hembra; cuya cría había nacido tres días antes y en adelante debía ser compartida con el elefante, en la proporción de dos tercios de la producción diaria del "ahijado."

La "Abuela Negra" cuidó al elefante proporcionándole lactancia artificial y brindándole cuidados y cariño.

En poco tiempo, el animal se convirtió en la estrella de la mansión Sfendu, mostrando signos de gratitud, combinados con evidentes signos de inteligencia.

EL MAGO Y EL DOMADOR

En la hacienda Sfendu, la vida nunca volvió a ser la misma desde aquella tarde en el circo: Joanne, ensimismada y convulsionada, impresa mentalmente en su vida, junto con una apatía siniestra, un nerviosismo incontrolable, que explotaba inesperada y continuamente.

Recordó los últimos momentos de la vida de Elysian. Lo vio morir, siempre.

La última mirada del joven que sin duda la había amado, la había penetrado profundamente.

Tales eran los pensamientos de la joven: Elysian le había declarado su amor y minutos después había muerto, brutalmente. ¿Cómo podría ser posible que existiera ese circo del más allá?

Sí, la joven no tenía dudas que había sido el propio Elysian quien le había dicho esas palabras a su padre.

Bientout, a su vez, inmerso en lo más profundo de la duda humana, buscó, sin encontrar, una explicación a lo sucedido:

– ¿Entonces la muerte no es el final de todo?

– Pero si todo el mundo sabía eso, ¿cómo era posible?

– ¿¿¿Cómo???."

Este estado de conmoción e insolubilidad ante el hecho llevó pronto a que dar una desconexión progresiva de las frivolidades sociales y una mayor atención a las cosas religiosas.

Como observador atento de tales acontecimientos, el padre Chevery advirtió el ambiente en el que estaba inmersa la casa de sus queridos amigos.

Se enteró de lo sucedido en el circo.

De forma espontánea buscó al señor Bientout y le pidió una audiencia privada.

Atendido, se reunió con Bientout en la biblioteca de la mansión, intercambiando impresiones sobre el insólito suceso.

A las angustiadas preguntas de Bientout, el bondadoso padre se limitó a responder que Dios tiene caminos desconocidos para los hombres y que ciertamente podría haber muchas explicaciones para los hechos mencionados.

Sugirió, a modo de respuesta, entre las alternativas, la posibilidad está claro que los artistas habían sido íntimamente informados sobre los lamentables acontecimientos que llevaron a la muerte de Elysian.

Bientout, reflexivo y perspicaz, comprendió inmediatamente que el padre Chevery no podía ir más allá de la superficie del problema y, en consecuencia, equipararlo a la realidad y así solucionarlo.

Esta certeza se basaba en la prueba inequívoca que Elysian en realidad había estado frente a él, en el circo, como nadie, nadie podría haber tenido acceso a sus pensamientos, en el último momento de la vida del joven, cuando se dio cuenta del profundo amor que lo unía recíprocamente a su hija: solo él y Dios sabían lo que sentía entonces.

Fue a partir de este período que la enfermedad de Joanne comenzó a empeorar.

Inexorablemente, los síntomas se acumularon.

Desilusionados con la atención médica, los Sfendu se distanciaron por completo de la vida en sociedad, transformando su otrora hogar favorito en un rincón evitado. Los intereses comerciales, basados en una agricultura próspera, siguieron aumentando, gracias a la acción diligente del patrón, que coordinaba todo.

Joanne, alguna vez altiva y orgullosa, ahora pasaba la mayor parte del tiempo en su habitación, aburrida de todo y de todos.

Diez meses después, en aquellas tierras ocurrió un hecho singular y muy significativo: llegaron a la finca dos personas que al principio no fueron bien recibidos, porque se presentaban en un estado deplorable: demacrados, barbudos, mal vestidos y sucios; se podía ver claramente que ambos había estado experimentando privaciones.

Como siempre, en esos lugares los mendigos recibían un tratamiento inicial y, una vez recuperados, eran invitados a marcharse y buscar otros lugares, a los que nunca más regresarían.

El patrón, al ordenar esto, creía cumplir el mandamiento cristiano de caridad hacia el hambriento, el sediento y el frío. Los dos hombres fueron conducidos a una habitación vacía, en las dependencias de servicio, donde, vistiendo la ropa limpia y en buen estado que les habían ofrecido, pudieron recomponerse primero higiénicamente y luego alimentados abundantemente.

Desde su llegada hasta la tarde permanecieron bajo el diligente cuidado de Joachim, jefe de los sirvientes.

Ya estaba terminando la tarde y los hombres ya se disponían a partir cuando pasó Bientout.

Uno de los hombres sufrió repentinamente convulsiones.

Aparentemente intolerable, mientras aullaba como animal mortalmente herido, emitiendo, con voz ronca y grave, sonidos ininteligibles que inmediatamente llamaron la atención del dueño de la finca.

Bientout ayudó amablemente al convulsionado que rodaba por el suelo, como si sufriera terribles calambres, y pronto se desplomó.

Bientout estuvo a punto de desmayarse también cuando, levantando del suelo, el perturbado hombre reconoció en él al mago del circo que pocos meses antes había traumatizado su espíritu. Bientout se recuperó.

Pero no pudo ocultar un temblor generalizado en su cuerpo. Ayudado por Jussard, el domador, logró conducir a Marcel, el gobernante, a la habitación que albergaba a los dos mendigos desde esa mañana.

Los presentes ya estaban preparados para ayudar en lo posible al atormentado, cuando éste, poniendo rígido todo su cuerpo, se enderezó parcialmente y dijo con voz irreconocible:

– Sr. Bientout: cuánto he estado esperando este reencuentro.

Bientout, acciones catalizadas por una fuerte emoción, hundiéndose en el suelo, fue incapaz de pronunciar una palabra.

De repente estuvo seguro que estaba una vez más en presencia de Elysian. Y en privado preguntó:

– Pero, ¿cómo? Dios del Cielo: ¿cómo?."

Se sintió conducido al borde de la locura, cuando la voz añadió:

– Quédese en paz, señor Bientout. Ya lo he perdonado. Sé que no quería atingirme con ese tiro fatal.

Una extraña sensación de calma, inesperadamente, invadió a Bientout, devolviéndole el equilibrio mental.

Saliendo de su letargo, pero todavía aterrado, preguntó:

– ¿Qué quieres de mí?

– Solo tu amistad y oportunidad de diálogo.

– ¿Por qué quieres mi amistad?

– Porque es hora que nos armonicemos. No podré quedarme más aquí, ya que le haría daño a este amigo nuestro que me presta su voz. Volveré pronto. Jesús nos bendiga.

– Jesús – pensó Bientout –. Así que esto no es algo diabólico...

Con un escalofrío, que una vez más aterrorizó a Bientout, Marcel Lieber se estiró, como si despertara de una siesta, se frotó los ojos con los dedos y finalmente dio signos de recuperarse por completo.

Un poco asustado, entre la vergüenza y la timidez, bajando la cabeza, pidió disculpas al señor Bientout, quien le preguntó:

– Señor: ¿no nos conocemos ya?

Y, buscando en su memoria, encontró la respuesta para sí mismo:

– Sí: en esta misma región...

– Cuando el circo estaba aquí – completó Bientout. Y ahora enérgicamente, mirando fijamente a los dos hombres:

– ¿Por qué regresaron?

Jussard tomó la iniciativa y se presentó:

– Es una historia larga, pero en pocas palabras, para no cansarlo, señor, podemos, sin perjuicio de la verdad, decir que fue una decisión muy dura dejar el circo.

Y explicó:

– Los shows con las fieras, que están constantemente juzgados, crearon una herida dolorosa en mis sentimientos, en relación con la Naturaleza y sus hijos, entre los cuales incluyo a todos los animales. Viví con ellos casi toda mi vida, y cada vez pasaba más tiempo, comencé a sentir que las bestias, incluso las fieras, tienen mucho más respeto y dignidad que su instinto les transmite, más que ciertas criaturas humanas.

Y añadió, con pesar:

– ¡La mayoría de las criaturas humanas!

Concluyó:

– Hace unas semanas llegué a la paradoja de sentirme amado solo cerca de los animales, preferiblemente cuando estaban lejos de sus jaulas, porque lo que pasaba en ellos era una imposición, una distorsión de la naturalidad de las cosas y sus hábitos. Ya le dije que mi nombre es Jacques Jussard Libret, pero siempre me han conocido con el sobrenombre de "Pastor", ya que siempre he intentado defender a todos los animales.

Hubo silencio entre los cuatro hombres.

Jussard bajó la vista y Marcel pidió la palabra:

– Con su permiso, señor, declaro que yo, igualmente disgustado por lo que hacía en el circo, ya no podía soportar exhibirme para alegría del público, considerándome tierno como distracción, algo tan grave y tan irresponsablemente tratado allí.

Y mirando al cielo:

– Siempre supe, siempre, que era algo que no era de este mundo. Tampoco sé de dónde... solo sé que el dueño del circo me obligó a hacerlo, desde que tal don se manifestó en mí. Incluso estaba obligado a asistir a reuniones privadas, siempre y cuando las familias le pagaran bien... No había manera que pudiera continuar. Me sentí, internamente, como un grifo que vierte agua clara en el pantano... La palabra indignidad, al nombrar lo que hacía, tomó proporciones terribles... No pude resistirme: abandonar tales actividades públicas fue una bendición; que debo a San Honorio, mi protector, a quien tanto socorro pedí.

Finalizando:

– Como Jussard también viví momentos difíciles, aun siendo devoto del bondadoso San Honorario, le pedí que nos guíe, liberándonos a ambos del bochorno en el que nos encontrábamos. El Santo nos atendió, así fuimos de ciudad en ciudad, sufriendo y sufriendo, pero restaurados. La progresiva desintegración de nuestra conciencia, era mejor convertirse en mendigos.

Concluyó en voz baja, como monologando:

– Llegar aquí a tus tierras es una casualidad que nos cuesta justificarlo.

– ¿Qué mano nos habría dirigido hasta aquí? – Pensó Jussard.

La sinceridad de aquellos hombres conmovió a Bientout.

Se encontró espiritualmente en una situación de desequilibrio, dados los últimos momentos vividos, que habían sido los primeros, buscando en lo profundo de todos los eventos de la muerte de Elysian: el juicio al que fue sometido después y la inolvidable tarde en el circo, todo sumaba. Fue, por lo tanto, con sincera intención también los invitó a quedarse en sus propiedades unos días más, para que pudieran hablar más y también para que se recuperaran por completo.

La invitación fue aceptada.

"Pastor" y Marcel; sin embargo, hombres honestos, les impusieron una condición ligada a su permanencia: y que recibirían cargos, como los atribuidos a otros servicios.

Bientout, íntimamente admirado y feliz, asintió. La nobleza de carácter de los visitantes quedó demostrada rápidamente.

La tarde ya había amainado y las primeras estrellas aparecían en el cielo. "Pastor" estaba en la puerta de su cómoda habitación, sin compartir ninguna impresión positiva con Marcel, cuando escuchó un sonido extraño e inimitable: el rugido de un elefante. Saltó fuera de la habitación.

– ¿Ahí? ¡¿Un elefante?!!!.

Todo su ser fue invadido por una reacción de excitación, enfrentó el hecho insólito y, con ansiedad incontrolable, sin poder controlar sus impulsos, se dirigió hacia el lugar de donde partió el rugido.

Vio los establos e instintivamente corrió hacia allí.

¡Cual no fue su sorpresa cuando llegó allí ver una cría de elefante sana!

Estaba extasiado ante la vista.

Este mismo éxtasis lo experimentan casi todos los seres humanos, algunos frente al mar, otros frente a un invento fabuloso, otros frente a grandes cascadas, otros frente a famosas obras de arte.

La sensación, para todos, es la misma: es un transporte a dimensiones felices, aunque fugaces, que solo existen, aquí, en el paraíso.

¡Pero constituyen una poderosa demostración que Dios existe!

El cielo también...

El animal, dócil y fácil de tratar, miró directamente a los ojos de Jussard.

Jussard estaba llorando. Las lágrimas corrían, desobedientes, felices, conmovidas... Al recuerdo del hombre le llegaban los tiempos felices de convivir con los animales, especialmente con los elefantes y en particular, con un elefante que, según información proporcionada por el dueño del circo, había muerto.

Ese día de la muerte del animal, cuando Jussard se había ido al frente del circo hacia otra ciudad, llevando algunos animales y siendo parte de la carga llevada por otros dos elefantes. Al llegar a su nuevo destino de espectáculos, esperó impaciente la llegada de los restantes, ya que junto a ellos debía llegar también el elefante que debía llegar, que le gustaba tanto, y que, por estar enfermo, se quedó en Marsella.

Según le había contado entonces, el dueño del circo, al llegar sin la elefanta, había contratado a alguien para que la cuidara y, cuando se recuperara, vendría a reagruparse en el circo próximo a Marsella tendría toda la asistencia necesaria para su recuperación...

Pero pasaron los días y solo después supo la verdad: el animal no había resistido y fue enterrado allí mismo. No había llegado información sobre su descendencia, suponiendo que él también hubiera fallecido. '

Todo esto pasó por la mente de Jussard en un segundo. El pequeño corte natural en la gran oreja izquierda del animal frente a él le recordó al elefante y casi al instante una certeza se quedó grabada en su cerebro: ¡que el elefante era la cría del elefante que había muerto!

Lentamente, sin ningún temor, como estaba acostumbrado a tratar con animales, se dio cuenta que el animal no mostraba hostilidad, se acercó a donde estaba.

Estuvo más cerca de poder tocarlo.

Sin miedo: gestos tranquilos, mirada serena.

Y, hecho sorprendente: había una extraña empatía entre el hombre y el animal. El hombre extendió la mano y el animal, en reciprocidad, extendió su trompa. Ambos en gestos delicados se miraron fijamente.

Los extremos se tocaron y no tomó ni un minuto para que la armadura sólida e indeleble quedara sellada allí. Con el paso de los días, los roles de cada uno de los dos hombres se fueron definiendo: Jussard pasó a ser el cuidador de los animales, lo cual hizo muy bien. Allá donde iba, indefectiblemente, lo acompañaba casi media tonelada de elefante que no lo soltaba. El animal, guiado por un adiestrador tan experimentado, pronto se convirtió en una atracción para todos. Mostró inteligencia y gratitud. Siempre manso.

En cuanto a Marcel Dassin, hombre educado, culto, experimentado y afable, empezó a ayudar al señor Bientout en la contabilidad de los negocios, siendo fiel intermediario en varios de ellos. En todas estas ocasiones demostró astucia, combinada con honestidad, de las buenas ganancias que empezó a obtener el patrón.

Aprovechando un espacio en su obra, Marcel comenzó a enseñar letras a sirvientes, niños y adultos.

Los dos llevaban allí una semana, cuando el Sr. Bientout los convocó a una reunión privada en su biblioteca y concertó una cita.

Puntualmente aparecieron los dos invitados. Bientout los acomodó en sillones, dejándolos a gusto.

Respirando profundamente, les dijo que los había llamado para pedir ayuda, ya que durante tres noches seguidas había sido víctima de pesadillas, en las que se veía en duelo con un hombre.

Al tratarse a sí mismo como algo "sobrenatural", pensó que podrían ayudarlo, gracias a sus conocimientos y "dones artísticos."

Marcel, en voz lenta, respondió a su jefe – tomando la iniciativa en la respuesta – que había tenido experiencias anteriores, en las que ciertos sueños se repetían, noche tras noche, desequilibrando a las personas que los habían tenido.

También dijo que existía una forma de tratamiento para este problema; sin embargo, dependía fundamentalmente de la participación de la persona atribulada, con plena aceptación que las almas de los que muertos podrían regresar a la Tierra y hablar con los que se quedaron aquí. Añadió:

– Sí, porque los sueños inquietantes casi siempre son evidencia de enemigos ya muertos, muchos de ellos desconocidos. Enemigos porque hacen daño; desconocidos porque sus víctimas no los recuerdan.

Bientout ya había acumulado suficiente experiencia para aceptar esta hipótesis aparentemente absurda.

Por lo tanto, tácitamente aceptó.

Marcel pidió a los tres que cerraran los ojos y que Jussard rezara una oración a San Honorio.

Con voz lenta y conmovida, el "Pastor" oró al Santo que los había liberado de la condena por lo que estaban haciendo, argumentando que, por lo imperioso de la situación, otro camino no les quedaba más que abrir la puerta del cielo y permitir que las almas que allí estaban vinieran a visitarlos...

En un gesto espontáneo y no programado, los tres hombres unieron sus manos, formando una cadena humana de tres eslabones, formada por seis manos.

Después de unos tres minutos de silencio absoluto, un ligero temblor sacudió el cuerpo de Marcel.

Con voz irreconocible dijo:

– ¡Maldito seas! ¡Maldito seas! Me vengaré y no tardará la hora que tanto he estado esperando, con ansias, con sed. Sediento de sangre – concluyó sombríamente.

Aunque no se había identificado la dirección de amenazas tan graves, seguía en el aire la certeza que el objetivo era Bientout Sfendu.

– ¡Maldito seas! – Volvió a maldecir su voz.

– No actúes como un santo, eres un asesino. ¡Maldito seas! ¡Maldito seas! – Dijo una vez más.

La fortaleza moral de Bientout tembló desde sus cimientos.

El dueño de la finca, en un segundo, tuvo el impulso, primero de atacar a Marcel y expulsarlo de su local e incluso de sus tierras; entonces, pensó en continuar con el insólito suceso, conectándose todos los días para ver hasta dónde llegaba la farsa.

Así dispuesto, estaba a punto de iniciar una conversación con "la voz", cuando escuchó:

– Hoy te haces pasar por un santo, pero debes saber que fui yo quien apretó el gatillo que casi te envía a la cárcel, o a la fuerza. Te saliste con la tuya una vez más, pero la próxima vez, que será en breve, no perderé la oportunidad de ajustar nuestras cuentas, en las que recibirás lo que te debo, que es precisamente un tiro en la cabeza.

Bientout estaba debilitado.

En realidad, solo él lo sabía: los disparos al perro de Elysian no implicaron una concentración total por su parte, en cuanto a puntería, ya que en esos momentos, un letargo inesperado se había apoderado de él, y casi podría jurar que cuando tiró del gatillo no necesariamente quería hacerlo, sino que obedecía una orden desconocida que lo obligaba a hacerlo.

Reuniendo fuerzas, balbuceó:

– ¿Qué te hice para que me dediques tanto odio?

El tono era humilde, casi suplicante.

– ¿Qué fue? ¿Entonces no recuerdas cuando asesinaste cobardemente a mi jefe, en esa emboscada cerca del río? Bueno, debes saber que nunca lo olvidaré. Especialmente porque se me consideraba un cómplice de la traición. ¿Y sabes lo que me hicieron? ¡Me mataron!

Bientout y Jussard estaban inmóviles.

El terrateniente estaba absolutamente confundido: nunca había traicionado a nadie.

Adivinando sus pensamientos "la voz" concluyó:

– No sé cómo pude salir del infierno para encontrarte aquí. Sin embargo, ahora que te encontré, me vengaré. Espera tu turno para sufrir, que no está lejos…

Jussard, tomando la iniciativa de responder, dijo:

– Querido visitante que vienes del otro mundo: lo que nos cuentas debe estar en los archivos del pasado, cuando todavía estábamos todos lejos de Dios, de Nuestro Señor Jesucristo y de Nuestra Purísima Madre, la Virgen María. En nombre del Cordero te pedimos perdón por cualquier ofensa que hayamos cometido. Los santos que permitieron tu presencia aquí no te trajeron para hacer amenazas y vengarte. Te trajeron a conocer otros detalles de tu drama. Dios nunca nos perdonaría que nos golpearan las desgracias, si igualmente desgracias no las hubiésemos extendido por el mundo, en las muchas vidas que todos tenemos sucesivamente...

La voz, agonizante, gritó:

– No, no...! ¡No soy yo! Yo no hice eso...

Jussard añadió:

– Tus ojos son testigos fieles de lo que estás viendo. No dudes de la bondad de Dios, porque, muchas veces, como ahora, solo recordando y viendo nuestros pecados podemos cambiar nuestra actitud, pasando de verdugos a acusados...

Temblando convulsivamente, Marcel Dassin se retorció y estuvo a punto de caer de la silla, golpeado como por un empujón invisible que lo hizo despertar.

Los tres hombres se miraron asombrados.

Jussard tomó la iniciativa de hablar, como siempre, y dijo con voz conciliadora y segura:

– Señor Bientout: le queremos mucho y por eso no podemos ni debemos ocultarle la verdad de lo que ha ocurrido hoy aquí. Marcel atraviesa desde hace algún tiempo estos trances que le angustian mucho. Durante una de nuestras visitas a la ciudad de Lyon, un grupo de estudiosos del ocultismo nos dieron preciosas enseñanzas sobre cómo hablar con los muertos.

Aprendimos que las personas no deben reunirse por instinto de curiosidad, sino solo para aprender sobre las cosas del mundo de las almas, que es donde la vida continúa, ya que nadie, nadie en absoluto, termina con la muerte.

La gente del grupo lionés nos sugirió que las reuniones siempre deberían realizarse con la presencia de personas especialmente dotadas por la Naturaleza, al igual que Marcel, para servir de instrumento para recibir las palabras del Más Allá.

Que estas reuniones se celebraban siempre el mismo día del mes, de la quincena o incluso de la semana, pero siempre a la misma hora, como debe hacerse con las entrevistas estrechamente programadas, entre partes que necesitan hablar.

Es esencial que todos los invitados a estas reuniones sean serios: nadie haga bromas.

Y empezar y terminar siempre con la oración que más paz nos traiga, a criterio del grupo.

También nos enseñaron a hablar normalmente con las almas, ya que ellas, utilizando la voz de ciertas personas con habilidades especiales – Marcel, por ejemplo – no cambian en absoluto su inteligencia, sus sentimientos y sus procedimientos, después de la vida física.

Y concluyendo:

– En otras palabras: ¡la muerte no es muerte, es vida! ¡Vida en continuación de la vida!

El único cambio que existe, en realidad, es en la consistencia de la materia, ya que, si somos palpables, se lo debemos a nuestro cuerpo. El alma que lo habita, ya sea en este mundo o en el mundo de los muertos, es intangible, vaporoso, fluidico….

Bientout escuchaba todo atentamente.

Las hipótesis planteadas por tales enseñanzas fracasaron frente a la lógica.

Lo que más sorprendió a Bientout fue que un simple cuidador de animales tuviera tantos conocimientos.

Marcel, añadiendo:

– Y también es posible invocar algunas almas de amigos, familiares o Santos, con quienes queremos conversar.

Por todas estas cosas, Jussard y yo siempre viajamos, porque en ninguna parte podemos evitar tales manifestaciones de celebración; invariablemente, somos amenazados por personas religiosas, que nos amenazan con castigos rigurosos, incluso, en algunos casos, incluso deseándonos la misma guillotina.

No necesitas preocuparte ahora porque nos iremos.

Jussard, con un gesto sincero de la cabeza, aprobó lo que Marcel acababa de decir.

NUEVAS FRONTERAS

Bientout sintió que se abrían a su espíritu nuevas e inconmensurables fronteras e instintivamente percibiendo la sinceridad de los dos invitados, les sugirió que permanecieran en sus propiedades, diciéndoles que, contrariamente a lo que acababan de decir, respecto a irse, ahora mismo le gustaría que se quedaran.

– Si pudiera – les dijo amistosamente –, exigiría su permanencia.

Los dos visitantes se sintieron conmovidos.

En semanas y semanas de vagabundeos y viajes vacíos y dolorosos, por los lugares más inhóspitos, fue la primera vez que fueron acogidos como verdaderos seres humanos. Con dignidad. Con amistad.

Ellos aceptaron.

Por la noche, antes que darse dormido, Bientout contó eufóricamente a su esposa sobre todo lo que pasó en la biblioteca.

Fue con indescriptible sorpresa y decepción que, después de completar la narración, escuchó a Marceline responderle, reprendiéndolo severamente, por tan gran locura, que solo sería perdonable si fueran a la iglesia, al día siguiente, a confesarse con el padre Chevery.

Sin duda, el noble padre administraría una dura penitencia a Bientout y la debida corrección a los dos charlatanes, aliado con el diablo. Corrosiva, Marceline dijo:

– Tus penitencias serán terribles, no solo por tu omisión, sino también por tu permiso y participación en tales actos heréticos. En cuanto a los engañadores, ¡ni un día más podrán permanecer en nuestras tierras, a riesgo de castigos celestiales para todos, para todos!

Gran asombro: Bientout vio un extraño brillo en los ojos de su mujer cuando ésta dijo:

– Morirás para siempre, maldita sea, maldita sea, si no alejas de nuestra casa a esos grandes alborotadores. Tenga cuidado al expulsarlos, ya que no será de extrañar que estén armados y uno de ellos se pegue un tiro en la cabeza...

"Caramba, caramba, un tiro en la cabeza – pensó Bientout –. ¿Cómo pudo Marceline haber dicho exactamente esas palabras, si las había escondido cuidadosamente, al narrar los acontecimientos de unas horas antes, en la biblioteca? ¿Estaba realmente el espíritu vengador acechando en esa casa? ¿Y cómo tenía el poder de disparar? ¿Disparos no deseados y poner palabras amenazantes en la casa? ¿En boca de la gente?

Marceline pensó que el silencio de su marido era un acuerdo. Al día siguiente, antes del amanecer, Bientout, que no había podido dormir, buscó a sus dos nuevos amigos y con sinceridad les contó el desacuerdo que tuvo con su esposa.

No detalló la escena ni las amenazas. Tranquilizando a los visitantes, les dijo:

– No se preocupen, que siempre tendrán el abrigo de mi escudo. Tengo un terreno actualmente poco cultivado, lejos de aquí, donde hay una casa modesta, sin habitantes, porque se mudaron de allí hace como tres meses. Empaquen sus cosas y prepárense sin demora para ir a vivir allí, donde nos veremos periódicamente.

Concluyó:

– Yo personalmente los guiaré.

Sin opción, en silencio, los dos hombres obedecieron. Y así se hizo.

El Sol estaba casi a punto de salir cuando los tres hombres abandonaron la mansión y la granja detrás de ellos.

Todo se hizo con tal discreción que no se notó el cambio.

Antes del mediodía, sin que nadie supiera el paradero de los dos visitantes, a pocos les importó que estuvieran desaparecidos.

"Se fueron de noche", era la voz común entre los sirvientes, notando que en las habitaciones que ocupaban no había nadie más.

Así llegó la noticia a la señora Sfendu. Unos días después ya nadie se acordaba de los dos hombres.

El señor Bientout había regresado por la noche sin darle cuenta a nadie dónde había ido ni qué había hecho.

Proporcionó sustitutos para cuidar a los animales y contrató a otras personas para apoyar su negocio, así como la oficina.

Nadie se dio cuenta de la coincidencia: el mismo día que los dos desconocidos se marcharon, el elefante también desapareció...

EL NIDO DE LAS CATARATAS

La mañana de su partida, Bientout llevó a los dos amigos al lugar que les había designado para refugiarse y vivir.

Había hecho esto personalmente porque tenía la intención de proteger la presencia de los dos hombres del conocimiento de todos en su nuevo destino.

El lugar elegido era de difícil acceso porque se llegaba tras abandonar la vía principal que recorría todo el inmueble, mucho más allá de la sede central.

En esta salida había tres variantes del camino: dos a la derecha y uno a la izquierda. Sin conocerlos es imposible llegar al lugar deseado, ya que solo quedan leguas y leguas por delante para obtener alguna orientación.

Luego de cuatro horas de marcha, el carruaje tirado por cuatro poderosos caballos llegó a esa zona del predio Bientout.

El sitio fue denominado "Nido de las Cataratas", por tener una interesante formación geográfica, en la que un río de caudal medio formaba varios lagos antes de subdividirse frente a dos obstáculos; estos estaban separados por aproximadamente diez metros, cayendo las aguas abruptamente desde más de treinta metros, en tres cascadas paralelas. Las cascadas tenían diferentes cantidades de agua que caían, en las que cientos de golondrinas se sumergían en la niebla revoloteando y regresando del etéreo chapuzón de las aguas, enteras y amplias, formando un cuadro de insuperable belleza y grisa. Esta imagen parecía un gran y espléndido arreglo floral, decorado con pequeños arcoíris, entrelazados con pájaros de alas brillantes.

Desde lo alto de las cascadas, varias piedras más pequeñas, formando un camino natural, de una orilla a otra, proporcionaban un magnífico mirador que permitía observar toda la vasta extensión de ese lugar. Pequeños lagos, reflejando también la luz del Sol, el azul del cielo y el amanecer de las nubes, formaban un inmenso girasol que cubría toda el área.

Los hombres llevaban más de una hora acomodándose y descargando el equipo, cuando oyeron un rugido.

Los caballos no se asustaron. No los tres hombres.

Todos – hombres y animales –, sabían quién era el autor de aquel grito que parecía significar:

– ¡Yo también estoy aquí!

Jussard, como un rayo, fue al encuentro del elefante, del que se desconoce cómo llegó hasta esa zona.

Nadie se tomó el tiempo de descubrir cómo sucedió esto. "Pastor" agarró el poderoso tronco y lo besó.

El paquidermo, tan tierno como un gatito que necesita ser acariciado, apretó sus "ojos" y frotó el poderoso apéndice natural al cuerpo del hombre, que le resultaba tan fraternal y protector.

Una vez arregladas las cosas, Bientout regresó a su residencia.

Informó a su esposa, para evitar preguntas, que a petición suya del día anterior, había despachado a los dos desconocidos y se los había llevado él mismo, desde donde habían continuado, en dirección desconocida. Marcelina se calmó.

Bientout, usando su autoridad, la de marido y patrón, le informó que buscaría al padre Chevery a su debido tiempo.

Y la vida siguió.

Unas dos semanas después, Bientout echaba de menos a sus amigos.

Durante este período les había proporcionado provisiones y medios de supervivencia, mediante un pacto hecho con Joachim, que cada diez días los visitaba, llevándoles lo necesario – alimentos, ropa, herramientas, semillas.

Le dijo a Marceline que al día siguiente, antes del amanecer, saldría de la sede central para inspeccionar, junto con Joachim, una zona retirada y que tal vez regresarían tarde, al menos al anochecer.

Dio las órdenes necesarias al viejo sirviente para que preparase al conductor.

Decidió preparar unos doscientos o trescientos kilos de caña de azúcar, la más dulce, para llevarla acompañada de abundante col, manzanas y zanahorias.

¡Y eso se hizo en secreto!

Joachim comprendió inmediatamente el destino de esta orden.

Sonreía con picardía cuando uno u otro sirviente intentaba espiar de qué se trataba, pero él no respondía...

Bientout tuvo un ataque de insomnio esa noche. Ya en el momento de la partida, Joachim estaba impaciente por la llegada del patrón, pues nunca había habido retrasos en los horarios por él predeterminados. Estaba entre indeciso y asustado de tomar cualquier acción, cuando vio aparecer la puerta principal de la mansión al señor Bientout, con pasos lentos y cansados, y dirigirse hacia el carruaje.

Joachim, conocedor de todo sobre Bientout, se dio cuenta inmediatamente que algo andaba mal en el lugar.

Estaba a punto de preguntar algo cuando ambos se sorprendieron extasiados por la presencia, también en el umbral de la mansión, de Joanne. La muchacha llevaba un pequeño volumen en el que estaban algunas prendas de vestir y algunos objetos personales.

Al igual que su padre, tropezaba, casi tambaleándose.

Inmediatamente apoyada por los dos hombres, les informó a quemarropa, quien sería el tercer pasajero de ese viaje.

Dijo que pasó la noche sin dormir, escuchando íntimamente los consejos para acompañar a su padre en ese viaje.

Lo repentino de la noticia y el hecho consumado, dada la energía con la que su hija lo había expuesto, vencieron cualquier resistencia por parte de Bientout, ya que Joanne era todo su tesoro, su posesión más preciada, a quien nunca le había negado ningún deseo, ni siquiera algún deseo. los inapropiados, como ese momento.

Además, la determinación de Joanne no permitía discusión. Él siempre actuó así. ¡Él argumentó que sí! El viaje le vendría bien, pues su enfermedad exigía un cambio de aires.

Lo negativo que Bientout había esbozado mentalmente se desvaneció en su infancia: con miedo, aceptó.

Se fueron.

El Sol llegó hasta la mitad del camino.

El padre, que nunca había dejado de decirle la verdad a su hija, le explicó los hechos ocurridos respecto de Jussard y Marcel, posicionándola respecto a la situación real de los dos amigos, aclarando también sobre su "desaparición" días atrás y desde entonces invitados en el "Nido de las Cataratas", hacia donde ahora se dirigían.

Joanne no se sorprendió.

Naturalmente, aceptó el hecho que, bajo ciertas condiciones, las almas hablaban con los vivos.

Sin embargo, inmediatamente se armó de espíritu crítico y sentido de investigación para sacar conclusiones más correctas, en caso que hechos similares se repitieran en su presencia.

– Que las pruebas hablen más fuerte – pensó. Pronto llegaron.

Marcel y Jussard los recibieron felices.

Joanne saludó a los dos hombres, mirándolos singularmente, como si intentara demostrar sus dones y su sinceridad.

Las provisiones hicieron muy felices a ambos invitados.

Pero su alegría perdió mucho en intensidad, frente a la ruidosa demostración que hizo el elefante al recibir, de regalo, barras y más barras de caña de azúcar, las más dulces que había por aquellos lares. Con la ayuda de su providencial trompa, varios kilos de caña de azúcar terminaron en el estómago del gran animal.

Luego, de postre, coles, maíz y zanahorias.

En agradecimiento tácito, a su manera, el elefante rozaba su trompa con todos, sin excepción, dejándolos asombrados ante la sabiduría de la naturaleza al dotar a estos animales de una extremidad capaz de arrancar grandes árboles con raíces y todo, levantar troncos de madera muy pesados, además de tocar a los amigos, con la ligereza de un niño.

El animal prodigó gracias, demostrando que, como siempre, el regalo más sencillo es siempre el mejor recibido...

Joanne fue al pie de las tres cataratas y se dio un largo baño allí: hacía tiempo que deseaba volver a ese lugar maravilloso, que tantas veces le había dado tanto consuelo.

El remanso posterior a las cataratas, como ocurre en la mayoría de los casos, formaba un lago de poca profundidad, aguas claras, de gran poder energético y saludable.

Un remanso así se consideraba curativo y beneficioso para los felices usuarios que podían disfrutarlo.

No era muy frecuentado porque estaba lejos y porque solo era posible llegar a él alguien que conociera el camino. También porque su propietario, el señor Bientout, no permitía el acceso colectivo a él, salvo a unos pocos amigos.

Algún tiempo después, Joanne regresó a casa y se cambió, calentándose con la ropa seca que había traído consigo.

Un pensamiento vago cruzó por su mente: "¿qué intuición le habría dado para traer mudas de ropa?"

Joachim cuidó a los animales y preparó su regreso. Los dos invitados, contentos por la presencia de su jefe y amigo, es más, se estaban preparando para el almuerzo cuando Marcel Dassin sufrió repentinas convulsiones, como si le invadieran calambres incoercibles.

Jussard sabía de qué se trataba.

Rápidamente, en un tono cortés, pero enérgico, pidió a Bientout y a su hija que se sentaran alrededor de la mesa y se tomaran de la mano. Condujo a Marcel hasta la mesa y lo ayudó a sentarse también. Sin entender del todo lo que estaba pasando, pero impulsada por la orden de Jussard, Joanne fue la primera en obedecer, siendo seguida por su padre y por Joachim, que entraba en la casa.

Jussard y Bientout flanqueaban a Marcel, sujetándole las muñecas.

Tomados de la mano, todos, en un tono armonioso y casi inaudible, Jussard inició una oración dirigida a San Honorario, rogando al Santo protección y perdón por lo que estaban haciendo, pero que, en primer lugar, obedecieron la voluntad del Señor del cielo, quien les llevó allí un alma con quien hablar.

Al pedir perdón, inconscientemente dio a entender que se debía al patrullaje moral de la época, donde hablar con los muertos se consideraba una herejía.

Semejante petición de perdón, como siempre, equilibró el espíritu de Jussard al juzgar la dicotomía entre "mal–bien" que anunciaba su yo interior.

La acostumbrada oración a San Honorio enmarcó la recogida de bendiciones, con las que Jussard apaciguó mucho su interior.

Paz, fruto de la fe.

Jussard creía que San Honorio, en estas situaciones incómodas, siempre hacía que las cosas fueran cómodas.

Marcel todavía se retorcía.

De repente cesó todo movimiento y malestar. Con voz indudablemente emotiva dijo:

– ¡Joanne, Joanne! ¡Amor de mi vida! Mi corazón rebosa fuego, solo por estar cerca el uno del otro. El anhelo me quema. Sé que todo parece extraño, pero créeme. No tengo nada que darte. Solo mi amor, pero él lo es todo. Y, si mis ojos, mi pecho, mi sangre no me engañan y si Dios mismo no me engaña, ¡sé que tú también me amas!

Joanne estaba furiosa.

No podía creer lo que escuchaba. Marcel continuó hablando:

– Amor mío, alabado sea el Cielo por permitir tu presencia aquí conmigo. No tenga miedo a nada. Solo te daré amor, desde ahora y por toda la eternidad. Mi mayor tesoro lo gané en el último minuto de mi vida: ¡tu mirada!

Marcel estaba llorando.

La escena, en sí misma, era demasiado fuerte.

La carga vibratoria de la expresiva declaración de amor bien podría compararse con las cataratas que, desde donde estaban, se escuchaban.

La sinceridad y autenticidad del mensaje funcionó como un inmenso embudo que absorbió las tres cataratas y en la salida inferior entró por completo en el corazón de la joven, en forma de emoción.

Elysian, tenía razón, hablaba por la boca de Marcel.

Joanne estaba eufórica y emocionada, casi fuera de control. Estuvo a punto de desmayarse.

Por primera vez en su vida, en sus casi veinte años, se arrodilló: se proyectó ante Marcel.

Sus lágrimas eran abundantes, imparables, interminables... Después de tanto tiempo desde la muerte de Elysian, él estaba allí, invisible, intangible, ¡pero ahí estaba! Esa certeza lo era todo.

Fue en un instante, en una ínfima fracción de tiempo, que el espíritu analítico y lúcido de Joanne le dio la certeza inamovible que la muerte no existe: misterios, sí, la vida no termina en la tumba.

Arrodillándose ante Marcel Dassin, sabiendo que en ese momento era Elysian, Joanne balbuceó:

– ¡Elysian, Elysian! De donde vengas, bendito sea Dios Padre que viene contigo, porque mi vida ya no es la misma desde el día en que moriste. ¡Te amo tanto mi vida!

En un gesto de miedo, Marcel–Elysian puso su mano derecha sobre la cabeza de la joven, en una caricia muy delicada, mientras las lágrimas corrían por su rostro.

Joanne, al borde de la resistencia, dijo:

– Si Dios pudiera regalarme una segunda vez, me gustaría ir hasta donde estás ahora. Pero dime, amado de mi corazón: ¿dónde estás? ¿De dónde vienes? ¿Cómo puedes hablar conmigo?

Cada vez más las lágrimas seguían lavando espiritualmente a aquella criatura, ya que en casi dos décadas de existencia, su aura solo había estado decorada con orgullo y vanidad.

Después de una breve pausa, en la que solo se escuchó el llanto de Joanne, Marcel–Elysian volvió:

– Joanne, tus preguntas serán respondidas a su debido tiempo. ¡Agradece a Dios y a Nuestra Madre Santísima que hoy nos unió por el resto del tiempo, por la eternidad!

Marcel se estremeció.

Todos sintieron, sin que se dieran explicaciones, como innecesarias, que el espíritu de Elysian, que había estado allí, ya no estaba con ellos.

Joanne fue apoyada por su padre, ya que ya no tenía fuerzas. Jussard volvió a dirigir una humilde oración al ya conocido San Honorio, agradeciéndole la bondad de los hechos ocurridos.

Luego de recuperarse, almorzaron, y luego del almuerzo, padre e hija, seguidos por el viejo sirviente, regresaron a la sede central de la finca.

Los tres mantuvieron en secreto lo sucedido en "Nido de las Cataratas."

Pasaron unos días más sin más noticias.

ILUMINANDO LAS CARAS DEL PRISMA

Joanne, una semana después de la feliz e inolvidable visita al "Nido de las Cataratas", su estado de salud empeoró.

En la propiedad Sfendu la consternación era general.

Bientout llevaba en su interior la angustia de haber sido acusado injustamente, por su esposa, de infidelidad. No veía cómo demostrar su inocencia librándose de los frecuentes ataques de nervios de Marceline, que lo acusaba a gritos de tener relaciones espurias "más aun, con una humilde doncella...." Su hija mostraba ahora síntomas ineludibles de desintegración inminente.

Los familiares cercanos y lejanos fueron llamados apresuradamente y se apuraron en ir a la mansión Sfendu.

Los sirvientes hicieron todo lo posible para atenderlos y acomodarlos.

Los médicos que, con un peso de oro, instalaban una estación en la habitación del paciente, se daban cuenta de la inutilidad de cualquier otro cuidado.

El resultado inevitable no tardaría más que las siguientes cuarenta y ocho horas.

Marceline, en estado de shock, ya no tenía reacciones sensibles y los médicos solo mantenían bajo control el poder de los tranquilizantes.

Joanne era, sin duda, el punto magnético central de atención de aquella inmensa finca.

Pasaron tres días antes que Joanne sufriera la agonía final.

Los empleados se comportaron con discreción, algunos un poco cautelosos, otros un poco relajados, debido al despido automático del desempeño de algunas de sus funciones, ya que los jefes no exigían nada.

Bientout había contratado a Alonse, en agradecimiento por el poderoso testimonio brindado en su favor, en el juicio por la muerte accidental de Elysian.

Alonse había jurado la inocencia del hombre que quería como su futuro jefe.

A cargo de los graneros, atrajo a Gislaine allí, bajo pretexto de darle órdenes de sus jefes. No se notó, ya que el ambiente en la granja era de trauma y había descuido natural.

Gislaine, muy conmovida en aquellos días por el grave estado de Joanne, obedeció casi automáticamente y se dirigió al granero.

No se dio cuenta que Alonse, subrepticiamente, cerraba la puerta con llave desde dentro. Cuando su instinto, bastante adormecido, despertó, saliendo del estado de lasitud en el que se encontraba, ya era demasiado tarde: el hombre, de mal carácter, indolente, haciendo uso de sus fuerzas – el doble que la muchacha –, la sometió salvajemente, para satisfacer sus deseos bestiales, avivados durante mucho tiempo por la codicia que cultivaba hacia la joven doncella.

Gislaine; sin embargo, no se rindió pasivamente: reaccionó y se obligó, mucho más allá de sus límites normales, a un ataque brutal.

El hombre, completamente poseído y fuera de control, la golpeó fuerte en la cabeza, dejando al alcance de su mano un trozo de cabestro, como había tomado precauciones cobardemente ante cualquier eventualidad.

Ante el imprevisto, en el que el mal se comete dos veces: primero por premeditación – espíritu – y luego por acción – física.

Utilizó el trozo de hierro y la niña, al sentir un dolor extremo en la frente, perdió el conocimiento.

Alonse cumplió su deseo.

Con el cráneo ensangrentado, Gislaine quedó tirada sobre el heno, y el cobarde criminal huyó de allí, con la mayor urgencia. ¡Había dejado el granero! Ratón que se enfrenta al sol del mediodía y busca refugio ansiosamente en la oscuridad de medianoche.

Casualmente, a casi doscientos metros de distancia, dirigiéndose hacia otro lugar, vio el carro que conducía Joachim, solo.

Corrió y alcanzó al conductor, diciéndole al anciano una triste excusa, que no podía soportar tanto sufrimiento por parte de la joven, la hija de su amo, que sabía que estaba muriendo.

Joachim, también conmovido, accedió a llevar a Alonse a donde iba. Sobre todo porque, siendo viejo, siempre temió que, en cualquier eventualidad, él solo no podría hacer nada en ese camino poco utilizado. Iba a llevar suministros a Jussard y Marcel, como hacía periódicamente.

Llevar a Alonse fue un error que le traería un gran arrepentimiento. Al llegar al "Nido de las Cataratas" Alonse, sorprendido por la presencia de los dos hombres que creía que estaban lejos de aquellas tierras, les pidió que permanecieran allí unos días.

"Para no hacer daño a los patrones", Alonse sugirió que su presencia también debería mantenerse en secreto…

La sugerencia fue aceptada por unanimidad.

Mientras tanto, en la mansión Sfendu estaban representadas familias de la mejor sociedad de la región, todas muy conmovidas, como correspondía a la ocasión.

Los médicos parecían ansiosos y atentos a la paciente, aunque eran conscientes de la pérdida de su trabajo; pero la prudencia aconsejaba las manifestaciones profesionales, pues no podían exponerse, en público, al pecado de omisión.

En una choza situada a aproximadamente un kilómetro y medio de distancia, una anciana negra rezaba en permanente estado de vigilancia espiritual.

Se trataba de la "Abuela Negra", un filtro natural de la atmósfera en la que se había sumergido la finca.

Filtro no declarado oficialmente, pero ciertamente activo. Todos los lamentables hechos ocurridos allí, apoyados por ella durante décadas, contaron con la ayuda de protectores invisibles, pues ella era un canal claro por donde fluían altas vibraciones, originadas en la caridad permanente de Dios, que no abandona a ninguno de sus hijos, especialmente en los momentos de dificultad.

Marceline, bajo sedantes, requirió más atención médica que su hija.

Bientout, una fortaleza moral basada en la seriedad del comportamiento correcto, sentido, íntimamente, hecho jirones.

Sabía lo que vendría.

Se mantuvo equilibrado ante las manifestaciones histéricas de muchos miembros de la familia.

La prolongada enfermedad de Joanne había sido una sabia preparación para el desenlace, ahora inminente.

Pocos aprovecharon esta preparación. Muchos de los allí reunidos se comportaron como estudiantes que habían asistido a un curso preparatorio y, ante el próximo examen de ingreso, demostraron rotundamente que iban a suspender.

O, como actores que interpretan con incompetencia sus papeles en el escenario de la existencia, ignoraron a la muerte como la gran estrella, la actriz suprema en el espectáculo de la vida que termina. Actriz exigente respecto a la actuación que exigen todos los actores secundarios y asistentes que intervienen en el acto final, ya sean los que mueren o los que quedan.

La muerte, con infalible liquidez, arrebata a su elegido y confirma, sin dejar lugar a dudas, que todos los demás asistentes, todos, sin excepción, también serán contemplados con este abrazo.

Y lo que hace que la muerte sea más inexpugnable en su diseño, es precisamente la aparente falta de método con la que se presenta: a veces, como ahora, entre los ricos, burlándose de los recursos médicos sostenidos con dinero y tentados por mil; por otro lado, va a la cabaña y sale de allí con un niño pequeño que ni empezó a caminar; a veces separa a los amantes; a veces, es cruel con las madres, quitándoles a sus amados hijos; o, incluso, se muestra evidentemente inhumano y aparentemente injusto, al arrebatar a la madre o al padre a los hijos que los necesitan.

Una cosa, indiscutiblemente, despierta la muerte: el respeto. A todos. O mejor dicho, a casi todos.

Aquellos que tontamente le faltan el respeto mediante el suicidio no lo harían si supieran que esa falta de respeto es para la vida y no para la muerte. Sí, porque mientras se sumergen en la caída, en el valle profundo y abismal del otro lado del escenario, se enfrentarán, sorprendidos, a la vida plena que continúa, pero ahora en condiciones deplorables: la situación que persiste al espíritu del suicida y, de las calamidades denunciadas, la más grave de todas. El sufrimiento espiritual, en este caso, supera al sufrimiento material que ha inducido al gesto extremo, en busca de una solución. El individuo se dará cuenta que a un gran problema se le habrá añadido otro aun más grave. Esto se debe a que el espíritu, al tener que vivir en el mundo de los espíritus, no podrá desconectarse del mundo de los encarnados. Por los pocos y brumosos espacios por los que podrá moverse tendrá que arrastrar fragmentos putrefactos del propio equipo físico que ha destruido. Asombrados y desesperados, verán que el cuerpo, aun sufriendo la acción natural de la descomposición, les transmite permanentemente tales impresiones. Y el registro completo de estos fenómenos fisicoquímicos representa para él un acompañamiento doloroso, porque, al saberse muerto, se siente más vivo que nunca. Y más: más allá de toda esta angustia, inquebrantables, estarán las imágenes y las terribles sensaciones de los últimos momentos de la vida.

El sufrimiento es indescriptible. ¡Triste destino!

Y esta situación duraría hasta el momento en que la benéfica actriz – la muerte – habría programado el gran viaje.

El hombre está sujeto a morir desde el momento en que nace. Viviendo como vivimos, en un mundo de expiación y de pruebas, divorciados como estamos de la felicidad, fruto de la infidelidad con nuestra propia conciencia, confundimos el concepto de lo que es "morir": – consideramos "castigo" – injusticia – cuando niños, jóvenes o adultos sanos mueren, ya sea de forma natural o accidental; consideramos una "recompensa" que los pacientes con enfermedades terminales - de cualquier edad - mueran, poniendo fin a un sufrimiento prolongado;

Consideramos "justicia" cuando criminales crueles mueren a causa de enfermedades graves, o cuando son eliminados por las autoridades, por sus rivales, sus propios compinches, traidores o de cualquier otra forma.

La evolución espiritual hará comprender a la Humanidad que la muerte no es castigo ni recompensa, no es justa ni injusta: es solo una transición, un cambio de escenario, en el escenario de la eternidad.

Esta escena comienza con un gemido y termina con el último aliento, sin que ninguno de los actores sepa cuánto durará.

Bientout, sofocando el dolor de su alma, sumergió sus pensamientos en el Creador:

- Dios, Dios: ¿por qué? ¿Por qué mi hija?

Joanne, entre consciente y con períodos de inconsciencia, ya no podía definir claramente su propio estado.

Sintió un letargo incoercible y buscó algo en qué concentrar su apoyo.

Poco aficionado a la oración, porque todo lo que quería hasta entonces, lo había logrado, sin mayores esfuerzos y mucho menos con la competencia de oraciones, mentalizó, como punto de partida, el recuerdo de Elysian:

- Elysian, el dulce amado.

¿Qué misterio – pensó – tendría la vida para negarle el disfrute de ese inmenso amor? ¿Dónde estaría Elysian ahora?

La parte trágica de la muerte de Elysian era algo para olvidar, pero no le dolía en el alma recordarlo muerto, pues, al sonido de las cascadas, hacía unos días, ella le había declarado su amor eterno...¡Fue en este estado mental que vio, o creyó ver, a medio camino en la habitación, a su amado Elysian!

¡Así que él realmente estaba vivo y había venido a visitarla!

Los médicos y Bientout se dieron cuenta que algo le estaba pasando a la joven, cuando de repente ella se levantó, se sentó en la cama y exclamó:

– ¡Elysian! ¡Ven, querido! ¡Estoy realmente mal y te necesito!

Joanne, apenas pronunció estas palabras, vio que Elysian, ayudado por dos desconocidos que lo sujetaban, uno en cada brazo, como para sostenerlo, se acercaba a la cama y la miraba temeroso.

Otro extraño, joven como los otros dos, estaba de pie junto a su cama, orando respetuosamente.

Joanne solo pudo extender sus manos hacia Elysian y cuando lo tocó se sintió desconectada de la realidad. Su cabeza comenzó a dar vueltas, su visión se nubló y tranquilamente se dejó vencer por lo que pensó que era un desmayo...

Bientout, que la había apoyado desde el primer momento de la agitación de su hija, se dio cuenta que Joanne ya no estaba en este mundo y, serenamente, apoyó la cabeza en la almohada.

Una expresión de tranquilidad apareció en el rostro de esa joven mujer, durante tanto tiempo, nublada por la enfermedad.

Cuando murió, se volvió tan hermosa como cuando nació. Lágrimas discretas comenzaron a brotar de los ojos del padre, luego de los de la madre y finalmente, incontrolablemente, de todos los presentes.

Bientout sintió, en ese preciso momento, que toda su inmensa fortuna, toda su vida hasta ese momento, todo su gran poder y autoridad, no representaban nada, sumados, ante la voluntad de Dios que le quitó a su hija, su mayor tesoro...

El tiempo de sufrimiento contenido ante la enfermedad de su hija, sin mostrar la angustia interior, acumulada día a día, hizo desplomarse al poderoso terrateniente, poseedor de una salud de hierro: Bientout perdió el sentido.

Marceline, que padecía una crisis histérica, con un efecto contagioso devastador sobre otros familiares, necesitaba ser contenida con hipnóticos más potentes. Como si la tristeza no cupiera toda en aquella habitación, un silencio pesado se extendió por la finca, en el que los animales del corral, pastos, pocilgas, establos y percheros tuvieron un momento de gran alboroto; permanecieron en completo silencio.

La propia naturaleza parecía esperar órdenes de arriba para seguir el ritmo de la vida.

En la choza de la "Abuela Negra", sin que nadie le dijera nada, ella se arrodilló y sollozó: pidiéndole a la Señora del cielo para recibir las almas de dos jóvenes, en Su amantísimo amparo. Fue entonces cuando un trueno formidable, totalmente inesperado, rompió aquel silencio y luego, como si se hubiera roto un gran dique en el cielo, una lluvia torrencial cayó sobre la región, seguido de vientos aullantes que arrasaron toda la atmósfera y el aire.

El padre Chevery, que había llegado hacía unos momentos. Ante la muerte de Joanne, se vistió con sus vestimentas y comenzó las oraciones litúrgicas apropiadas a la situación.

Después del paso de Joanne, procedió a ordenar el alma.

El conflicto fue general.

Un gran número de personas había acudido en masa a la mansión, movidos por la curiosidad, por el morbo: si hay algo magnéticamente atractivo para la comunidad, ese algo es la muerte...

La muerte es definitivamente la mayor afirmación de la vida: nadie valora más la vida que quien ve morir a una persona.

El fenómeno natural de la abrupta e inesperada tormenta, como si adormeciera todas las mentes, alejándolas de la atmósfera sepulcral en la que estaba sumergida la mansión. Trasladó sus pensamientos a otras tareas distintas a la búsqueda de ideas trágicas. En casi todos, la preocupación por encontrar un lugar bien resguardado y especialmente alejado de los vientos, como siempre, aterradora para las conciencias culpables, es incoercible.

La naturaleza contribuyó así a que cientos y cientos de formulaciones vanas no fueran pronunciadas, como suele ocurrir en tales ocasiones. Era como una advertencia de la naturaleza, prohibiendo conversaciones maliciosas, lo cual era, y sigue siendo, natural cuando mueren personas ricas e importantes.

En la mayoría de los casos, para los herederos la muerte llega en un buen momento, pues creen que tienen derecho al tesoro de quien más lo necesitará. Así es la avaricia humana: si no lo declaramos, no será menos cierto que en nuestra mente, allí a los lados del subconsciente, tales pensamientos invaden, vagan y luego, por favor del cielo, la moral habla más alto y los expulsa.

Algunas damas y doncellas, los médicos y el sacerdote ayudaron en los preparativos del funeral, que sería al día siguiente.

Ya se podía escuchar el agonizante e informativo sonido de las campanas de la iglesia cercana...

OSCURECIENDO LAS CARAS DEL PRISMA

Los médicos ya salían de la casa, mientras amainaba la lluvia, cuando un sirviente anciano les rogó que atendieran a una joven criada que había sido encontrada en el granero, inconsciente y sangrando por todo el cuerpo.

El médico mayor, compadeciéndose de la angustia de su esposa, decidió seguirla, acompañado de sus dos colegas, a pesar de ambos.

De hecho, encontraron a Gislaine en pésimas condiciones físicas.

Inmediatamente se comprobó que existía un corte profundo en la región superior del cráneo, y un examen más preciso demostró hundimiento de la región frontal; otro examen también demostró, sin necesidad de más análisis, que la joven había sido violada y, como es habitual, en estos casos, de forma traumática. Una intensa hemorragia en la parte inferior del cuerpo de la joven llevó a los médicos, en un grupo improvisado, a un diagnóstico unánime y rápido: a la víctima no le quedaban más que unos pocos minutos de vida, hicieran lo que hicieran.

El doctor Flaubert Giacome, hablando en nombre de sus colegas y de él mismo, informó al criado del diagnóstico, lamentando la suerte de la pobre niña.

- Al paso - preguntó la señora entre lágrimas -, si sabía quién había sido el autor de esa brutalidad.

En respuesta, supo que al ayudar a la niña, por ser la primera persona que la encontró en ese estado, escuchó la acusación que Alonse – otro criado –, engañándola con astutas mentiras, la había llevado al granero, donde la habría brutalizado.

Sin decir palabra, los médicos se marcharon.

El ambiente fúnebre que reinaba en aquella finca, con la muerte de la hija de los patrones, evitó que ocurriera el atroz caso se diese a conocer.

En menos de dos horas Gislaine murió, sin recuperar los sentidos.

Solo tres sirvientas y sus maridos se ocupaban de la casa. La discrepancia al día siguiente en el cementerio fue notable, cuando las dos jóvenes fueron enterradas.

Asistió toda la ciudad, eso es cierto, pero siguieron el féretro de los Sfendu.

Tras el fin del entierro, muy pocos servidores regresaron al cementerio, siguiendo ahora al féretro de Gislaine.

Ese día ocurrió la tercera y más marcante coincidencia entre las dos jóvenes – Joanne y Gislaine –,tan inexplicable como las antecedentes...

Bientout, atendido permanentemente por médicos, al igual que su esposa, soportó durante una semana vivir sin decidir nada, vivir sin participar, sin importarle nada, vivir vacío, vivir sin vivir.

La apatía que se apoderó de la pareja solo fue respaldada por la gracia divina de la vida automática que nuestro sistema neurovegetativo mantiene, sea cual sea nuestro ánimo.

Pero, poco a poco, la naturaleza habló más fuerte: la pareja volvió lentamente a su propia realidad, aunque cruel, pero indeleblemente ligada a sus vidas.

Marceline, que durante unos diez días no habló ni siquiera una palabra con su marido, continuó en ese tono, incluso después de reanudar las lides de patrona. Bientout se sintió triste por un ataque más a su integridad.

Tratando de despejarse un poco, se preparó para ir a la ciudad, porque sabía que había deudas que saldar con los médicos y los responsables del funeral de su hija.

Viajó al pueblo y, al llegar allí, buscó primero a los carpinteros que habían tallado cuidadosamente el ataúd de Joanne.

Informó que también quería compensar los gastos de Gislaine.

Uno de los carpinteros, un poco avergonzado, pero queriendo complacerlo, le informó del precio de Joanne pero añadió que no cobrarían nada por la referencia a Gislaine, porque la pobre madre merecía esta donación...

Ante el desacuerdo de Bientout, concluyó:

– Pobrecita: tan joven, tan inocente, para morir tan trágicamente abusada por esa persona anormal; espero que reciba a cambio el doble del mal que hizo. Seguramente la policía lo atrapará y lo castigará.

Una puñalada no habría causado a Bientout tanto daño como esta noticia: de hecho, un criado le había informado que Gislaine había sufrido un corte en la cabeza, provocado por una patada de un caballo asustado por el trueno. Precisamente en el momento en que murió Joanne. Gislaine estaba en el granero en ese preciso momento y fue golpeada por el animal, muriendo dos horas después.

Bientout lamentó este accidente. Pero no se había molestado en obtener más detalles, o mejor dicho, no lo había hecho porque él mismo se sentía traumatizado por la muerte de su hija.

Había aceptado pasivamente la información que le dieron. Ahora; sin embargo, la verdad le ha llegado amablemente, aunque tardíamente se dio cuenta que ese tema, en las pocas veces que había surgido en su casa, con algunos sirvientes, la mayor parte de lo que veía u oía, eran evasivas...

De repente, entró en su cerebro la certeza que la joven había sido asesinada, no sin antes ser brutalmente irrespetado.

Hubo un momento de intensa emoción entre los dos hombres. Se miraron a la cara. El recuerdo de la muerte de Joanne duele a cada persona de manera diferente: al padre, el dolor de la pérdida, de la eterna ausencia; al médico, compasivo con el sufrimiento de su amigo Bientout, sintió una intensa frustración por la impotencia de su conocimiento ante lo sucedido. Él y sus compañeros, como grupo, ni siquiera fueron capaces de diagnosticar con precisión la larga enfermedad que acabó por apoderarse de la joven. Como abrumado por una intuición irresistible, Bientout preguntó al médico:

– Doctor Flaubert, usted que vio morir a mi hija, en presencia de dos de sus colegas, no serviría de nada. ¿Participé en el cuidado de mi doncella Gislaine, quien murió casi al mismo tiempo, allí en mi finca?

Sorprendido, el médico se aclaró la garganta.

Al darse cuenta que no podía negarlo, sobre todo porque no era propio de él y al ver en los ojos de Bientout la certeza que esa página negra, lo ocurrido ese día, tendría que ser divulgada oficialmente, el médico narró, detalladamente, todo lo que pasó entonces.

Agregó que apenas llegaron a la ciudad, él y sus compañeros denunciaron el hecho a la autoridad policial, quienes a la espera de la recuperación del señor Sfendu para iniciar las acciones necesarias contra el malhechor.

Alonse, el criminal, estaba desaparecido desde entonces.

Al intentar ordenar sus pensamientos, Bientout se dio cuenta que hacía casi dos semanas que no veía al empleado.

Sin saberlo, un extraño pensamiento cruzó por su mente:

– La muerte había convertido a Joanne y Gislaine en gemelas al final de sus vidas.

Dio un poco más de valor a los carpinteros y se fue rápidamente, dirigiéndose al consultorio del doctor Flaubert.

Cuando fue atendido por el médico, este le contó el motivo de la visita. Saldó su deuda, recompensando regiamente al médico, encargándole además que transmitiera a sus dos colegas lo que también era su mérito profesional.

CELOS Y ODIO

El dueño de la gran finca quedó devastado. Conmocionado emocionalmente por la reciente muerte de su única hija, este nuevo shock causó mayor daño a su espíritu.

Su corazón se rompió. Y también la razón.

Sentimientos de odio y venganza se infiltraron inmediatamente en su alma, que hasta entonces era generosa y compasiva.

Pero su furia tenía sus fundamentos en la rebelión de los justos frente al mal practicado conscientemente, planificado.

El perdón era algo que estaba a cien mil kilómetros de distancia.

Abatido, regresó a su hogar.

Desde la pérdida de Joanne, su esposa no le había dicho una palabra. Creyendo que esto se debía al gran dolor que ella misma también sintió y aceptó este hecho como una exacerbación del sentimiento maternal ante la muerte de su amada hija.

También imaginó que las injustas acusaciones de infidelidad ya habían sido olvidadas.

Al llegar a su mansión, luego de meditar durante el camino, decidió cambiar un poco la relación con su esposa, haciéndola más consciente de los acontecimientos relacionados con la finca, el negocio, su vida, en definitiva.

Su intención constituyó una promoción para la mujer, ya que el comportamiento social actual era que el mundo femenino no representaba más que un pequeño apéndice del mundo masculino, como un satélite cautivo de la masa más grande de un planeta.

Planeta, condenado a girar y orbitar, eternamente subyugado, a su rueda.

Buscó a su esposa y la encontró en sus aposentos, entretenida con habilidades artesanales de crochet.

Respetuoso, discreto y educado, como siempre, el marido pidió permiso para entrar en la habitación...

Marceline se sobresaltó, como una presa ante un ataque mortal por parte de un depredador.

Sorprendido; sin embargo, el hombre, que había notado tal reacción, le habló cortésmente a la mujer:

– Me gustaría contarte algo muy importante sobre nuestra casa.

La esposa, al notar que había algo serio en el aire, y luego, sería un desperdicio que los profesionales no volvieran a darle la palabra a su marido, aunque ellos no dijeran nada, pero con un ligero movimiento de cabeza aceptaron.

Bientout le dijo:

– Marceline: Creo que ha llegado el momento en que deberíamos compartir plenamente nuestra vida en esta casa. Dios se llevó a nuestra amada hija y esto nos pone en la posición de tenernos solo el uno al otro. Te propongo que nos reconciliemos para poder soportar mejor el dolor que nos es común. Estemos unidos para que Dios nos fortalezca, al menos mientras estemos juntos...

Las últimas palabras, francas y conscientes, sonarán en los oídos de la mujer como una velada amenaza de separación. Inmediatamente se puso en guardia. Mentalmente en defensa, esperó lo que vendría. Bientout continuó:

– Incluso ahora me informan en la ciudad y donde tengo que pagar los servicios médicos y funerarios prestados a Joanne, que ese mismo día ocurrió un hecho muy grave en nuestra casa: nuestro empleado Alonse, abusó de la confianza y amabilidad de una de nuestras criadas, la violó salvajemente, hasta provocarle la muerte. El mismo día y casi a la misma hora que Joanne murió - añadió.

La mujer lo miró fijamente.

Aun así, no dijo nada.

– Así murió Gislaine - concluyó Bientout.

Cuando Bientout pronunció la palabra "Gislaine", reavivó en el cerebro de Marceline todo el odio de meses atrás, cuando había "sorprendido" a la criada y a su amo, su marido, supuestamente en actos inmorales y obscenos, que, en sí mismos, demostraban la repugnante adulterio del que ella, Marceline, se había creído víctima.

Apretando los dientes, esperó a que su marido dijera más.

Y, de hecho, Bientout dijo:

– No se puede permitir la impunidad por este crimen, cuyas pruebas y testigos son irrefutables. ¡Ante la policía, localiza a este delincuente y toma las medidas adecuadas para asegurarse que estará allí, el daño sea reparado, al menos al nivel del honor de una inocente, que fue tan bárbaramente profanado.

Marceline explotó:

– ¡Maldita sea, maldita sea! Ve a lavar con sangre el honor inmundo de esa negra y así se mantendrá tu respeto en el mundo inmundo y desvergonzado de las conexiones espurias.

Continuando, sin restricciones:

– ¡Vete, maldita sea! ¡Vete a matar al amante de tu amante! Te duele saber que fuiste traicionado. Eso es lo que he sentido desde que te pillé a ti y a esa negra en nuestra biblioteca. Ve: que el infierno te reciba, porque cuando regrese ya no estaré en esta casa.

Y rompiendo a llorar de alegría:

– Lo único bueno que existía aquí era nuestra hija y ya no está. Fuera de aquí, maldito perro - gritó exasperada la mujer, en cuyos ojos ya se adivinaban algunos atisbos de locura.

Bientout, al sufrir este golpe casi mortal, sintió en su íntimo decir adiós.

Nada más importaba.

Totalmente desconcertado, salió de la casa y se dirigió al campo donde el ganado pastaba tranquilamente.

Quizás los animales poseían alguna facultad oculta, pues, al acercarse a su dueño, siempre se mostraban tranquilos y algunos incluso afectuosos. Sin embargo, en ese momento, se retiraron y algunos incluso demostraron una actitud defensiva, que los humanos normalmente confunden con agresión.

Esta reacción de los animales hizo que Bientout recuperara algo de autocontrol, ya que prevalecía su propio instinto de conservación.

Se detuvo en medio del pasto.

Miró al azar a los animales, muchos de los cuales lo miraban fijamente. Con cautela, permaneció quieto.

La manada, como arrastrada por una mano invisible, se alejó lentamente del hombre.

Una decisión irreversible invadió la mente del granjero: corregiría el mal que había robado la vida de la joven sirvienta, a cualquier precio, cueste lo que cueste: familia, honor, fortuna o la vida misma. Solo ahora que Gislaine estaba muerta apretó su agarre. Sabía cuánto la amaba y lo poco que había hecho por ella.

Joachim, que había notado su grado de inquietud desde que lo vio dirigirse hacia el pasto, se acercó respetuosamente a él y le preguntó si podía ayudarlo en algo. Bientout miró al anciano, donde dos dagas se dirigían hacia su alma.

El jefe dijo entre dientes:

– Dime, Joachim: ¿sabes a dónde fue ese miserable de Alonse?

Joachim siempre decía la verdad. Siempre actuó con honestidad. Era humilde y moralmente fuerte, ya que sus largos años de sufrimiento le habían proporcionado tanta fortaleza, basada en la verdad y la razón.

Además, también compartió la indignación por el atroz crimen.

Entonces él respondió, tranquilo y sereno:

– Lo sé, sí señor: Alonse, el día que murió Joanne, me alcanzó cuando me dirigía al "Nido de las Cataratas", diciendo que no quería ver su sufrimiento, debido a su muerte inminente. Le cedí un asiento en el carroza y no sé si sigue ahí en compañía de Marcel y Jussard, como dije, solo me llevaría unos días.

– ¿Entonces no sabías que estabas favoreciendo a un criminal?

– No señor, solo que cuando regresé, solo, al día siguiente y me enteré de la muerte de Gislaine, en condiciones conocidas, algo dentro de mí me dijo que era muy extraño que Alonse abandonara la finca, justo cuando sus servicios eran quizás más necesarios. He estado preguntando a los sirvientes sobre todo esto y obtuve la respuesta hace un rato, junto con usted, al escuchar las terribles palabras que gritó doña Marceline y que se escucharon por toda la casa...

Bientout repasó mentalmente los últimos acontecimientos:

– la certeza de un delito cometido en el propio domicilio;

- la identificación indudable del criminal;
- el escondite lejano y la ingratitud del sirviente que le ayudó en el momento de necesidad, empleándolo en su casa;
- acusarlos injustamente de adulterio, abandonando a su esposa;
- la pérdida de su hija, por muerte; y, de la esposa, por desconfianza;
- la imperdonable impotencia en la que Gislaine, su ahijada...

Sumado a todos estos hechos, su metabolismo estaba sobrecargado con aun más bilis.

Exacerbado al extremo, sintiéndose casi como una apoplejía, decidió emprender un viaje hasta donde se encontraba Alonse, con el firme propósito de matarlo. El voto de no utilizar nunca un arma quedó completamente olvidado.

Toda persona, decidida a cometer un acto violento, con o sin razón, justa o injustamente, se parece a un barco en el que el capitán, hipnotizado por la mala suerte, dirige la embarcación hacia las rocas, con las máquinas a toda potencia y una búsqueda deliberada de la tragedia.

En este estado de total agitación moral, Bientout regresó a casa y tomó su arma portátil de dos cañones y la alimentó. Sin demora se dirigió a la cochera, donde, siguiendo órdenes de un momento atrás, ya estaba enjaezado su caballo favorito, a su disposición.

Ya había transcurrido la mitad del día cuando Bientout llegó al Nido de las Cataratas.

Fue recibido festivamente por Jussard y Marcel, que estaban terminando su almuerzo. Bientout no soltó el arma.

Jussard sintió la angustia que había en el alma del granjero y amigo. Estaba a punto de preguntar algo cuando Bientout, imperativamente, les preguntó:

– ¿Dónde está el sinvergüenza?

Los hombres se sobresaltaron, se miraron y, sin entenderse, preguntaron a quién se refería el jefe.

- ¡Alonse! - exclamó enojado Bientout.

Los invitados de ese lugar miraron simultáneamente por la ventana de la cocina. Bientout siguió su mirada. Casi al mismo tiempo, vieron, a unos cien metros de distancia, en lo alto de la roca central de las tres cascadas, la figura del criado que se encontraba allí tranquilamente pescando.

La reacción de Bientout fue instantánea: salió de casa a grandes zancadas, dirigiéndose hacia Alonse, impulsado por el único objetivo de limpiar el honor de su casa y restablecer la justicia, con sus propias manos.

Jussard y Marcel, desconcertados y sin saber lo que pasaba, siguieron a Bientout.

Ágilmente, el hombre armado trepó por un costado de la orilla del río, junto a las cascadas, superando los casi treinta metros que lo separaban de donde caían las aguas, teñidas por el Sol...

Al llegar arriba, Bientout le gritó a Alonse:

– Ahora, sinvergüenza, corrijamos la desgracia que cometiste en mi casa, contra la pobre Gislaine.

Sosteniendo el arma, fue de piedra en piedra, saltando por el camino irregular para acercarse a Alonse.

Cuando estuvo cerca del delincuente le apuntó con su arma.

Pero, en el fondo, surgiendo de lo más recóndito de su corazón, vagos recuerdos que aquella escena era una repetición de otra, le hicieron dudar y no apretar el gatillo.

Una emoción muy fuerte le impidió apretar el gatillo y convertirse en un asesino.

Sin embargo, ¡le costó la vida!

Alonse, aunque sorprendido por las palabras y actitudes de Bientout, tenía a su favor unos metros que lo separaban de él y fue en esa fracción de tiempo en la que hubo indecisión, que sacó la caña de pescar del agua. Y como un látigo certero, vibró en dirección al atacante, que ya estaba bastante cerca.

La vara, de por sí, no molestó a Bientout al alcanzarlo, sino que alineó, con unos grandes ganchos, atados metro a metro, ¡se envolvió alrededor de su cuerpo, girando como serpiente arrepentida.

Los anzuelos perdieron sus cebos en el aire, tal fue la fuerza del ataque. El gancho de la punta, muy afilado, se clavó en la cara de Bientout, que golpeado por un intenso dolor, se obligó a quitárselo, pero no pudo hacerlo.

El arma que tenía en la mano cayó al torbellino.

Alonse tiró con fuerza del sedal, desequilibrando a Bientout mientras luchaba con la dolorosa incomodidad de un anzuelo clavado en su cara.

Bientout cayó en la corriente que lo arrastró irrevocablemente hacia abajo.

La masa de agua multiplicó por diez la velocidad de caída y el peso de aquel cuerpo, que al llegar a la base de las cataratas chocó violentamente con una piedra punzante, escondida por el torbellino vaporoso.

Un shock tan formidable no dejó ni una sola estructura ósea en el cuerpo de Bientout, causándole la muerte instantánea.

Su cuerpo era una masa informe: tiñó de rojo el remanso. Desde lo alto de las cascadas, Alonse notó que Jussard y Marcel venía hacia él.

Escapar era imposible.

Su furia era evidente en sus rostros, desfigurados por lo que acababan de presenciar. Los tres sabían que Bientout estaba muerto.

Marcel, al darse cuenta de la gravedad de lo sucedido, desistió de subir hasta donde estaba Alonse y corrió hacia el remanso para recuperar el cuerpo de su jefe.

Jussard continuó.

Alonse descendió ágilmente desde el otro lado de las cascadas y después de una carrera loca, cruzó el agua en un lugar poco profundo, dirigiéndose hacia la cabaña donde esperaba recoger una herramienta que le sirviera de arma para defenderse de Jussard que vino rápidamente en su persecución.

Alonse solo tuvo tiempo de equiparse con el mango de una azada.

Jussard, emocionado, también agarró lo que pudo para defenderse: un trozo de bastón.

Alonse tomó la iniciativa: se abalanzó sobre Jussard, le dio un golpe en la espalda, que dio de lleno y lo derribó.

Alonse corrió unos diez metros para escapar, pero pronto fue alcanzado por Jussard. Atacó de nuevo, pero Jussard lo esquivó ágilmente, a tiempo para evitar un formidable golpe en la cabeza. Sin embargo, al intentar esquivarlo, tropezó y rodó varios metros. Aun caído, vio que Alonse venía hacia él; listo para golpearlo, si era posible, de forma mortal.

Desde el suelo, donde se encontraba, Jussard arrojó el trozo de bastón, aun en su poder, dando en el blanco: Alonse se tambaleó al ser golpeado y retrocedió con intenso dolor hasta que pudo recuperarse. Pero – ironía del destino – retrocedió un metro más de lo que debía o podía, y quedó al alcance del elefante que lo observaba todo y él también ya estaba empezando a temblar.

En el diminuto cerebro del paquidermo, la ecuación que se formó fue que el hombre al alcance, con un palo en la mano, en actitud agresiva, representaba peligro. El elefante se mostró manso y dócil, pero Alonse levantó el azadón, decidido a acabar con

Jussard y no se dio cuenta que el animal también había levantado la trompa, por puro instinto de defensa.

La punta del mango de la azada tocó al animal, que por reflejo golpeó a "su atacante."

El animal solo movilizó su trompa, no asestando el golpe con toda su fuerza, solo la suficiente para alejarse del peligro. Sin embargo, el desplazamiento de la masa material de tal apéndice constituyó un golpe poderoso: un golpe mortal. Alonse salió lanzado a más de diez metros y debido a las fracturas internas que le provocó el golpe, en unos instantes murió de hemorragias. Jussard se recompuso.

Al ver a Alonse gravemente herido, intentó ayudarle. Pero cualquier medida era inútil: Alonse ya no estaba vivo. Marcel se acercó a su amigo, llevándole los restos de Bientout, que se situaron junto a los de Alonse.

Los hombres, instintivamente, se arrodillaron y rezaron a su más devoto San Honorario, rogándole que diera la bienvenida al otro mundo a su amable amo y a su atormentado asesino.

La escena era singular y conmovedora: dos hombres rezando por dos víctimas de la invigilancia humana, traducida en violencia y casi siempre sellada con sangre.

Los dos amigos recogieron los cadáveres dentro de la casa. En estado de shock, fueron sorprendidos por la llegada de Joachim.

El mayordomo, en efecto, al darse cuenta que su amo iba a buscar a Alonse para imponerle un merecido castigo, decidió seguirlo. Dejó que el señor Sfendu se adelantara aproximadamente una hora y luego se dirigió con el carro al lugar donde sabía que estaba a punto de suceder alguna desgracia. Cuando se encontró con los restos humanos que yacían dentro de la casa, también lo invadió un violento estado de shock.

Los dos huéspedes le contaron todos los acontecimientos que allí sucedieron. Después de unos minutos de reflexión y replanteamiento, uniendo fuerzas y pensamientos, los tres hombres decidieron que Joachim debía regresar con los cuerpos, para ser enterrados en la ciudad. También se acordó que se daría la verdadera versión de los hechos, o mejor dicho la verdad parcial, informando a todos, familiares y autoridades, que se había producido un duelo entre el señor Bientout y Alonse, que tuvo como resultado la trágica muerte de ambos. Esta versión no sería cuestionada porque el jefe no ocultaría en ningún momento rebelarse contra Alonse, antes de ir a castigarlo.

En cuanto a Marcel y Jussard, también se decidió que abandonarían para siempre el "Nido de las Cataratas", llevándose consigo el elefante, en dirección opuesta al sitio de Sfendu, hacia las regiones lejanas y escasamente habitadas del interior.

Y así se hizo.

Jussard y Marcel se marcharon pronto llevándose sus pocas pertenencias. Como nadie más sabía de su presencia allí, donde ocurrieron los graves hechos, no se avergonzaron de su caminar, a dónde fueron.

Se dirigieron al norte y finalmente, un tiempo después, aparcaron definitivamente en Lyon.

Jussard amaba a los animales y particularmente a ese elefante. Por eso no le deseó una vida de cautiverio como la de los animales de circo. Al no poder tener al elefante en su compañía, decidió, en contra de su voluntad, dejarlo en un lugar seguro, con su supervivencia garantizada y, sobre todo, en libertad. Así, durante su paseo, dejó al animal en una región de densos bosques. Para Jussard, esta separación tuvo el sabor amargo de una pérdida irreparable. El hombre lloró, con lágrimas incontrolables nublando sus ojos y ahogando su voz. Abrazado a la trompa del elefante, sintió que el gran animal temblaba; interrumpiendo su eterno movimiento pendular y envolviéndose alrededor de Jussard, demostró, por su parte, su angustia por algo indefinido, apretando aun más sus diminutos ojos, comprendiendo que el momento era de tristeza para ambos.

De hecho, fue el adiós que hombre y animal registraron, con fuerza, cada uno a su manera.

Para que el animal no lo siguiera, Jussard utilizó varios engaños, que tuvieron éxito, ya que nunca volvió a ver al insólito y gran amigo.

"Pastor" vivió cinco años más en Lyon, realizando pequeños trabajos aquí y allá.

En cuanto a Marcel, tras el desenlace de Jussard, se fue más al norte, aparcándose definitivamente en París, donde consiguió un trabajo en una imprenta, donde hacía un poco de todo: ordenar, repartir, escribir, etc.

Allí conoció a un hombre muy inteligente y respetado, un profesor. Este profesor fue también escritor y colaboró con varias obras sobre pedagogía y literatura en lengua francesa. En esa época, el profesor comenzó a investigar y escribir sobre temas espirituales, firmando sus obras con un seudónimo.

Marcel disfrutó de momentos de felicidad con este nuevo amigo, quien con sensatez le explicó el origen de las manifestaciones que lo afectaban: el otro mundo; es decir, el mundo de los espíritus. Dándole buenos consejos e instrucciones, en poco tiempo el ex mago logró "educar" su don, quitando la espontaneidad y comenzando a ejercitarlo en su propio entorno, con el apoyo de otras personas, algunas también dotadas de él, todas serias y amables. Incluso hubo un grupo selecto de personas, que se reunían bajo la dirección del profesor, al que Marcel se integró fácilmente. Sintió que la mano del destino le era favorable, porque lo que había aprendido en parte en Lyon, lo estaba poniendo en práctica allí con aquellas personas, muchas de ellas "sensibles", que también recibían mensajes de los muertos...

La relación de Marcel con el sabio profesor se vio interrumpida años después, cuando este falleció.

Marcel hasta su muerte, aquel grupo de personas mayores permanecieron unidos, participando en encuentros espirituales, que se realizaban llevado a cabo bajo las mismas condiciones desarrolladas por su inolvidable fundador.

Con la muerte de Bientout, su esposa, que padecía graves crisis, quedó mentalmente perturbada y comenzó a ser asistida por amables Hermanas de la Caridad del Convento de Santa Mónica.

Fue atendida por las monjas porque los pocos miembros de su familia se peleaban entre sí, disputándose el derecho a ser nombrados herederos de la fabulosa fortuna, si la viuda rica moría.

Sintiendo la sórdida codicia de sus familiares y temiendo por la seguridad de la señora Marcelina, el Padre Chevery propuso y la misma Superiora aprobó el alojamiento de la viuda en aquel Convento. De acuerdo con las autoridades imperiales francesas, la Iglesia nombró al padre Chevery fiscal general de las propiedades de los Sfendu, quien debía administrar bien todas las propiedades, asegurando que nada le falte al dueño.

Y así se hizo, mientras Marceline vivía. Ninguno de los empleados fue despedido.

Se acordó, de hecho y de derecho, que con la muerte de la señora Marceline Fravel Sfendu, todos sus bienes pasarían a posesión de la Iglesia y del Emperador – a partes iguales –, todo como compensación por la atención brindada a la "desamparada" señora.

Y no hubo discusión sobre eso.

El "Nido de las Cataratas", debido a la acción de una gran inundación, décadas después, dejó de existir, ya que las piedras que dividían el lecho del río fueron repentinamente desplazadas por la presión de las formidables corrientes y cayeron a lo largo del remanso, destrozadas.... uno mismo sobre tantas piedras más pequeñas, rodando en todas direcciones.

Allí solo quedó una hermosa e imponente cascada.

Mirándola, nadie adivinaría que en un día, de intolerancia y odio, en ese mismo lugar, murieron dos hombres.

Y como ellos, en otro día de tormenta, dos cascadas también...

SEGUNDA PARTE

LA VIDA DE LOS MUERTOS

Al recibir el impacto del disparo, Elysian sintió que su cabeza era repentinamente golpeada por innumerables puntos de fuego, dándole la sensación de un calentamiento insoportable.

Inmediatamente no sintió ningún dolor: solo un calor intenso. Sabía que algo muy grave estaba pasando y quería decirle al señor Bientout que se había equivocado y que "Bombón", su dulce perrito, era víctima de un hombre malvado, y no de una fiera, como se decía.

También quería decirle a Joanne que lo perdonara por decir la razón del amor había estado ahí por un momento, y que, si recriminaba su audacia, sentía su sinceridad.

Quería pedir que no se haga el segundo tiro…

Pero todo fue en vano: aunque su cerebro coordinaba bien sus pensamientos, su voz no le obedecía.

Al darse cuenta de la imposibilidad de hablar, tomó su mano para delante, para proteger al animal de la segunda carga.

Cuando lo volvieron a golpear, y al ver que su perrito también había sido golpeado, se angustió muchísimo y pensó en su madre: le gustaría verla y pedirle ayuda.

Pero, tendido en el suelo, lo único que podía hacer era mirar a Joanne y con la mirada ratificarle su amor, que era correspondido.

Fue su último acto físico.

Al borde de lo que supuso era un desmayo, se sintió muy mal. Sorprendido, vio acercarse a dos jóvenes, de aproximadamente su edad, quienes se agacharon y lo levantaron con cuidado, transportándolo a un pequeño carruaje que estaba estacionado cerca.

Cuando llegó el carruaje, lo colocaron en una camilla. Se dio cuenta que el vehículo no tenía caballos atados y él, y no había animales cerca.

Uno de los jóvenes, de tez fuerte y mirada firme, se inclinó hacia su cuerpo sobre su cabeza y le dijo en tono fraternal:

– No te preocupes, porque Dios está con nosotros.

Elysian quiso preguntar el nombre de este nuevo y providencial amigo, pero nuevamente la voz no salió.

Sin perder contacto con la cabeza de Elysian, el joven saludó a un tercer hombre que viajaba en el carruaje; se fueron y Elysian, mirando por una de las ventanas, todavía podía ver al grupo reunido alrededor de alguien que estaba caído, como si estuviera muerto.

Asombrado y perplejo, vio que la persona que había caído era él mismo...

– Pero, ¿cómo es posible? - Pensó.

Sintiéndose incontrolablemente excitado por el shock de tan inusual experiencia, sintió que el otro joven le ponía la mano derecha en la frente y una languidez irresistible se apoderaba de él.

Sus párpados se volvieron pesados y se estaba quedando dormido.

Se quedó dormido.

PUESTO DE SOCORRO NÚMERO NUEVE

Cuando despertó, no podía decir dónde estaba. No sabía cuánto tiempo había dormido.

Pocos objetos y el color blanco de todos los muebles le indicaron que se encontraba en un hospital.

A su lado, leyendo tranquilamente un libro, estaba aquel joven fuerte que lo había atendido.

Al ver que el paciente había despertado, le dijo profundamente conmovido:

– ¡Gracias a Dios! ¡Gracias a Jesús! Estás aquí con nosotros. ¡Alabado sea el Señor!

Mientras continuaba, puso su mano sobre la de Elysian.

El paciente registró una sensación placentera en todo su cuerpo, una electricidad de pequeño voltaje, como si fuera una leve descarga eléctrica, recorriendo lentamente todos sus nervios.

El joven fuerte dijo:

– Mi nombre es Clemente. Soy asistente de sala y esta es la sala de emergencias llamado "Puesto de Socorro Número Nueve", donde has estado más o menos dos meses y permanecerás el tiempo que sea necesario. Cuando estés listo, serás trasladado a una Colonia con actividades más felices. ¡Acepta mi amistad!

– ¿Dos meses?

– Sí, Elysian: dos meses. Este fue el tiempo de sueño recomendado por el Director de este Puesto para que te recuperaras, con el saludable tratamiento de sonoterapia que te aplicaron.

Elysian quería preguntar cien cosas a la vez.

Absolutamente sin entender nada, preguntó:

– ¿Puesto de Socorro?

– Exactamente. Hay, entre la atmósfera física y la atmósfera astral, unos cientos de instituciones como ésta.

– ¿Atmósfera física y atmósfera astral?

– Mi querido hermano: sustituye estas palabras por "Tierra" y "cielo." Y considera que la vida es permanente, total y eterna en ambos lugares. Las condiciones en las que vivimos están cambiando, cambian siempre, y cambian mucho: a veces tenemos un cuerpo material, hecho de carne y hueso, y convivimos con él en la Tierra; ahora simplemente tenemos un cuerpo más ligero, como tú y yo ahora, para seguir viviendo no lejos de la Tierra. Esto es lo que distingue al hombre cubierto del hombre descubierto, o como comúnmente se dice: "el vivo de los muertos." En otras palabras: esta diferencia en la densidad de los cuerpos es lo que los hombres llaman vida y muerte. Y por supuesto se equivocan, como ahora puedes ver, ya que la muerte no existe: solo existen las transformaciones de la materia. Nosotros, aquí, por ejemplo, salimos de la envoltura física pero no perdemos nuestra individualidad: utilizamos otro cuerpo, mucho más delicado, mucho más sutil, invisible incluso para aquellos que permanecieron en la Tierra, todavía envueltos por el cuerpo de carne y hueso.

Finalizando:

– Y con este otro cuerpo, que siempre ha estado con nosotros, es que seguimos viviendo.

Elysian estaba perplejo.

Había muchas dudas en su pensamiento.

Siempre había sido educado y respetuoso y por eso no se atrevía a interrogar a su interlocutor.

Intuitivamente, había respetado a Clemente desde que lo vio. Le había inculcado bondad y afecto, traduciéndose en superioridad espiritual.

Esforzándose por no ser incómodo y mucho menos agresivo, miró a Clemente con admiración y se dio cuenta en su nuevo amigo del permiso que le iba a pedir para hacerle algunas preguntas.

– Señor Clemente: sin calificar de falta de respeto por mi parte, me gustaría pedirle más aclaraciones sobre todo lo que me ha dicho. De esta manera, realmente no entendía el hecho que veía mi cuerpo golpeado y traumatizado por los disparos y estaba distante de él, como si fuera una copia. Y sin embargo: aunque aquí mi cuerpo es más ligero, según tu información, me siento tan pesado como antes.

Con tolerancia y comprensión Clemente respondió:

– Querido amigo, querido Elysian: no me llames señor, que tenemos casi la misma edad. Entiendo tus dudas mucho mejor que con palabras, te ofreceré respuestas más objetivas, porque se basan en mi propia observación de las verdades. Te invito a hacer un relativo esfuerzo para levantarte de esta cama y tratar de caminar unos pasos, contando con mi apoyo.

Dicho esto, Clemente colocó su mano derecha sobre la frente de Elysian y, ejerciendo una suave presión, inició, con la otra mano debajo de la nuca del paciente, un lento movimiento para levantar su cabeza.

Parecía que su mano derecha estaba magnetizada en la frente del joven y se adhirió a ella mediante magnetismo.

– Siempre la mano derecha en mi frente - pensó Elysian.

Ayudado, Elysian se levantó y sacó las piernas del colchón. La mano derecha de Clemente permaneció pegada a su frente.

El paciente se puso de pie.

– Caminemos un poco - sugirió Clemente, invitando, quitándole la mano de la frente y ofreciéndosela a Elysian.

Elysian se dio cuenta, con gran asombro, que sus pies no tocaban el suelo. Instintivamente intentó mover sus pasos, pero se dio cuenta que mediante un proceso absolutamente desconocido y con una sensación indefinible y muy placentera, podía moverse, aunque lentamente.

Sin hacer ningún movimiento "físico", abandonaron la habitación, como si estuvieran flotando a un pie del suelo. De la mano, atravesaron la puerta del dormitorio y llegaron a un enorme pasillo, que se parecía mucho a una casa de huéspedes o un gran hospital, porque había, a izquierda y derecha del mismo, decenas de habitaciones idénticas a la que acababan de abandonar.

Clemente dijo:

– Fijemos nuestro pensamiento en Jesús, nuestro amable Amigo, para que podamos emprender este pequeño, pero muy fructífero viaje.

Elysian se acordaba del padre Chevery, que a menudo le había hablado de este mismo hombre llamado Jesús, hablando siempre cosas buenas de Él.

Sin reprimirse, preguntó a Clemente:

– ¿Conoces al Señor Jesús?

Y él mismo respondió:

– ¿Será el mismo hombre que hace mucho tiempo fue muy agraviado y, a pesar de no ser culpable de ningún delito, perdonó a sus malvados perseguidores y asesinos?

Con una sonrisa serena y agradecida, Clemente asintió y añadió:

– Sí: y sobre el mismo hombre del que hablo. Pero ahora, para lograr nuestro propósito, es necesario que pensemos en Él de manera positiva. Recordemos sus innumerables ejemplos de humildad y perdón, maravillosamente demostrados a lo largo de su vida. Al morir, en el tormento de la cruz, el Maestro dividió la historia de la Humanidad, legando a todos los hombres la incomparable y eterna lección del amor, porque, reconociendo la ignorancia espiritual de sus agresores, suplicó a Dios que los perdonara, "por no sabían lo que hacían..." Era inevitable que Elysian reflexionara interiormente con un parecido sobre él y Jesús, ambos asesinados por error.

Como captando los pensamientos del paciente, Clemente lo miró fijamente y dijo:

– Nunca debemos compararnos con nadie, porque cada criatura camina por el camino que ella misma construyó para su vida. Además, es imperativo reconocer que Jesús fue todo bondad y amor y no tenía deudas con los hombres. Su misión fue un ejemplo inolvidable de desprendimiento y fraternidad, ya que se dejó inmolar para que su palabra traspasara las fronteras de siglos y milenios, lo que de hecho ocurrió. En cuanto a los demás, tus hermanitos, luchamos íntimamente con nuestras culpas acumuladas en las muchas vidas que Dios nos ha regalado, para que, aprendiendo siempre, podamos algún día llegar a los pies del Maestro.

La suave advertencia funcionó: Elysian sintió que todos los hechos que lo rodeaban formaban un gran rompecabezas, cuyas piezas comenzaban vagamente a encajar.

Mentalmente rezó el "Padre Nuestro" que el Padre Chevery le enseñó y fue con sorpresa y alegría incontenibles que se dio cuenta que su velocidad, al moverse sin tocar el suelo con los pies, iba aumentando paulatinamente.

Luego de recorrer todo el pasillo, tal vez de más de cien metros de largo, llegaron a un gran salón, cuyo techo redondo era una cúpula cóncava y todo iridiscente con luces multicolores, que, aunque era de día, brillaban intensamente, iluminando la habitación. La habitación ya estaba despejada.

Un gran cartel luminoso, pegado a una de las paredes, frente a la entrada principal, decía:

PUESTO DE SOCORRO NÚMERO NUEVE

¡BIENVENIDOS TODOS!

Dirección actual: Doctor Roboels.

De alguna manera, Elysian se sintió reconfortado, pues el tablero contenía toda la información en francés, lo que confirmaba, con alegría, que se encontraba en territorio de su amada patria, Francia.

Había una pequeña plataforma, con una pequeña mesa, donde una monja anotaba en un gran libro - el más grande que jamás había visto -, todo el movimiento de la gente yendo y viniendo.

De hecho, en esa entrada había mucho movimiento: adultos y jóvenes, de ambos sexos, entraban y salían, todos tranquilamente.

Elysian no vio niños allí. Clemente dirigió a Elysian hacia la plataforma y solo entonces, cuando llegaron "desconectó" su mano de él. Instantáneamente Elysian se agachó, sintiendo el suelo del pasillo bajo sus pies.

– Hermana Creandelle, alabado sea Jesucristo - dijo Clemente a la monja.

– ¡Alabado sea, y siempre! - Respondió la hermana.

– Con el debido permiso del Doctor Roboels, Elysian y yo daremos una caminata de dos horas por el "Jardín de la Primera Amistad."

Después de anotarlo, la hermana entregó dos insignias rosas que, sin dificultad, se adhirieron respectivamente a las camisas de los dos jóvenes, sin alfileres, sin pegamento, sin grapas, sin ningún tipo de cierre.

– Positivamente - pensó Elysian -, aquí todo es hermoso y bueno, pero estoy "volando" y esa insignia se me pega en la camisa, eso ya es demasiado. Creo que estoy en el cielo - concluyó pensativo.

Entre nostálgico y curioso, pasó lentamente su mano por la insignia y recordó su infancia, no hace mucho, cuando había recibido de regalo dos piezas de hierro, que tenían la cualidad "mágica" de atraer agujas, alfileres, clavos...

– ¿Sería la misma magia? - Pensó.

Acompañado por Clemente, logró salir del gran salón, caminando por sus propios medios. Al llegar al umbral del portón de entrada, quedó deslumbrado al sentir invadirlo un inmenso y dulce éxtasis, nunca antes experimentado: sus ojos le mostraron un jardín exquisito, de grandes proporciones, desordenadamente dividido en callejones, que, sin excepción, tenían sus líneas definidas por flores, ¡las más bellas!

Un delicioso aroma floral invadió sus pulmones.

Decir qué tipo de flores eran esas era imposible.

- Aunque conozco bien el campo, ¡nunca había visto nada igual!

Su asombro se transformó en una sensación de bienestar y armonía, de calma y paz, de confort y tranquilidad. Los perfumes de las flores danzaban en el aire, en matices muy agradables. Iba a decir algo como: "¿qué jardineros caprichosos habían, con tanta habilidad, plantado y cultivado un jardín tan hermoso?"

Pero lo que vio de repente quedaría grabado en su memoria para siempre; todo pasó en una fracción de segundo: Elysian miró al cielo y había algo exuberantemente más hermoso que el jardín: allí estaba el Sol, dos veces más grande que el conocido en sus mañanas terrenales.

Decenas de personas también miraban al astro rey.

De color predominantemente naranja brillante, no cegaba a nadie que lo mirara...

Tan imborrables impresiones llevaron el espíritu del joven a un estado de reflexión y respeto por algo indefinidamente superior y sabio, que el impacto le arrebató la voz, tal fue la emoción.

Lágrimas incontrolables brotaron, abundantes.

En su ayuda, solidario, también con los ojos llenos de lágrimas persistentes, acudió Clemente, invitándolo a sentarse en una banca cercana.

La banca, de mármol blanco, denotaba limpieza.

Antes de sentarse, Elysian vio que la banca tenía una frase impresa en el respaldo:

"La Amistad es el Perfume del Alma."

Fue emocionante.

Ellos se sentaron.

Clemente, entre paternal y filosófico, dijo:

— Yo también, cuando vi por primera vez este mismo paisaje, me trasladé muy cerca de Dios. La gracia de Nuestro Señor Jesucristo, caritativamente, permite la existencia de esta Puesto de Socorro. Todas las personas que merecen quedarse aquí por algún tiempo necesariamente salen reconfortadas y felices, encaminándose hacia etapas futuras que renuevan el espíritu. Elysian logró, gracias a la solidaridad de su amigo, recuperar algo de su equilibrio mental y, con un esfuerzo, reuniendo sus pensamientos, fragmentados por la emoción, balbuceó:

– Clemente, por favor dime: ¿cómo puedo estar aquí, hablando contigo, viendo a todas estas otras personas paseando tranquilamente por este lugar, si estoy seguro que el accidente del que fui víctima fue tan grave que me mató?

– Elysian, ante todo es necesario que tu corazón se abra, volviéndose hacia la realidad, dejando las puertas abiertas de la razón, de modo que la comprensión de las verdades eternas comienza poco a poco a ser adquisición de conocimiento. Cuando Dios, el Gran Creador, en Su obra incansable y eterna, nos concede el don de la vida, también nos concede todo el tiempo necesario para todas las etapas de nuestra evolución. Evolucionar es el impulso permanente de todo lo creado por Dios. Incluso cosas que parecen no tener vida propia, como rocas, montañas, playas, mares, ríos, árboles… todo, todo tiene una inclinación natural a progresar, a mejorar la forma, textura, propiedades y demás condiciones de su destino.

Elysian interrumpió:

– Pero, ¿no es ese el misterio de la vida?

– Sí: respecto al origen de los seres vivos, ninguna afirmación puede ser concluyente, ya que tal conocimiento pertenece solo a Dios; sin embargo, solo podemos imaginar que un primer paso de la creación hace que el ser nazca en lo vegetal; ¿quién sabe, en el mineral? En este caso, tras algunas largas etapas en los reinos mineral y vegetal, evolucionan hacia la formación de un cuerpo carnal.

– ¿Tan rápido?

– No, Elysian. El tiempo tiene tiempo. Todo sucede en el momento adecuado. Este primer ser orgánico, carnal, no tiene conciencia ni inteligencia. Pero ciertamente tiene el impulso divino de progresar. Siempre progresa. Quizás por eso podamos imaginar la existencia, en él, de un rudimentario principio inteligente. Después de muchas otras etapas, que se cuentan a lo largo de milenios de existencia, este ser primario, del reino animal, siempre va adelante en la evolución, se transformará en una criatura humana.

– ¿Significa esto que los hombres alguna vez fueron animales?

– Sí. Los animales, divididos en grupos, como felinos, caballos, caninos, etc., tienen determinadas singularidades de especie y se mejoran, hasta un límite máximo en esa especie. Cada animal, así perfeccionado, recibe el don de la inteligencia y se convierte en un hombre, aun muy primitivo. Y como el hombre, del primitivismo a la civilización, también camino largo y difícil.

Estos son los caminos que tendrás que seguir. El hombre nace, crece, vive, aprende, muere. Renace tiempo después, en un nuevo cuerpo, nuevamente aprendiendo y muriendo. Dios da a cada hombre un espíritu y el mundo le da tantos cuerpos como necesite para su liberación, lograda cuando adquiere las virtudes que, juntas, forman el amor universal, por todo y por todos.

- ¡Son los ángeles! – Interrumpió Elysian, pensando para sí mismo:

– Pero, ¿por qué hay gente que sufre mucho, es pobre y, además, muere trágicamente...?

Al darse cuenta de la naturaleza individualista de la pregunta, Clemente respondió:

– En todas las existencias, en todas las vidas, características durante los viajes terrenales, las dificultades que encuentra el hombre se deben a la mala elección que hizo desde el principio, inclinándose hacia cosas y acciones equivocadas, que son por tanto negativas y perjudiciales para su futuro.

– ¿Cómo alguien daña su futuro?

– Acumulando errores sobre errores, descuidando oportunidades sobre renovadas oportunidades, cargando su espíritu con malas tendencias, que anulan las buenas, en el libre ejercicio que Dios concede a cada uno, de elegir el propio camino. El hombre, debido a tantos errores, llega a tal estado de saturación en el mal que ya no podrá moverse por sus propios medios. Podríamos decir que permanece como sumido en el pantano de sus pecados. Entonces, una vez más, se presenta la caridad del Creador, y mediante un proceso inteligente y bien programado, se define la redención del réprobo, a pesar de él, ya que no lo hizo cuando pudo.

– ¿Y cuándo se alcanza la saturación en el mal?

– Cuando el hombre, despilfarrando el libre albedrío que Dios le concede, intenta interferir con las Leyes Divinas.

– ¿Cómo así?

– Daré un ejemplo: cuando un delincuente comete un mal, lo llamamos asesinato cruel, ante la Justicia Divina la víctima redime una deuda del mismo quilate, convirtiendo al malo en deudor. Es cierto que quien murió trágicamente así, en vidas pasadas, ya provocó que alguien muriera así también. En cuanto al asesino, no se refería más que a un posible agente del karma – ley de acción y reacción –, porque, si no fuera por ello, el deudor moriría de la misma manera, por accidente o enfermedad, ya que Dios tiene formas inimaginables de mantener el equilibrio de la Justicia. Cuando; sin embargo, un criminal busca llegar a criaturas sin deudas, no podrá hacerlo, ya que la misma ley de karma actúa con mecanismos inmejorables para permitir la recuperación solo de los culpables, nunca de los inocentes. En este caso, el criminal se verá impedido, de una forma u otra, de ser considerado "saturado de mal", por cuanto habrá alcanzado el límite del libre albedrío, perdiéndolo, en consecuencia, hasta que, de reajuste en reajuste, vuelve a merecer tal regalo.

Clemente estaba visiblemente triste. Parecía recordar cosas del pasado y añadió melancólico:

– A tal delincuente se le imputará obligatoriamente una carga soportable de dificultades y su deuda, poco a poco, será recuperada. Mientras paga sus deudas, esta criatura ilumina su espíritu, he aquí, dolor, de todos los maestros, y lo mejor: sus lecciones despiertan la solidaridad de quienes pasan o han pasado por ellas, haciendo sentir a estos aprendices un deseo incoercible de ayudar a otros que vienen detrás, de los caminos anchos del mal, a los caminos angostos del bien.

Elysian sintió en las últimas palabras de Clemente la completa certeza que su amigo hablaba por experiencia propia.

Él permaneció en silencio, pero febrilmente pensativo:

- ¿Qué derrotas habría sufrido Clemente? ¿Cómo podemos entender que una criatura tan buena pudiera, un día, haber actuado con malicia hacia alguien? Santo Dios: ¿y yo? ¡¿Cuántos pecados tendré que pagar?! Pero eso era exactamente lo que acababa de afirmar: todos nuestros sufrimientos son el resultado de errores pasados, y esto, en la convivencia entre seres inteligentes; es decir, entre hombres. Sí: solo los hombres pueden, por decisión, por elección, por libre albedrío causar daño a otros hombres.

Clemente capturó las ideas de Elysian a través de las olas del pensamiento:

– Por eso, mi querido Elysian, todos, con mayor o menor convicción, debemos hacer un esfuerzo por corregirnos: una de las mejores maneras de conseguirlo, sin duda, es practicando la amistad; en la práctica de la amistad también progresaremos en este tono de acción, y la amistad de unos pocos se transformará, con el tiempo, en amor para muchos. Y un día, cuando evolucionemos mucho y mucho, seremos igual que el Gran Amigo Jesús, que es Amigo de todos los seres vivos del mundo: ¡plantas, animales y hombres!

Elysian quedó intensamente impresionado por la belleza, el perfume y la disposición de las flores en aquel deslumbrante jardín. Las sensaciones que lo rodeaban eran muy placenteras.

En poco más de una hora, el destino le había regalado un amigo sabio, cuyas palabras hicieron hervir su razonamiento.

Sintiéndose parcialmente fortalecido, Clemente lo invitó a caminar, a paso lento, distancias cortas, para un reconocimiento superficial de aquel benéfico lugar.

Con calma, los dos jóvenes se levantaron de la acogedora banca y comenzaron a caminar por los callejones, lo que denotaba la presencia de otras personas, todos caminando tranquilamente, de dos en dos. La mente de Elysian trabajaba frenéticamente y de repente ubicó sus recuerdos en los momentos finales de la tragedia que lo había descarriado.

Al instante se sintió enfermo. Muy mal. Colocó sus manos en la cabeza, tratando de palpar las heridas e identificar las delicadas vendas envolviéndolas. Este vendaje había pasado desapercibido hasta entonces.

Si no hubiera sido por el apoyo de Clemente, habría caído al suelo rápidamente. Colocando su mano derecha sobre la frente de Elysian, el asistente del Puesto levantó la mirada al cielo y pronunció palabras de súplica y el apoyo de Jesús al joven que se desmayaba.

Elysian pronto mostró signos de recuperación.

Un hombre de aproximadamente cuarenta y siete años, que pasaba en ese momento, seguido por un grupo de aproximadamente treinta personas, se detuvo por un momento desconectándose del grupo. Llegó junto a los dos jóvenes, en actitud reverente, también orando, miró fijamente a Elysian. En un tono suave, decidió mantener sus pensamientos alejados de las cosas infelices en las que se había centrado:

– Reemplaza las escenas de dolor con la imagen de estas flores que Dios autorizó a florecer aquí.

Elysian, recuperándose un poco más, le agradeció en un humilde gesto al hombre y Clemente por la ayuda que recibió, rogándoles que se disculparan por la debilidad en la que se había permitido.

El hombre, contento con la acción que había tomado, se alejó y se unió al grupo, que lo esperaba a distancia, y siguió adelante.

Clemente puso su mano sobre el hombro de Elysian y le dijo:

– Antes de lo que pensaba, conociste a nuestro Director, el Doctor Roboels, de tal manera que todos aquí lo consideran su padre. Y añadió:

– Se han agotado las dos horas previstas para nuestro recorrido. Sería mejor retirarnos a las habitaciones de donde venimos.

Elysian reflexionó sobre lo que acababa de ver y oír y, nuevamente alerta, por el descuido de sus pensamientos y la falta de obediencia a las recomendaciones de finalizar el recorrido, de pronto preguntó:

– Clemente, ¿¿¿me morí???

– Sí. Pero por ahora lo mejor será que entiendas que la muerte es un cambio de vida, de situación, de plano, de dirección. Es solo un cambio. Nada más. Posteriormente, en las reuniones de aprendizaje, estará más informado sobre este asunto. Ahora es importante estar seguros que la muerte tradicional es una mentira.

No satisfecho con la respuesta, ya que su objetivo era otro, Elysian torpedeó:

– Acepto que hubo un cambio, llamado muerte. Ahora dime la verdad, con toda sinceridad: si morí, si cambié, como dices, ¿por qué no he recibido visita o noticias de mi padre que también hizo este "cambio" desde que yo era un niño pequeño?

– Tu padre está en otra institución y si hay permiso, pronto podrás recibirlo de visita. Por ahora, repito, debes recuperarte de los últimos acontecimientos, crear fuerzas y desarrollar el deseo de volver a la escuela, ya que el objetivo principal de este Puesto es intercambiar los "cambios" antes mencionados. Y, una vez recuperados los tratados, devolverlos a otros grupos, a otros Puestos, en espacios más amplios, para seguir la evolución de cada uno.

Y concluyó, enfáticamente:

– Volveremos a eso.

Al darse cuenta que esto era casi una orden, Elysian obedeció, de buena manera, enmendando su impulsividad en ese momento.

Durante otros dos meses, Clemente fue el compañero constante de Elysian.

Muchas y muchas fueron las lecciones transmitidas a éste. Elysian aprendió mucho.

Tal amistad se desarrolló entre ellos, que cuando Elysian pidió permiso para narrar algunos pasajes de su vida terrena, sus ojos se llenaron de lágrimas al hablar de su madre, Clemente también rompió en lágrimas.

Al hablar de su amor incumplido, Elysian sintió un embargo en su alma y las lágrimas eran inevitables. Clemente, que veía entre el público a un amigo sincero, más que un amigo, un hermano, también se sentía admirador de aquella joven que había robado el amor del corazón de Elysian, para no devolvérselo jamás...

Al hablar de Joanne, Elysian la describió como "quizás la mujer más bella del mundo."

MÚSICA EN EL MÁS ALLÁ

En una agradable mañana en la eterna primavera del Puesto, los dos jóvenes admiraban respetuosamente el gran Sol anaranjado cuando oyeron, junto con cientos de otras personas que paseaban por el hermoso jardín, unos parlantes invisibles. Todos estaban invitados a acudir, a las nueve de la mañana siguiente, al templo ubicado al final de la "Alameda de las Vibraciones", para presenciar un recital.

– ¿Alameda de las Vibraciones? - Preguntó Elysian.

– Es el edificio menos frecuentado del grupo de edificios de este Puesto - respondió Clemente, añadiendo -, solo hay reuniones colectivas, para todos los que viven aquí, asistentes y atendidos, en ocasiones especiales. La reunión de mañana será sin duda muy agradable, como lo han sido las anteriores a las que asistí. Para que lo entiendas mejor, imagina que es como un lugar de espectáculos artísticos muy importante, solo utilizado para presentaciones de los mejores artistas. Allí se pueden realizar encuentros dedicados a la pintura, la poesía, el canto, la música instrumental, las producciones teatrales, etc.

Y continuó:

– Estos espectáculos constituyen la forma más sana de ocio. En no pocas ocasiones, muchos de los espectadores, embelesados, toman la decisión inquebrantable de iniciarse en el arte, a raíz de lo que vieron y apreciaron. Teniendo en cuenta los múltiples cargos y por la variedad del trabajo que se realiza en este Puesto, así como por la disparidad vibratoria de sus habitantes, entenderemos por qué este tipo de espectáculos solo ocurren en raras ocasiones.

Tácitamente ambos aceptaron la invitación.

A la mañana siguiente, poco antes de las nueve, ya se encontraban cerca de la entrada principal del "Templo de las Vibraciones", como se llamaba el edificio dedicado a los encuentros artísticos.

Llegaban cientos de personas. Organizados y sin prisas, todos entraron.

Clemente y Elysian entraron por turno.

El interior del edificio era enteramente de color lila: un gran salón. Las paredes, el techo, el suelo, todo brillaba con un radiante color púrpura. Este efecto compenetraba a todos, predisponiéndolos primero a la admiración y luego al silencio. El color lila era un reflejo del Sol en admirables y estratégicos ventanales de vidrio. Había un escenario al fondo del salón y había muchas flores, en una especie de bandeja, de aproximadamente un metro de alto, tres metros de largo, dos metros de ancho. La bandeja era transparente y permitía ver el agua hasta aproximadamente un pie de altura, en su interior rectangular. Las flores surgieron del agua cristalina, proyectando sus tallos, como si fueran de cristal, una pequeña altura por encima del tablero. Cada tallo tenía un color diferente y cada uno sostenía una hermosa flor diferente.

Formando un coro, un feliz grupo de niñas se ubicó detrás de tablero.

Deslumbrado por el interior del Templo, Elysian no se cansaba de admirarlo.

Había grietas estratégicamente ubicadas en las paredes laterales. A través de estas grietas, de diversas formas – a veces circulares, a veces triangulares, a veces trapezoidales, a veces rectangulares, a veces cuadradas, a veces verticales, a veces horizontales, etc. –, Elysian y todos los que allí se encontraban notaron entrar rayos de rayos solares, produciendo un efecto singular: con el paso de los minutos, los focos iluminaron ciertas placas, colocadas expresamente en la pared opuesta, dándoles vida.

El cartel más grande, que se mantenía iluminado en todo momento, se podía leer:

"*La música es la voz de la Naturaleza, la amistad
y la voz del amor.*"

Los rayos de sol que pasaban por algunas de las aberturas, que parecían enormes agujas de un reloj, informaban a los presentes cuántos minutos faltaban para las nueve, al caer sobre un cuadrante cronológico.

Puntualmente a las nueve, hora claramente indicada en el gran reloj solar interno del Templo, todos los presentes notaron que ahora la mayoría de las grietas dejaban entrar focos de luz solar que iluminaban el escenario, comenzando por una placa en la parte inferior, que anunciaba:

"*Jesús Habita en Nuestros Corazones.*"

Entonces, los rayos de luz comenzaron, casi tímidamente, a iluminar algunas de las flores en el tablero suspendido, y luego, asombrados, todos notaron que de ellas salían acordes musicales, seguidos del canto más suave de las niñas, todas emitiendo un murmullo melodioso, con la boca cerrada.

La música era conmovedora y relajante.

Elevó las almas de sus oyentes a un estado de quietud y paz que nunca antes habían experimentado.

Las chicas cantaron el "Aria" extraída de la Suite en re mayor de Bach. Al mismo tiempo, la dulce música, los rayos de Sol que entraban en el interior del templo, a través de los distintos orificios, transformaban todo el ambiente del lila al amarillo canario, muy vivo, singularmente aureolado de rojo, en todas las líneas que componían las siluetas de todo y de todos.

¡El espectáculo, como núcleo sonoro, era de una belleza incomparable!

El Templo, además de la paz y el bienestar ofrecido a los presentes, demostró, en términos arquitectónicos, creativos y artísticos, conceptos verdaderamente únicos.

Las almas sensibles y sensibilizadas – todos –, no pudieron contener las lágrimas.

Al fondo, el cartel más grande ahora solo dejaba verse la palabra "*Jesús*", totalmente iluminada, pero cambiando de color de momento a momento.

Se suponía que algunas grietas contenían vidrios de colores que transmitían diferentes tonalidades a los objetivos a los que apuntaban, siempre cambiando, ya que este efecto era consecuencia del movimiento de rotación de la Tierra y de la latitud bajo cuya órbita se encontraba el Puesto de Socorro.

Sin saber por qué, Elysian miró a Clemente y los dos, en silencio, pero como si hubieran intercambiado un diálogo intenso y sincero reafirmando su recíproca y eterna amistad, se abrazaron en un gesto espontáneo.

Ambos lloraron.

Este mismo gesto fue repetido, ampliamente, por todos los asistentes.

Apenas comenzó la reunión y sus efectos beneficiosos ya eran de plena certeza de una amistad sincera y duradera, de pareja a pareja, estaba en el corazón de todos: jóvenes, niños y adultos allí agrupados, sin importar sexo o condición social.

Al notar la presencia de niños, Elysian razonó que debían alojarlos en dependencias aisladas, en un lugar que desconocía.

Todos lloraron suavemente, de felicidad y éxtasis.

Después del número cantado, apareció en el escenario elevado una figura respetable, procedente de una puerta situada junto a las flores: era el doctor Roboels, director del Puesto.

Se estacionó en el borde central del escenario con el público y, levantando las manos en el aire, dijo:

– ¡Jesús, Jesús! ¡Benefactor y amigo! Hermano y Maestro: ¡estés con nosotros! Acepta los próximos minutos como nuestro mejor agradecimiento a Dios por nuestra vida y al Señor por su incomparable mistad hacia nosotros.

Pero no dije más.

Discretamente, se sentó en un taburete junto a la pared.

Un hombre de la primera fila del público se acercó al doctor Roboels para saludarlo.

Subió los tres escalones que separaban al público del escenario, y después de estrechar un rato la mano del Director, se dirigió hacia la bandeja de flores.

Se concentró por unos momentos.

El sol iluminó un cartel, informando ahora que se trataba de un invitado especial, aun encarnado.

Casi imperceptiblemente el coro inició otro número musical, todavía *"a bocca chiusa"*, logrando así un efecto y una sensibilidad en la partitura incomparables.

Luego de terminar este número, el músico extendió sus manos hacia arriba y luego de unos momentos más de reflexión, comenzó a golpear suavemente y al ritmo los tallos de cristal que estaban frente a él.

Los tallos, cada uno de un color diferente, como teclas verticales de un piano, se inclinaban ligeramente ante el suave toque del músico. Las flores que estaban sostenidas por ellos automáticamente giraban hacia la dirección de los rayos del Sol que penetraban a través de las grietas de los muros del Templo. Ahora casi todos los rayos de luz se dirigieron hacia el inusual tablero.

El contacto de la luz del Sol con cada flor produjo una nota musical diferente: sumadas, en un conjunto equilibrado y rítmico, lanzaron una hermosa canción para que todos la escucharan. Esta canción, que elevaba y conmovía a todos, como si conmoviera lo más íntimo de sus corazones, era la composición favorita del autor y pianista. Popularmente, en la Tierra, ¡sí! La canción era considerada un mensajero de añoranza, de tristeza...

Después de este número, el invitado volvió a levantar las manos en el aire. Luego, a un ritmo mucho más vibrante, comenzó a interpretar otro número de su "obra."

Y así, dejando siempre un pequeño espacio entre cada número musical, durante el cual siempre levantaba las manos en el aire, como buscando inspiración y energía, el notable músico interpretó sucesivamente otras bellas composiciones propias.

Cuando los rayos del Sol que caían sobre el reloj indicaban que se acercaban las diez, el genio compositor y pianista dio el último toque a los tallos, cuyas notas musicales pusieron fin a la canción y a la audición.

Hasta entonces nadie había dicho nada. No se necesitaba. En lugar de aplausos, todos los presentes, sin excepción, brindaron lágrimas al artista.

Lágrimas de intensa emoción. Lágrimas de sensibilidad y gratitud.

El Director del Puesto se acercó al músico y le tomó las manos, en un gesto que decía mucho de la admiración y agradecimiento de todos, abrazándolo fraternalmente.

Los rayos solares, al encontrarse frente a frente con placas de cristal azul, pintaron toda la habitación - techo, paredes y suelo -, de un color azul inolvidable.

Puntualmente a las diez se encendió un nuevo cartel:

"Amistad y Amor."

Un gran silencio invadió todo el Templo.

Un hecho sublime, todos sintieron que el momento era de oración. Mirando al techo, donde el azul estaba más concentrado y brillante, los asistentes agradecieron a Jesús por lo que les iba en el alma.

Ocurrió algo trascendental: cada oración, a partir de quien rezaba, se convertía en una diminuta estrella que brillaba palpitantemente, hacia que llegar hasta el techo, donde se fijó. Pronto, toda la parte superior del templo se transformó en un magnífico cielo despejado, completamente salpicado de estrellas brillantes.

Cada uno, de los casi tres mil asistentes, registró en su espíritu, para la eternidad, esa escena insólita, divina en esencia y majestuosa en sus formas: un cielo estrellado, a plena luz desde la esfera.

Sin decir una palabra, la sesión terminó.

La salida de todos se produjo en silencio, con calma, similar a la entrada.

Elysian notó, entre curiosidad y observación, que todos estaban en parejas. Más tarde, le preguntaría a Clemente el "por qué" los que habían ido allí siempre iban acompañados.

Había mucho para conversar con Clemente.

Avanzaban a paso lento por uno de los callejones del jardín, en dirección a sus habitaciones, cuando algo estupendamente feliz sucedió: de una manera inesperada y sorprendente se encontraron frente a frente. El doctor Roboels y el músico, quienes con igual prudencia y lentitud se dirigían a sus habitaciones.

Elysian miró al Director y luego al músico. Como quien saluda al primero y elogia al segundo.

Pero la voz no salió.

Su estado era de conmovido éxtasis.

El amable director, al notar la vergüenza del joven, tratando de ayudarlo, le preguntó en tono cortés:

– ¿Cómo estás Elysian? ¿Te gustó nuestra reunión?

Elysian, ante la generosa ayuda que le brindó el Director, respondió:

– Sí, doctor Roboels, me siento bien gracias a Dios.

Clemente le dio un pequeño toque y dijo:

– Cuéntale si te gustó el recital.

Elysian, como despertado, miró al pianista directamente a los ojos y, en un gesto repentino, absolutamente instintivo, se arrodilló frente a él, tomó su mano derecha y la besó respetuosamente. La escena tuvo un gran impacto en los cuatro.

Primero el artista, luego el doctor Roboels y luego Clemente, casi simultáneamente, los tres levantaron al joven en posición de genuflexión...

El músico abrazó al joven, emocionado. Le dijo:

- Amigo mío, hermano mío: recibo tu gesto como el mayor de todos los elogios que jamás me hayan dirigido. Nunca te olvidaré.

Elysian, con los ojos húmedos, las lágrimas a punto de desbordar, las fuerzas casi faltantes, apoyó la cabeza en el pecho del artista. Y sollozó amargamente.

El Doctor Roboels, colocando su mano derecha sobre la cabeza de Elysian, en actitud de concentración, recibió en el campo la intuición de la visión de lo que había en el alma del atribulado joven. Vio claramente que Elysian fijó su mente en una muchacha muy bella que permaneció en la Tierra; escuchó la última frase dicha por el joven a su amada, cuando le declaró su amor, siendo gratificado por la recepción demostrada por la chica.

Esas escenas, muy rápidamente, pronto quedaron subsumidas por los hechos lamentables que culminaron con la trágica muerte.

El director reprendió a Elysian, advirtiéndole que excluyera del pensamiento los hechos negativos que había arreglado, reemplazándolos con recuerdos de paz. Le sugirió que todos los recuerdos de las escenas desagradables o de los acontecimientos desafortunados se les debe oponer inmediatamente recuerdos felices y constructivos.

Él explicó:

— Esta reacción constituye una adquisición sin igual en el campo de la disciplina mental, de incomparable utilidad para los espíritus, ya que todos tenemos, en nuestra ya no corta existencia, momentos de dolor acumulados, en los que, necesariamente, somos siempre el agente causante de la desgracia.

Y ejemplificó:

— Cuando recordemos un accidente que nos afectó, sería providencial que vayamos a reemplazarlo por la imagen de Jesús, a orillas del Mar de Galilea, o las orillas del Lago Genesaret, o en las montañas, predicando las bendiciones celestiales que esperan a los humildes, a los misericordiosos, a los pacíficos y amables de corazón, a los que saben perdonar.

La advertencia concluyó:

— Piensa en tu ser amado con amor purificado.

Elysian reaccionó dócil, como siempre, obedeció al director.

Inmediatamente sustituyó en su pantalla mental las imágenes negativas de hacía un momento por la dulce y gentil figura de Jesús, y que, en sus cuatro meses de hospitalización y tratamiento en el Puesto, había aprendido de Clemente y con todas las personas con las que habló, que Jesús sea siempre el refugio de los afligidos, el compañero infalible de los desesperados.

Clemente y el artista, solidariamente, pusieron una mano en el hombro de Elysian.

El Doctor Roboels, reflexionando un poco y sopesando palabra por palabra, le pidió al artista que, al regresar al piano, llevara un mensaje de Elysian a su amada.

– Joanne - dijo Elysian al doctor -. Joanne es su nombre.

El artista asintió felizmente. El doctor Roboels concluyó, dirigiéndose a él:

– Jesús guiará tus pasos, en el momento oportuno, para que Joanne reciba el mensaje de Elysian, si ambos lo merecen y Dios lo permite.

Y dirigiéndose a Elysian:

– ¡Ora y confía!

Estrechándose la mano, los hombres se separaron, de dos en dos.

EL HOSPITAL DE LA PRIMERA BENDICIÓN

El edificio que recibió a Elysian a su llegada al Puesto de Socorro número nueve era una instalación dedicada al tratamiento como un hospital de emergencia.

Su forma era la de una cruz, en la que los brazos y el eje centrales estaban unidos en el centro por el gran vestíbulo circular, donde se ubicaba el conserje, que hacía las veces de recepción...

El gran salón central tenía, además de la puerta principal de entrada, conexión con cuatro pasillos, separados cada uno de noventa grados, que permiten el acceso a cuatro alas, en las que en cada uno se alojaban alrededor de mil personas.

Así, este edificio hospitalario albergaba y servía, simultáneamente, hasta cuatro mil personas recientemente liberadas.

Se llamaba "Hospital Primera Bendición." Allí los pacientes eran alojados en habitaciones apropiadas, construidas a cada lado de los largos pasillos.

Todas las habitaciones tenían en el techo, en el centro, una claraboya.

Las cuatro alas tenían la misma forma rectilínea, en un solo piso.

Las alas se denominaban "A", "B", "C" y "D" variando cada una de acuerdo con el tipo de tratamiento necesario a los atendidos.

Los pacientes eran automáticamente transferidos de una ala a otra, en razón de su progresiva mejora de cada uno dados los resultados obtenidos en el aspecto médico–hospitalario, así como, y principalmente, en el aprovechamiento de las lecciones evangélicas permanentes que diariamente les impartían los asistentes.

Cada grupo de cincuenta pacientes estaba a cargo de un asistente.

Clemente, por tanto, atendió a otros cuarenta y nueve íntimos, además de Elysian.

El ala "A", donde Elysian fue tratado por primera vez y donde permaneció en tratamiento de terapia directa del sueño - sin despertar -, durante dos meses, destinado a energizar y restaurar a los tratados.

Allí, cada uno de los pacientes recibió fluidos revitalizantes que se vertieron desde la claraboya, debajo de la cual se colocó un dispositivo excepcionalmente útil.

Tal dispositivo, como una cápsula cilíndrica transparente, colgaba del techo directamente sobre la cabeza del paciente. Su diámetro era de unos dos metros en la parte superior y se estrechaba en el extremo enfrente, a unos ocho metros de distancia, con la pequeña distancia de la persona que está siendo vigilada. En el interior se instalaron tres placas de forma hexagonal, a un metro de distancia de la parte superior, cada placa de un color diferente, siendo la primera naranja, la segunda celeste y la tercera verde. El material de este dispositivo y las placas parecían cristal. A través de su propio mecanismo, este dispositivo transformaba los rayos solares en haces de luz que invariablemente se enfocaban hacia la cabeza de quien estaba en la cama. El tragaluz varió automáticamente en posición y color, según las prescripciones de asistencia al rescatado.

Este tratamiento, realizado durante cuatro meses, logró la curación completa de las heridas de Elysian.

Paralelamente al tratamiento de los haces de luz, diariamente un equipo de tres hombres, todos ellos de entre treinta y cuarenta años, aparecían en cada una de las habitaciones y a través de la imposición de manos, administraban pases fluidicos a los atendidos.

Había docenas de estos equipos, que se turnaban, lo que significa que los pacientes llegaron a conocer a casi todos los desinteresados pasistas.

El encargado de la sala, siempre el mismo, durante la visita del equipo de pasistas permaneció en oración, hablando en voz alta.

Elysian, a los dos meses se consideró listo para despertar y después de otros dos meses en el Ala "A", fue trasladado al Ala "B." Se prescindió de las vendas de su cabeza, sin dejar rastro de las heridas.

Si en la sala "A" los pacientes se alojaban individualmente en cada habitación, en las demás salas se alojaban de dos en dos.

El compañero de cuarto de Elysian en el ala nueva también era joven. Clemente los presentó. Inmediatamente hubo una impresión positiva y simpatía entre ambos invitados.

Albert, el nuevo amigo de Elysian, también había abandonado recientemente la Tierra, habiendo fallecido como resultado de un inevitable accidente.

Había permanecido en el pabellón "A" durante seis meses. Casualmente se alojaban en el ala "B" en aquel día.

Clemente les informó que allí ya no tendrían la compañía constante de un asistente ni tendrían, durante su internado en ese pabellón, ninguna obligación o deber formal. Solo que, como continuación del tratamiento indispensable, debían asistir a la escuela colectiva del Puesto, diariamente, durante tres horas por la mañana y otras tres horas por la tarde.

Esta asistencia al colegio duraría unas treinta semanas y el curso que allí se impartía tenía como objetivo transmitir a los alumnos conocimientos evangélicos, adquisición espiritual que consolidaría el tratamiento específico realizado hasta entonces en el ala "A."

Mientras los dos pacientes se miraban preguntándose cómo se podría consolidar el tratamiento médico con el conocimiento evangélico, Clemente aclaró:

– No podemos olvidar las recomendaciones de Jesús: *"Conoceréis la verdad y la verdad os hará libres."* Sí, amigos míos: entendiendo el "por qué" de nuestras desgracias, contrariamente a las enseñanzas del Maestro Jesús, comprenderemos que la cosecha se realiza en proporción directa a la siembra.

La escuela se llamaba "¡La Primera Sabiduría – La Vida!" En él, los principios sagrados de la existencia fueron exhaustivamente repetidos a los estudiantes, con el fin de nivelar su nivel de conocimientos religiosos, con miras a su traslado al ala "C."

Durante treinta semanas los dos jóvenes asistieron a la escuela y aprendieron, a nivel elemental, los valores morales de la existencia, en todo el esplendor del universo en toda la magnificencia de la Creación Divina, dando énfasis en todas las lecciones, al don sublime de Dios, para todos los seres vivientes, que es la esencia del ser, del existir, en definitiva, del vivir.

El amor, en sus múltiples manifestaciones, les fue plenamente comprendido y demostrado, demostrando que amar es, sin duda, "la primera sabiduría."

Todos los alumnos quedaron extasiados con el curso, durante el cual un grupo de voluntarios formó una "compañía" de actores. Representaron, en un escenario adecuado del colegio, escenas de la vida cotidiana, escenas de la naturaleza, escenas vividas por cada persona, casi siempre inadvertidas en su esencia espiritual, dada la continuidad de la vida, en sucesivas etapas de reencarnación. Solo podían asistir y presenciar dichos espectáculos los alumnos que ya hubieran asistido a las dos terceras partes del curso; es decir, a partir de la vigésimo primera semana de asistencia a la escuela.

Las representaciones demostraron, de manera irrefutable, la lógica y la grandeza de la reencarnación, único módulo justificador de tantas diferencias sociales, de tantas aparentes injusticias del destino...

Las escenas representadas casi siempre se referían a accidentes, por lo que los estudiantes no preparados estaban protegidos de verlas.

Los profesores, discutiendo los textos y la dramaturgia con los "actores–alumnos", de manera democrática, lograron un excelente uso de los mensajes. Se demostró que los accidentes solo les ocurren a aquellos que, en vidas pasadas, a menudo muy atrás en el tiempo, también les han causado lo mismo o mayores pruebas a sus semejantes, casi siempre de forma cruel.

La bondad divina se enfatizó en promover la debida redención solo cuando el deudor tenía la capacidad necesaria para soportarla, y, no pocas veces, en aliviar significativamente tales ajustes, siempre que la dedicación caritativa a los necesitados brotara de manera desapegada en el corazón de tal deudor.

La veracidad de las palabras de Jesús quedó comprobada cuando recomendó "pagar el mal con bien"; es decir, de la misma manera – destructores de la paz – nos transformamos, de *motu propio,* en constructores de la felicidad… ¡de los demás!

En el curso impartido en el ala "B", cada semana se realizaba un nuevo programa curricular doctrinario.

No hubo exámenes de evaluación.

La responsabilidad de aprender era inherente a cada alumno.

Como la escuela tenía treinta clases y el curso global duraba treinta semanas, cada semana los estudiantes pasaban de una a otra clase.

Cada clase trabajó con cualquier número de estudiantes.

Con esto, cualquier estudiante puede matricularse en cualquier momento para asistir a la escuela.

En la última semana del curso, la trigésima, diariamente se escenificaban pasajes de la vida de Jesús encarnado.

Este teatro de aficionados siempre produjo efectos maravillosos, de acuerdo con el antiguo proverbio chino: "una figura vale más que mil palabras..."

A lo largo de sus años escolares, Elysian y Albert estrecharon sus lazos de amistad, lo que resulta en un vínculo fraternal eterno entre ambos.

Se confiaron uno al otro sus dramas personales.

Se apoyaron mutuamente.

El final del curso siempre fue un acontecimiento especial...

Jóvenes de ambos sexos, que juntos habían caminado en esta etapa, los alumnos aprendieron que todas las tareas deben realizarse con amor, para que la comida y el agua sean balsámicos para los usuarios.

Para ello, todo el trabajo comenzaba y terminaba con la oración, intermediando con la ejecución misma de las tareas, practicadas con mentalidad positiva.

Los instructores siempre recomendaron a los trabajadores que la mejor tecnología para cualquier trabajo es la oración, así como las mejores herramientas son la buena voluntad y la perseverancia.

La pasantía en el pabellón "C" duró aproximadamente seis meses.

Y, durante un semestre, que transcurrió sin que los jóvenes se dieran cuenta del tiempo, debido al gusto y alegría con que desempeñaban sus funciones, fueron trasladados nuevamente, al ala "D."

En esta ala, última etapa de su estancia en el Puesto, las obligaciones y deberes de sus residentes eran de carácter asistencial.

No había una duración determinada para esta etapa. De dos en dos, tenían la tarea de participar en caravanas de socorro que iban cada semana al plano terrenal, particularmente en la región comprendida por la ciudad de Marsella y pueblos adyacentes, para brindar apoyo a los seres que terminaron allí en condiciones traumáticas.

Fue en este papel, que el estudiante demostró y aplicó todo lo aprendido en sus prácticas anteriores en el Puesto.

Durante estos días se les ofreció valiosas oportunidades para practicar las recomendaciones del "amor al prójimo", tantas y tantas veces sugeridas a todos.

EQUIPOS DE RESCATE

Durante su estancia en la etapa final, los estudiantes fueron debidamente instruidos en las tareas de primeros auxilios que debían realizar, siempre en equipos que salían semanalmente del Puesto, reclamando la región de Marsella.

Las informaciones provenientes de niveles superiores de la espiritualidad, transmitidas a la dirección del Puesto, definían cuántos equipos debían partir en cada misión semanal.

Cada equipo de rescate tenía su propio nombre, elegido por sus componentes, con un número variable de cuatro a cinco asistentes, tres de los cuales eran "veteranos" y uno o dos pasantes.

Los "veteranos" eran los asistentes que, pudiendo ser trasladados a otras instituciones más felices, requerían permanecer en el Puesto, en tareas asistenciales, durante un determinado número de años.

Invariablemente, sus peticiones fueron concedidas.

Los equipos emprendieron varias direcciones, empezando por el aterrizaje del gran vehículo que los transportaba. El desembarco se produjo, por regla general, cerca del gran puerto marítimo de Marsella.

El vehículo, con forma de casa grande, contaba con su propia fuerza de propulsión, tardando en unos treinta minutos en viajar entre el Puesto de Socorro y el lugar de aterrizaje, o viceversa.

El Puesto contaba con varios de esos vehículos.

Cada vehículo transportaba diez equipos; es decir, con una cincuentena de asistentes se realizaba la salida y el regreso subía a bordo de unas cincuenta personas más, espíritus desencarnados.

En cada vehículo había equipos especiales y equipos adecuados para brindar asistencia inmediata a los recién desencarnados, generalmente criaturas completamente desprevenidas para abandonar el plano carnal. Y, más aun, de forma repentina por medio de accidentes. O, por enfermedades graves, de mediana o larga duración, pero igualmente alejadas de la realidad espiritual.

Fue, por tanto, con gran expectación y emoción que Elysian y Albert esperaron su primer viaje de rescate, cuyo llamado no se hizo esperar.

Asombrados, ambos sintieron la deliciosa sensación de calidez, familiaridad y amor, cuando, días después, emprendieron su primera misión de rescate en el globo terrestre.

A medida que se acercaban al ambiente marsellés, el frescor de la noche invadía sus pechos, donde el aire de las plantaciones y los bosques se mezclaba con el aire marino del Mediterráneo. Con dificultad superaron la emoción y el anhelo.

El primer trabajo en el que participaron los dos jóvenes se desarrolló precisamente en el puerto, con muy poco movimiento a altas horas de la madrugada; allí ayudaron a una anciana, que estaba a pocas horas de morir, aquejada de neumonía aguda y sin ningún tipo de atención médica.

La pobre anciana tenía espasmos, convulsiones y tenía mucho frío, porque no tenía ropa apropiada para defenderse.

Los tres miembros más experimentados del equipo de rescate se inclinaron sobre el cuerpo destrozado de la anciana, realizando una especie de masaje fluídico, sin tocar a la anciana. Trabajaron en estas aplicaciones durante dos horas, turnándose.

Se recomendó a Elysian y Albert que permanecieran en oración, ininterrumpidamente, evitando así el acercamiento indeseable de agresores espirituales, ávidos de fluido vital.

Los dos recién llegados, con asombro y sorpresa indescriptible, pudieron ver que varios hilos luminosos, lechosos, se desprendían del cuerpo de la paciente, quedando solo uno, en la región abdominal.

Después de aproximadamente tres horas más, este hilo, por sí solo, se deshizo, producto de los masajes y principalmente de las oraciones que, en conjunto, realizó todo el equipo durante todo el tratamiento.

El tono de las oraciones en esta operación fue siempre de sumisión a la voluntad de Dios, en cuanto al resultado probable, pero también de súplica a los Mensajeros de Jesús, para que intercedieran junto a la paciente, para aliviarla de sufrimiento y permitir la ayuda que era indispensable.

Todos los asistentes vieron, infinitamente agradecidos a Dios, que un rayo de luz venía de lo alto e iluminaba el cuerpo cansado e inservible de aquella hermana anciana. Se levantó medio tambaleante y fue inmediatamente sostenida por los dos jóvenes principiantes, que la colocaron con cuidado en una camilla y la condujeron hasta un pequeño vehículo satélite, estacionado cerca.

De la mano, todo el equipo, con el paciente en el centro del círculo formado, cerró los ojos en oración. Así, el pequeño medio de transporte se elevó automáticamente en el aire, a poca distancia, aterrizando casi en el mismo instante dentro de la gran nave. Elysian y Albert, solo entonces, pudieron ver que en el exterior del vehículo que los había traído del Puesto, estaban grabadas las palabras:

"Casa del Primer Remedio"

Mientras sacaban a la mujer de la camilla y la colocaban en la cama, con el corazón a la vez oprimido y feliz, desbordantemente feliz, los dos jóvenes quedaron extasiados con la inolvidable mirada que les dirigió la anciana, llena de gratitud.

Colocando su mano derecha en la frente de la persona atendida, el líder del equipo la volvió a dormir suavemente.

Luego, sin poder entender cómo, sintieron la necesidad de volver a la Tierra para realizar nuevas tareas.

Se llevó a cabo alguna otra ayuda y la misión duró tres días.

Y en las semanas siguientes se repitieron estos viajes.

El trabajo era tan absorbente que Elysian y Albert tuvieron poco tiempo para pensar en ellos mismos, en sus vidas, en su pasado...

Hasta que llegó el que quizás fuera el día más esperado por Elysian: Clemente, que formaba parte de su equipo, le informó una mañana, en el Puesto, mientras paseaban por los jardines floridos, que el doctor Roboels quería entrevistarlo.

La reunión estaba prevista para el día siguiente, a las diez de la mañana.

– ¿De qué se trata, Clemente?

– No puedo decirte nada, pero la experiencia nos ha enseñado a nosotros, los más antiguos de aquí, que cuando el Doctor Roboels hace la primera llamada para que un socorrista venga a su consultorio, y dé testimonio del aprendizaje aquí realizado.

Clemente se volvió misterioso a propósito:

– Siempre vinculado a algún hecho particular de la persona convocada. Casi siempre es un reencuentro con un familiar, amigo u otras personas cercanas, encarnadas o desencarnadas.

Y añadió:

– Por eso, te sugiero que mantengas vibraciones altas desde hoy hasta mañana. Es casi seguro que el gran poder de transmisión y recepción del pensamiento, especialmente cuando se sintoniza con el bien, podrá responder a tu pregunta, incluso antes que entres a la oficina del Doctor Roboels mañana. Recibí la misión de transmitirte este mensaje, precisamente porque nuestra gran amistad autoriza e incluso exige que mis humildes oraciones vibren positivamente en beneficio del equilibrio que necesitarás, de ahora en adelante.

Ya no hablaron de eso.

Concluyeron la gira y poco después Elysian realizó algunas visitas a los enfermos de la sala "A", bajo su responsabilidad, concluyéndolas al final de la tarde.

Cuando se retiró a sus habitaciones, le mencionó a su compañero de cuarto, Albert, sobre la citación del Dr. Roboels.

Inmediatamente Albert también le preguntó:

– ¿De qué se trata esto?

Elysian, aparentemente tranquilo y recordando las amables y esclarecedoras palabras de Clemente, se las repitió a su amigo.

Ambos tomaron una frugal comida, consistente en un sabroso caldo caliente, acompañado de algo de fruta.

Luego, como siempre hacían todos, cada uno cogió un libro y empezó a leer, en silencio.

Los libros contenían las enseñanzas de Jesús, en forma de narración, presentando cien situaciones de la vida en las que un millón de personas involucradas en un evento reaccionaron según su grado de evolución..

Estas cien situaciones, repetidas miles de veces en el día a día de todos los responsables, en todas partes del mundo, narraron la reacción de cada uno de los personajes vinculados a ellos; luego, en un magistral contenido pedagógico doctrinario, mostró cómo actuaría Jesús, si fuera el personaje enfocado. No hace falta decir que el Maestro no mostró vanidad conductual: siempre demostró un amplio sentido del equilibrio, de inteligencia, principalmente de tolerancia.

Sin duda, el libro demuestra que Jesús, en ningún momento, nunca se dejó sorprender por ningún detractor, siempre perdonándolos, iluminando a su favor, ¡sin hacerles daño!

Los acontecimientos y actividades diarias del Puesto tuvieron su itinerario y horarios determinados por la astronomía.

Estudios simples de los movimientos del Sol, la Luna, las estrellas, el planeta Tierra y sus estaciones, sus corrientes de aire y mar, regulando la concentración, dispersión y movimiento de las nubes, todo allí tenía principios preestablecidos.

Dichos principios, al exigir asistencia, puntualidad y la repetición inmutable, durante un período de un año terrestre, constituyó un aprendizaje adicional que se transmitió a todos los habitantes del Puesto.

Debido a la íntima conexión entre la vida en el Puesto y la vida en la Tierra, este conocimiento fue de gran valor.

El destino del Puesto demostró, en su momento, que eran incluso esencial.

El Sol, de todos los factores, constituía el principio básico y preponderante entre los demás, controlando casi todas las realidades.

Esto se debe a que, al igual que en la salud física, la noche estaba dedicada al descanso, al sueño, al silencio reparador. Así, en la habitación de Elysian, en el ala "D", el tragaluz indicaba día a día, o mejor dicho, noche a noche, la hora de iniciar y terminar la lectura; el tiempo para orar al final de cada día; el avance de las horas; la llegada del amanecer; el momento de levantarse – todo estaba astronómicamente expuesto – cuando las estrellas, con las que los invitados del Puesto estaban muy familiarizados, aparecieron en el tragaluz, hicieron un breve desfile y continuaron...

Una vez finalizado el desfile de estrellas se produjo la llegada triunfal del astro rey, regresando de su misión al otro lado del cielo. Cuando el tragaluz estaba débilmente iluminado, esta inmensa luz actuaba como un alegre clarín anunciando un nuevo día.

Pronto el tragaluz se llenó de luz, muy brillante, como si estuviese a punto de incendiarse.

La noche anterior a la entrevista con el director del Puesto, al ver aparecer la estrella Rigel, Elysian y Albert comenzaron sus lecturas. Unas dos horas más tarde, Sirius – el sustituto puntual de Rigel –, apareciendo brillante y silencioso en el tragaluz, sugirió a los dos amigos que terminaran la lectura diaria, que era realizada por los jóvenes, quienes luego dirigían una oración al Padre, en agradecimiento por las bendiciones del día, principalmente por el trabajo realizado a favor de los pacientes.

Se saludarán fraternalmente deseándose la compañía de Jesús. Y cerraron los ojos.

Albert pronto se quedó dormido. Elysian, no.

Pensó en la entrevista del día siguiente, recordando las suposiciones presentadas por Clemente.

Pensó en su madre: ¡cuánto la extrañaba, cuánto la amaba!

Pensó en su padre: ¿dónde estaría su espíritu, después de casi quince años de muerte? ¿Cómo estaría? ¿Necesitaría ayuda? Pensó en sus dos hermanitos: ¿Cómo estarían ahora?

Dios mío: cómo me gustaría poder abrazarlos.

Pensó en Bombón, su fiel perro: ¿Qué sería de ese noble animal? Al igual que las criaturas humanas, ¿tendría un espíritu? ¿Habría sobrevivido a una muerte tan brutal? ¿Dónde estaría ahora?

Finalmente, como si le hubieran explotado las entrañas, pensó en Joanne: ¡¡Jesús!! ¡¡Cómo la amaba! ¡¡¡Incluso ahora sentía que su pecho se expandía de amor por ella!!!

Daría cualquier cosa por volver a verla, por tenerla entre sus brazos, por acariciarla, por acariciarla, por sentir su calor...

– ¿Cómo y con quién estaría?

Absorto en estos pensamientos, dándoles vueltas durante horas en su mente perturbada, entreabrió los ojos y vio la maravillosa Spica, en el tragaluz.

Reequilibrado. Se regañó a sí mismo. Entendiendo que si había caído en ensoñaciones hasta altas horas de la noche, he aquí, el atento centinela le daba la alarma sobre un posible peligro para la paz interior: ya había pasado la hora de dormir. El amanecer no estaba lejos.

Persignándose, suplicó a Jesús que le diera paz. Finalmente se quedó dormido.

Cuando se levantó, después de las ligeras tareas matinales, se dirigió a la oficina del director.

El doctor Roboels estaba en la entrada, hablando con dos personas. Al ver a Elysian, se despidió de ellos y le dijo al joven:

– Buenos días mi amigo. ¡Jesús nos bendiga!

– Buenos días, doctor Roboels. ¡Jesús esté con nosotros!

Colocando su mano derecha sobre el hombro de Elysian, el Director lo invitó a entrar.

La oficina era sencilla: una mesa pequeña, sin cajones, seis sillas frente a la mesa, formando un semicírculo; en la pared, un cuadro de Jesús junto al mar, mirando al horizonte distante.

El cuadro era expresivo: había un maravilloso reflejo del Sol, abriendo un camino de luz en las aguas; sin embargo, la mirada de Cristo también formó otro camino luminoso que, en dirección contraria, saltando entre todas las olas, se perdió en el punto hasta donde llegaba la vista, superando al Sol.

Elysian se sintió a gusto.

Solo apreciaría más tarde la amabilidad y sencillez del doctor Roboels.

– Elysian: gracias a Dios has sido feliz en este Puesto y es con creciente alegría que acompañamos tu evolución espiritual. Hemos seguido tus pasos desde tu llegada. De hecho, incluso antes de tu llegada, ya te esperábamos.

El joven quedó sorprendido por esta afirmación. Pero él la entendió. Iba a preguntar algo pero el Director, adivinando, continuó:

– Como has aprendido y visto, cada vez que hay muertes violentas o resultantes de enfermedades graves, en la región donde naciste, equipos de rescate de este Puesto se desplazan con antelación hasta allí, para brindar los primeros apoyos a los espíritus desencarnantes; tan grande es la bondad de Dios que no puede dar privilegio solo para esas regiones. En todo el mundo hay equipos como el nuestro que realizan las mismas tareas. Tal ayuda no se brinda inmediatamente, cuando la persona que muere provoca su propia muerte, ya sea por suicidio o por exacerbación de su personalidad, permitiendo que el orgullo, la intolerancia, la lujuria, la avaricia, etc., dominen y colapsen en escenas del mal y la violencia, hasta el punto de acabar con la vida ajena o la propia.'

Haciendo una breve pausa, continuó:

– Tales casos son dolorosos, ya que los espíritus permanecen apegados a los dramas que provocaron: sufren las consecuencias, viviendo en regiones oscuras durante mucho tiempo. Aun así, no olvidan la Divina Providencia: a la más mínima señal de arrepentimiento, Jesús y sus desinteresados consejeros alivian sus sufrimientos.

Nueva pausa y continuó:

– Además de esta asistencia, reciben una propuesta para reconstruir sus vidas. El alcance del alivio dependerá de la voluntad del deudor de regresar a la carretera del bien, pagar sus deudas, lo que había pasado con mucho trabajo, mucho dolor, pero nunca olvidando el apoyo celestial.

Elysian recordó las enseñanzas recibidas en el ala "B" cuando los instructores repetían, casi a diario, la parábola del Buen Pastor.

El Director continuó:

– ¿Ya aprendiste que la lógica indiscutible de la reencarnación demuestra la Sabiduría Divina al conceder innumerables oportunidades a Sus hijos, a través de múltiples vidas, de múltiples existencias. Los fundamentos de la reencarnación son demasiado simples para que necesitemos repetirlos aquí y ahora.

Lo que hace compleja la reencarnación son los mecanismos y ajustes necesarios para su perfecta armonía, a fin de producir mejores resultados. Y ejemplificó:

Cuando alguien va a reencarnar es necesario decidir al menos los siguientes factores:

- familia (ascendientes, descendientes);
- profesión
- salud
- recursos materiales y espirituales disponibles.

Sin resistirse más a su curiosidad, Elysian dijo:

– Con su permiso, Doctor Roboels, dígame ¿dónde y quién toma estas importantes decisiones? Y además, si me permiten, ¿cómo se enteran los equipos de rescate de las muertes con antelación?

– Elysian: solo los espíritus de gran sabiduría, de grandes poderes en el bien, conquistados durante milenios, en las experiencias prodigiosas de las virtudes, tienen las condiciones para la esquematización completa de las reencarnaciones y desencarnaciones. Como no ignoras, además de Puestos de Socorro similares al nuestro, existen innumerables instituciones siderales, al servicio de Jesús, algunas de las cuales están destinadas exclusivamente a acoger, temporalmente, a todas aquellas personas involucradas en un simple proceso de reencarnación. De este modo, las instituciones que acogen a los desencarnados y las instituciones que coordinan las reencarnaciones, reciben instrucciones superiores para cada caso de aquellas entidades angélicas las instrucciones para cada caso, juzgan y detallan tales procesos, definiendo y estipulando, de manera relativamente concluyente, qué medios deben emplearse. Cuando se trata de desencarnación, la información superior decidirá el "cómo" y el "cuándo", siendo profundamente misteriosa, para nosotros, los demás, para evaluar la precisión de los acontecimientos.

El director respiró hondo. El paciente continuó:

– Imagina cómo se planifican y ejecutan dichos diseños, con o sin la ayuda de terceros, está completamente fuera de nuestro alcance, ya que la precisión de décimas de segundo o milímetros, que resultará en un accidente fatal, constituye un conocimiento insondable para nosotros, criaturas involucionadas. Cuando, por el contrario, se trata de reencarnación, después que la institución reciba una instrucción general, siempre de carácter individual, su tarea será determinar la duración de la vida, el tiempo y lugar del nacimiento, los medios familiares, terrenales y morales, logros que se deben llevar a cabo, etc. al programa reencarnatorio y el regreso a la estancia espiritual superior al original, para su homologación, lo que ocurre normalmente, siendo muy raras las modificaciones del mismo.

El joven se dio cuenta que el Director había sido amable al responder a sus preguntas, pero que había temas y personas más específicas que abordar.

– Bueno, ¿el Dr. Roboels no lo había llamado para una entrevista privada? - Pensó.

Como si leyera los pensamientos de Elysian, el Director dijo:

– Mi querido Elysian: hablemos ahora directamente del motivo de tu citación. Como ya has sido instruido, durante tu tiempo entre nosotros, somos habitantes de una institución espiritual, estrechamente vinculada a una determinada región terrenal. Nuestra casa sirve, en efecto, a aquellos que han regresado de la vasta región de Marsella y terminan allí en condiciones traumáticas. Por todos estos factores, nuestra comunicación con los encarnados es rutinaria, a través de los mecanismos sagrados de pensamiento y proyecciones mentales y telepáticas que forma el espíritu humano que registra y transmite, ya sea en un plano u otro. Tanto la recepción como la transmisión se desarrolla, positiva o negativamente, debido a la evolución de los agentes. En sí mismo, es un hecho indiscutible que la vida es ininterrumpida; es decir, que la muerte realmente no existe.

– Pero, Doctor Roboels, ¿por qué todo el mundo piensa que la muerte es el fin de todo?

– ¡Por desconocimiento que la vida se dirige hacia la eternidad! Y también porque Dios, en su infinita bondad, desciende una cortina de olvido sobre los hombres en la carne para permitirles redimir sus faltas, junto con sus hijos directamente involucrados con sus errores, acumulados en varias vidas anteriores. De lo contrario, ¿cómo sería posible que una pareja, por ejemplo, generara una descendencia con la que tenía graves deudas deben repararse? Asimismo, ¿cómo podría tener lugar un matrimonio si los novios recordaran, tal vez, disgustos y sufrimientos causados por uno u otro, en vidas pasadas?

Y el director continuó:

– Como dije, en cuanto a la comunicación con los cuidadores, solo puede ocurrir en condiciones normales, cuando el equilibrio ya es un logro de ambas partes encarnadas.

Ante el creciente asombro de Elysian, el Director continuó:

– Cuando decimos "condiciones normales", solo nos referimos a reencuentros dictados por el anhelo, que es hija del amor. Solo las personas que se aman puramente y ya están guiadas por directrices cristianas, mantienen un contacto permanente, a través del lenguaje del corazón, aunque estén separadas por el fenómeno natural de la muerte.

El Director hizo una larga pausa, en la que ambos quedaron inmóviles, inmersos en recuerdos. Despertando del silencio ensoñador, continuó:.

– Lamentablemente, este tipo de comunicaciones siguen siendo conmovedora minoría. La rutina, en nuestro caso, se debe a la misión primordial de este Puesto. A través de mecanismos sagrados celestiales recibimos información sobre las desgracias que están por ocurrir, para que, plenamente equipados con el conocimiento de los demás, podamos asistir a tales acontecimientos, por regla general distanciados de la vigilancia y especialmente del perdón. Nuestro trabajo consiste en buscar cambiar a las personas: tolerancia, oración, unión con Jesús, en un intento de evitar, para algunos, homicidios intencionales o negligentes, y para otros, la debida preparación para inevitables desencarnaciones en forma de accidentes, programados, como ya lo hemos dicho, por las esferas supremas de espiritualidad.

Elysian no se contuvo:

– Doctor Roboels: ¡¿"accidentes planificados"?!

- Sí, Elysian: programados. Es precisamente la Justicia Divina como factor de equilibrio y reequilibrio, jamás de castigo; con esto aceptaremos el hecho innegable que la imposición de la muerte accidental solo alcanza al deudor ciertamente un violento ladrón de la vida de su prójimo, hecho que es indiscutiblemente constante en el currículum existencial, desde el principio.

Sopesando cada palabra, continuó:

– También hay que considerar que un asesino, de una o más víctimas, generalmente paga de una vez sus deudas, en situaciones similares a las que provocó, siempre que también fueron contraídas de una vez, en deplorable estado de exaltación. Las secuelas físicas en más de una etapa de reencarnación reajustan la deuda, que, por otra parte, también puede ser disipada si el criminal arrepentido se dedica voluntariamente con valentía y fraternidad a difíciles tareas caritativas.

Elysian sintió acercarse el clímax de aquel encuentro. El Director dijo:

– Volviendo a los reencuentros, de encarnados y desencarnados, como acabamos de hablar, nos damos cuenta que, la mayoría de las veces, somos nosotros, espíritus sin vestiduras carnales, quienes primero reunimos las condiciones tan positivas que hacen posible este acercamiento. Esto se debe a que el espíritu despojado de carne es el encargado de juzgar sus acciones, particularmente las del plano terrenal, y no se libra de multitud de condiciones para este autoanálisis. Éste, una vez hecho, tarde o temprano conduce al arrepentimiento y a un gran interés por recomponer la propia vida. Fue así destinado y ayudado por mensajeros de Dios en este propósito, permitiéndole acercarse a sus seres queridos y especialmente a sus enemigos, todos los cuales quedaron, indeleblemente, vinculados a él.

Sin demora, dio la gran noticia:

– Tú, por ejemplo, estás incluido en este grupo y por eso mismo, y con gran satisfacción, nosotros, en este momento, interpretando la caridad de Jesús, como su humilde mensajero, te informamos que ya se te ha dado el permiso, de ahora en adelante., para visitar a tus seres queridos que quedaron en las luchas redentoras de la carne.

Elysian casi se queda sin aliento.

Se sintió lleno de dulce alegría.

¡Ningún otro regalo podría haberla complacido tanto!

Con voz entrecortada y ojos llorosos se dirigió al director:

– ¡Gracias doctor Roboels, muchas gracias! No puedes imaginar mi alegría: siento a Dios dentro de mí. ¡No veo a Jesús, ni lo he vuelto a ver, pero sé que lo amo cada vez más!

– Sí: imagina toda tu alegría. Entiendo lo que significa esta noticia para ti. Cada vez que, como Director, tengo la agradecida responsabilidad de entregar esta misma noticia a uno de nuestros hermanos aquí reunidos, me asalta el sentimiento que no hay mayor gratificación, ni en el Cielo ni en la Tierra, que pueda compararse con esta felicidad que pertenece a quien la conquista.

Y dijo más:

– Finalmente, para mí, Director temporal de esta bendita casa, ya me considero recompensado y muy bien remunerado, por el pequeño esfuerzo realizado aquí, solo por el placer de dar esta feliz información a tantos hermanos que ya se preocupan por el equilibrio. Como portavoz del Altísimo, comparto esta felicidad con quienes ya han alcanzado el nivel necesario para cosecharla.

Advirtió, el instructor:

– En cuanto a que nunca has visto a Jesús, esta es una afirmación que carece de coherencia, ya que ninguno de nosotros, o muy pocos, muy pocos, tenemos el dominio de la memoria hasta el punto de saber dónde estábamos cuando el Maestro se hizo hombre y como un hombre vivió en la Tierra, caminando por la tierra, respirando el mismo aire y hablando con los de su tiempo.

Elysian prestó buena atención a la advertencia. Estaba eufórico.

Su satisfacción fue superlativa. Estaba rebosante de felicidad.

Tomando nuevamente la palabra, el doctor Roboels dijo:

– Primero te acercarás a tu familia, donde permanecerás, sin ser visto ni notado. Allí permanecerás dos o tres días. Pero tu presencia será registrada por familiares, o solo por algunos de ellos, en el inconsciente. Luego, en otra visita, podrás acercarte a la familia de Joanne.

Al escuchar ese nombre, de recuerdos tan dramáticos, de sueños tan dulces acariciados en vida, Elysian sintió un escalofrío recorrerlo, de pies a cabeza.

Interiormente se preguntó:

– ¿Cómo es que el Dr. Roboels no olvidó el nombre de Joanne? ¡¿Cómo sabe mis sueños?!

Captando mentalmente las preguntas, el Director respondió:

– Con el tiempo también podrás captar impresiones, escenas, nombres, datos y muchos detalles de las personas con las que convives, valiéndote de la visión extracorpórea, a través de los mismos parámetros de la psicometría: percepción de hechos, hechos, personas, pensamientos, etc., "impresos" en algunos objetos, lugares, alojados en el pasado. Solo que, en nuestro caso, de espíritu a espíritu.

Y añadió:

– Así, conozco tus sueños; en cuanto a no olvidar a Joanne, solo puedo decirte que no podría, ya que le tengo el amor paternal más profundo.

El sondeado estuve presente en el diálogo.

Elysian se dio cuenta que no se podía añadir nada más. El Director añadió:

– Solo si ahora te esfuerzas por conseguir cada vez más igualdad en situaciones tan importantes, de modo que, cuando se trata de situaciones equívocas, puedas ser de los pacificadores. Ante el dolor y la rebelión, sé bálsamo e iluminación. En caso de accidente, sé un rescatista eficiente. Ante el mal, sé espejo del bien, en definitiva, ante cualquier dificultad, no te enfades y no te dejes llevar por las primeras impresiones o por el mismo, y solo, por el condicionamiento mental del ejercicio en el bien, de la caridad sin cláusulas.

La advertencia no podría ser más clara.

– La próxima semana - concluyó el Director -, como cada semana, una excursión de este Puesto se desplazará a las proximidades del Puerto de Marsella y, como viene sucediendo desde hace algún tiempo. Esta vez, serás incluido en él, solo que esta vez, estarás libre de cuidar a los necesitados y podrás visitar a tu familia... ¡y a Joanne!

Antes de cerrar la reunión, el doctor Roboels también recomendó:

– Organiza tus tareas con tus amigos Clemente y Albert, para que tus deberes no adolezcan de continuidad. Presta especial atención a que tus asistidos en el ala "A" sigan recibiendo visitas regulares de sus amigos: nuestra alegría nunca será completa si alguien se entristece por ello.

Se despidieron amistosamente.

El joven eufórico se dirigió a su alojamiento. Se sentó en su cama y miró hacia el gran tragaluz.

¡Afuera brillaba el Sol, energizando todo! Alineando sus pensamientos, Elysian instintivamente se arrodilló y dirigió una oración silenciosa a Dios, pidiéndole a Jesús que transmitiera todo su agradecimiento al Creador por tal grandeza.

Había grandes motivos para que Elysian con tanta conmoción y tanta alegría, ya que el viaje que un desencarnado emprende, por primera vez en el plano terrenal, es mucho más profundo que el del ciudadano que el destierro había arrojado lejos de su patria y que un día, muy lejos, puede regresar a la tierra donde nació y volver a ver a quienes ama.

En los días siguientes dedicó todas sus fuerzas y esfuerzos a viajar con el espíritu fortalecido.

Clemente y Albert le ayudaron mucho en esto.

Recibieron con gusto la buena noticia, compartieron responsabilidades relacionadas con Elysian y oraron con él al menos tres veces durante el día: al amanecer, al mediodía y al acostarse.

La alegría del viaje fue compartida por los tres amigos.

En la fecha señalada Elysian fue con los caravaneros que irían a la región terrestre a prestar auxilio: subió al gran vehículo, como siempre asombrado por sus dimensione, mucho más parecido a una casa que cualquier otra máquina o bus conocida hasta ahora.

Dentro del vehículo, todos tenían un lugar predeterminado. Proveniente de puntos estratégicamente elegidos, se escuchó la voz del jefe de la expedición, Dr. Malcolm Dubois, que decía:

– Hermanos y compañeros en esta bendita excursión: centremos nuestro pensamiento solo en el Maestro Jesús, el Gran Médico de las almas, infundiendo en nuestro espíritu el deseo de seguir Sus pasos y ayudar a los necesitados. Tengamos en cuenta el lema de todos nuestros viajes, un lema que tomamos prestado de Jesús: *"Alivio a los afligidos y agobiados: yugo fácil y carga ligera."*

Elysian recordaba perfectamente la recomendación de Jesús. En su opinión, esto fue particularmente afectivo ya que reflejaba plenamente la presencia del apoyo a todos, en cualquier aflicción.

El vehículo empezó a vibrar.

El desplazamiento comenzara. Ventanas, eran muchas, pero todas impedían la visión exterior, hasta llegar a las afueras del destino.

Estos viajes electrizaban cada vez más a Elysian: hasta su desencarnación, lo único que había probado como medio de transporte eran los carros tirados por bueyes, que se encontraban en la granja del señor Bientout.

Cuando recordaba las carretas de bueyes, recordaba que cuando se movían, "pronunciaban" su nombre y el de Joanne, en un canto onomatopéyico que su mente creyó escuchar.

Y ahora estaba allí, viajando a gran velocidad y con mayor silencio.

Todos sabían, intuitivamente, que avanzaba rápidamente, aunque desconocía los paisajes del recorrido. Los cristales cerrados impidieron que la gran luz procedente del interior del vehículo perjudicara, de alguna manera, a las distintas reuniones de espíritus infelices ubicadas a lo largo del camino.

Esta disposición fue un acto de respeto y, sobre todo, de bondad.

En aproximadamente treinta minutos, los pasajeros del vehículo celeste sintieron disminuir la velocidad, hasta detenerse por completo.

– Estaban allí. ¡Gracias a Dios! ¡Gracias Jesús!, fueron las palabras del Dr. Malcolm, en una oración de agradecimiento.

LOGROS Y MÉRITOS

Varios componentes de esta excursión la realizaban por primera vez como pasantes.

Por lo tanto, el Dr. Malcolm pensó que sería útil brindarles algunas aclaraciones más sobre la misión:

– Es necesario tomarse unos momentos de reflexión, antes de iniciar las tareas, para comprender el alcance cristiano de la existencia de las instituciones de ayuda espiritual. Por lo que sabemos, en cada aglomeración de población, en su atmósfera espiritual, que coincide con la atmósfera terrenal, existen ciertos puestos ambulatorios, destinados a estancias más o menos cortas, para los desencantados de esa región. Como ya hemos visto, cuando se trata de una liberación traumática, como consecuencia de un accidente o cualquier otra causa provocada por la persona que abandona el plano físico, se recogerá en un Puesto de Socorro, similar a aquella desde donde nosotros vinimos. Sin embargo, cuando la muerte se produzca de forma natural, sin violencia, la reclusión será en una institución escolar. Cuando, finalmente, se produzca el fallecimiento por enfermedad, la atención será llevada a una institución hospitalaria, o a un Puesto de Socorro. En los tres casos mencionados, solo habrá cobro de asistencia cuando las muertes se produzcan sin intención de la persona que fallece.

Concluyó, grave y triste:

– Sin embargo, cuando la muerte sea dolorosa o violenta, por haber sido causada por suicidio directo o indirecto, aquellos que regresan a la espiritualidad, habiendo destruido el valiosísimo cuerpo que les fue prestado, impregnarán por un tiempo más o menos largo las zonas oscuras e infelices del Umbral.

Sin contener su curiosidad, Elysian preguntó:

– ¿"Suicidio directo o indirecto…"?

– El suicidio directo es aquel en el que existe una clara intención de acabar con la propia vida: generalmente, mediante actos de locura. En cuanto al suicidio indirecto, podemos encajarlo en desequilibrios emocionales en los acontecimientos, en la intemperancia física, en los duelos, en la ingesta excesiva de alimentos, en el alcoholismo, en la drogadicción, en los excesos de cualquier índole, incluido el trabajo.

Mientras el líder del tour guardaba silencio, un recién llegado le preguntó:

– Doctor Malcolm: díganos, por favor, ¿¡qué es el Umbral?

– ¡Literalmente, el Umbral es la frontera entre la Tierra y el cielo! Es decir, entre el plano físico y el plano espiritual. ¡En el Umbral no hay gobierno, ni administración, ni ninguna forma de control superior. De hecho, hay grupos dirigidos por líderes esclavizadores y tiranos que, haciendo un mal uso de sus poderes magnéticos, arrastran a criaturas desprevenidas a una mayor infelicidad, subyugándolas mediante su propia culpa y ley de la atracción. ¡La existencia del Umbral se debe a la bondad del Creador, destinado exclusivamente a una etapa de deudores. Estos, sin la bendición del dolor y el consiguiente arrepentimiento, de otro modo no podrían ser atendidos en los niveles más altos. Esto se debe a que su vibración, demasiado apegada a los instintos burdos, no les permitiría soportar los niveles fijados por el bien, incluso aquellos en la escala más incipiente de la evolución. Incluso porque, sus fluidos viscosos, requerirían un esfuerzo extra por parte de los habitantes de las instituciones espirituales, aunque sería permanente, para evitar la contaminación que producirían, hasta la detención de otros que allí se encontraran.

– ¿Cuándo reciben ayuda?

– Permaneciendo en los caminos mentales que ellos mismos han construido, el tiempo girará – y aquí viene otra bendición divina que es la eternidad –, en la que, en lo más íntimo de ellos mismos, despertará la chispa del bien. Entonces, incluso con poca sumisión o poco remordimiento, apelarán al Creador, exigiendo perdón y nuevas oportunidades. En ese momento, precisamente en ese momento, equipos de salvavidas mensajeros de la espiritualidad de turno registrarán el pedido de auxilio en sus sensibles mecanismos mentales y se dirigirán, en el mismo instante, hacia donde se encuentra el réprobo. Es como si el padre fuera a un país lejano para ayudar a su hijo pródigo quien, al no poder hacerlo, al regresar al hogar, le envió la solicitud de ayuda paterna.

La lección fue profunda, inquietante... Malcolm continuó:

– En todos los casos de superación espiritual, ya sea mediante el remordimiento o la conquista, y aprovechando las lecciones enseñadas por el dolor, y principalmente mediante el esfuerzo de corregirse moralmente, se toman los recogidos en los Puestos de Socorro donde la administración es más amplia. Controla y dirige estas instituciones, de un establecimiento espiritual evolucionado, llamado "Dirección Central de Puestos." Esta Dirección Central tiene capacidad para albergar hasta diez millones de espíritus y su ámbito administrativo abarca alrededor de cien a ciento cincuenta instituciones de rescate espiritual: Puestos de Socorro, Instituciones Escolares e Instituciones Hospitalarias, que a su vez albergan hasta cincuenta mil atendidos, cada una.

- Los habitantes naturales de la Dirección Central – continuó -, son aquellos espíritus que desencarnan en condiciones relativamente normales y que tienen condiciones evolutivas suficientes para estar exentos de internados en Puestos o instituciones de salvamento. Estos espíritus constituyen una décima parte de la población total. Las nueve décimas partes restantes está compuesto por espíritus perturbados, entre ellos se incluye una pequeña minoría que corresponde a los espíritus llamados "incorregibles" que son aquellos que han sido recurrentes, durante mucho tiempo, en la ira, la intolerancia, la venganza, la crueldad.

Continuando:

– Son espíritus que, caritativamente conducidos a la Dirección Central, tiene analizados sus procesos para que, bajo su custodia, sean llevados a las llamadas "reencarnaciones obligatorias." De manera indirecta, tal obligatoriedad alcanza también a los espíritus que, de una forma u otra, se vinculan a los "incorregibles", como compañeros en sus maldades.

– Doctor Malcolm, ¿cómo podríamos reconocerlos, si estuvieran encarnados?

– Ni que decir tiene que las reencarnaciones obligatorias se producen sin la participación del reencarnado, si no de sus futuros familiares. En la Tierra son siempre una imagen triste: los errores fueron tantos y tan grandes, y las culpas acumuladas, que solo situaciones dolorosas pueden repararlos. Entre ellos encontraremos a los niños con síndrome de Down, los autistas, los sordomudos, los ciegos, los que padecen síndromes irreversibles, todos, sin excepción, apegados a cuerpos humanos con graves defectos de nacimiento y sin posibilidad de restauración.

Considerado, aclaró, advirtiendo:

– Como en todo lo natural, la radicalización aquí es un mal consejo. En estos casos, por lo tanto, nunca será posible decir con certeza que todas las criaturas encarnadas con discapacidades físicas son espíritus en expiación. Hay casos – y no son pocos –, en los que misioneros abnegados piden reencarnarse de esta manera, para poder ayudar a esos otros discapacitados, entre los que vivirán y convivirán, en respetables instituciones terrenales, ya que los familiares los rechazan…

Y añadió encantado:

– En el silencio de la madrugada, donde se ubican cientos de discapacitados, estos misioneros constituyen verdaderas antenas para recibir las bendiciones celestiales, ya que sus fluidos y espíritus, al desdoblarse, igualan las vibraciones del plano espiritual con el terrenal.

Y añadió:

– No podríamos terminar esta pequeña digresión sin informar sobre los espíritus desencarnados que se esfuerzan por aprender y practicar el Evangelismo ¡casi atraviesan el Umbral y por los Puestos, donde no se demoran, conduciendo a la institución celestial correspondiente a su evolución, no necesariamente ubicado en la atmósfera terrenal–espiritual donde ocurrieron tales resultados. Hay casas en las que, pocas horas después de la muerte, menos de veinticuatro, el espíritu desencarnado ya se instala en una de estas instituciones, junto a amigos de diversos viajes terrenales, muy felices de acogerlo. Todos llegaremos a este punto de evolución espiritual. Es cuestión de tiempo. Y logro individual, de mérito...

Todos los miembros de la tripulación expresaron un alto nivel de emoción. Las sabias palabras del líder de la expedición dieron lugar a innumerables reflexiones.

Además, estaba la emoción de la llegada.

Elysian, más que los demás, tenía una mente hirviendo.

La expectación lo asfixió. El doctor Malcolm notó esto:

– Elysian, como coordinador de este viaje, soy responsable de tu liberación para visitar a tu familia y a Joanne. Como los equipos ya se dirigen a los lugares de trabajo predeterminados, te invito, sin demora, a ir a tu casa y visitar a tus familiares en la carne.

Elysian no pensó en nada más. Tartamudeó:

– Sí, doctor Malcolm. Estoy listo.

Colocando su mano derecha en la frente de Elysian, ambos inmediatamente comenzaron el viaje aéreo hacia el viejo hogar del joven.

Era tarde en la noche.

– Sigan orando. ¡Piensen en Jesús! - Recomendó el líder de la expedición.

En unos momentos llegaron al anhelado barrio del joven. Se encontró, inexplicablemente, dentro de la habitación de su madre, quien dormía tranquilamente. Hijo amoroso, se inclinó sobre el cuerpo de su madre y besó sus mejillas con miedo.

En ese momento sucedió algo insólito: desde el techo de la humilde choza colonial, llegó la madre de Elysian, como huyendo, sumamente asustada.

Rápidamente, el Doctor Malcolm informó a ambos espíritus:

– Elysian, el que llega es el espíritu de tu madre, atraído por tu presencia y tus pensamientos anhelantes. Su cuerpo orgánico estaba dormido y su espíritu se había trasladado a otra parte.

Y dirigiéndose especialmente a la mujer:

– Mi querida señora, la mayor bondad de María Santísima, nuestra Madre Celestial, trajo aquí a su hijo, para abrazarla y recibir su bendición, comprobando así la continuidad de la vida después de la muerte física.

La madre de Elysian, en espíritu, sostuvo a su querido hijo, a quien creía perdido por toda la eternidad, en los abismos de la muerte.

Ambos lloraron profusamente.

– ¡Mamá, mamá! ¡Cuánto te extrañé, cuánto te amo, madre querida!

La anciana no tenía aliento para articular palabras.

El Doctor Malcolm, nuevamente servicial, colocó su mano derecha sobre la frente de la señora y ella, recuperando parcialmente el equilibrio emocional, dijo conmovida:

– ¡Gracias a la Santísima Virgen! ¡Mi hijo está vivo! Dios, Padre Eterno, ¡cuánta felicidad para este corazón materno sufriente! ¡Nunca sabré agradecer tantas gracias...!

Y, dirigiéndose a su hijo:

– ¡Hijo de mi alma, te bendigo en el nombre de Dios y de Jesús!

Una espiritualidad extremadamente alta inundó de luz todo el crudo entorno.

El doctor Malcolm los interrumpió. Sabía, por experiencia y larga práctica, que la continuidad de las emociones de ese hombre ciertamente les causaría daño a ambos. Con serena autoridad terminó la reunión:

– Se repetirán otras visitas. ¡Demos gracias a Dios por el día de hoy!

Y colocando nuevamente su mano sobre la frente de la madre de Elysian, ella, como medio anestesiada, tropezó hacia su cuerpo, que descansaba plácidamente sobre la cama.

Como por "milagro", entró en él. Despertó físicamente a la dama.

Reflejo de emociones espirituales experimentadas recientemente, resolvió. Pero estaba feliz. ¡Muy feliz! ¡Se convenció de la presencia de su hijo! ¡Estaba segura de haber estado con él!

– En el Cielo - pensó.

Realizó una sentida oración de agradecimiento a la Santísima Virgen.

Ya no durmió, rezó hasta el amanecer, que fue cuando escuchó los cantos de decenas de pájaros.

Los dos excursionistas espirituales, por el mismo camino por el que habían venido, regresaron al vehículo, dejando tras de sí un corazón materno gozoso, exultante de felicidad y para siempre fiel creyente en la inmortalidad del alma.

REENCUENTRO

El líder de la expedición terrestre y el joven llegaron al vehículo casi de madrugada, pues antes de regresar, pasaron un rato en la playa, aprovechando la energía que el mar da a todos.

Al llegar, Elysian, sin darse cuenta cómo, se encontró, en un momento cerca del vehículo, en su lado exterior, y, al momento siguiente, en el interior del mismo...

En el interior había gran actividad, ya que varios equipos estudiaron procesos que les fue entregado por alguien encargado de las distintas visitas a realizar...

La mayoría de estas visitas tuvieron como finalidad la recepción de espíritus, cuya muerte, en graves condiciones, había sido pronosticada para las próximas setenta y dos horas.

A la llegada del Doctor Malcolm y Elysian, todos interrumpieron los estudios y análisis de los distintos casos y dio cumplimiento a los mismos.

Entonces el doctor Malcolm invitó a sus compañeros de recorrido para pasar al lado izquierdo del vehículo, donde todas las ventanillas se abrieron silenciosamente, de forma singular, sin que se hiciera ningún movimiento en ellas. Su opacidad se fue tornando, poco a poco, en transparencia, dejando a todos ver el exterior.

El Sol saldría pronto.

Sus rayos precursores, como clarines festivos, anunciaban el comienzo de un nuevo día.

Con los ojos abiertos, ante el majestuoso e inigualable espectáculo, todos los corazones estaban en oración.

Unos minutos más de contemplación y luego todos volvieron a sus tareas.

La jornada transcurrió entre debates, sugerencias, seminarios, aclaraciones y compromisos de trabajo.

Se realizaron reuniones colectivas para la oración, puntualmente al mediodía y a las 6 de la tarde, según la rutina seguida en las giras durante décadas.

Al anochecer se retiraron a sus habitaciones, similares a cabañas individuales, con la recomendación del doctor Malcolm de descansar hasta la medianoche.

Elysian estaba demasiado emocionado. Los momentos que estaba viviendo fueron para él de un significado trascendental.

En su mente, minuto a minuto, la idea de volver a ver a Joanne cobraba gran importancia.

El líder de la gira, al notar tal agitación, convocó a Elysian para un pequeño diálogo, explicándole que, si permanecía en esa fijación mental, se le impediría salir del vehículo, perjudicando, él mismo, la realización del encuentro soñado con la joven que tanto amaba.

– Reequilibrio - recomendó el doctor Malcolm.

La reprimenda tuvo un efecto beneficioso para Elysian, pues, con gran esfuerzo, buscando aplicar los conocimientos ya adquiridos, logró mantener elevadas oraciones y mentalizaciones, tranquilizándose.

Ya era pasada la medianoche cuando todos fueron invitados a trabajar, el destino concreto del viaje.

Las grandes puertas del vehículo se abrieron y poco a poco fueron saliendo del interior algunos vehículos pequeños, parecidos a carruajes, pero sin animales que los tiraran.

El doctor Malcolm, Elysian, los responsables de seguridad y algunas enfermeras de turno no abandonaron el vehículo de la sede.

El jefe de la expedición se quedó en su oficina, donde se veía una mampara cuadrada, y se llevó al joven para que se quedara con él.

Ambos se alternaron leyendo en voz alta algunos extractos sobre la vida de Jesús.

En la pantalla siguieron el avance de los equipos, viendo sus acciones.

El doctor Malcolm recibió información y pasaba instrucciones.

Antes del amanecer, valiéndose de una breve pausa en el trabajo, el Doctor Malcolm llevó a Elysian a una visita rápida a su antigua casa, para abrazar y socializar con sus hermanos. Una vez más aquella casa húmeda vivió momentos de gran felicidad.

Pronto regresaron al vehículo anfitrión...

Algunos vehículos regresaban trayendo en su interior espíritus recientemente fallecidos, cuyo estado demostraba que la muerte los había visitado con violencia.

El día amaneció.

Los que estaban en el gran vehículo, la llegada del Sol.

Como de costumbre, oraron.

A la mañana y tarde siguientes los carruajes regresaron, en similares condiciones a los demás.

Ya cerca de las seis, la tarde serena demostró la tranquilidad del tiempo.

El Sol lo calentó todo..

El doctor Malcolm invitó a Elysian a dar un paseo. Al joven casi se le salió el corazón por la boca, estaba adivinando.

Se fueron... Con la mano derecha en la frente del joven, el médico le instó a "permanecer en oración."

Se movían por volitación, a velocidad reducida, a unas decenas de metros del suelo. Avanzando, pasando por un pequeño bosque y plantaciones, y luego se acercaron a la gran ciudad.

A lo lejos se podía ver el mar Mediterráneo, increíblemente azul, en ese momento....

Sin rodeos, le dijo el doctor Malcolm a Elysian.

- Prepárate para ver a Joanne con su familia. Busca en la fe el equilibrio para este momento.,.

Elysian apenas se recuperó del shock, aunque tal noticia había sido la más esperada de "toda su vida", desde su llegada a Marsella.

En unos instantes, el joven se encontró dentro de un circo, detrás del escenario, acompañado por el Doctor Malcolm.

Elysian lo vio primero. El incomparable músico, ya conocido por él, en ese momento en medio del escenario.

El maestro de ceremonias acababa de anunciar el número musical y luego el músico se sentó en un taburete, frente al viejo piano, iniciando una agradable y romántica canción propia.

Al dar unos pocos pasos, Elysian pudo ver a la audiencia. Emoción de emociones: tu mirada vio por primera vez a Joanne.

Con superlativa alegría, sus ojos le mostraron a la joven en un palco, acompañada de sus padres.

– ¡Joanne está más hermosa! - Pensó.

Sin apenas contener las ganas de correr hacia ella, sintió la enérgica presencia del Dr. Malcolm quien, de pie frente a ella, oró a Dios, agradeciéndole por el regalo de ese momento, de ese reencuentro.

Elysian oró junto con su jefe y amigo. Su corazón rebosaba de felicidad.

En ese momento, terminando el número musical, que ahora se deslizaba por el romance, ahora evocaba sentimientos vibrantes y patrióticos, el autor se puso de pie, agradeciendo los intensos y casi interminables aplausos.

Dijo al público, aunque mirando fijamente a Joanne:

– Cuando nuestro ser querido se va, nadie duda que se lleva consigo el amor que queda. Así como el amor que se va, también se queda con el amor que se fue.

Joanne sintió un extraño escalofrío por todo su cuerpo y mentalmente dibujó la figura de Elysian, en sus inmensos e intrascendentes encuentros con él. Algunas lágrimas salieron, desobedientes.

El músico continuó:

– Ahora intentaremos, a través del próximo número, en el que finalizará mi participación, traducir lo que acabamos de decir.

Y cerrando los ojos, soñadoramente:

– Esta es mi composición favorita.

Luego interpretó una bella y sentimental composición.

Toda la multitud estaba conmovida, como si flotara en dulces raptos.

Un cálido aplauso. El músico se fue.

Siguieron algunos números acrobáticos.

Para finalizar el espectáculo de la tarde, los invitó a subir al escenario el gran mago, la mayor atracción del circo. Su número, como ya se ha comentado en detalle, solo se hizo realidad, en espiritualidad, con la asistencia del Dr. Malcolm.

Elysian formulando las frases... Frases que el mago, mediúmnica y mecánicamente, repetía.

Una vez concluido el mensaje rápido, con Elysian abandonado de la agitación y Joanne al borde del síncope, el Dr. Malcolm sacó al joven de la habitación, llevándolo de regreso, muy perturbado, al vehículo.

Elysian sufría de ansiedad severa.

El Doctor Malcolm, decenas y decenas de veces ha visto hechos similares, por eso aplicó el remedio adecuado: la terapia del sueño profundo.

Es casi inevitable que en todos los primeros encuentros con sus seres queridos, cosas así suceden.

Pero no queda otra alternativa: todo el que pasa por esta experiencia fantástica tiene una sobreexcitación; unos pocos, se controlan y la gran mayoría, sufren trastornos emocionales, pronto corregibles.

En el caso de personas desencarnadas que se reúnen con enemigos, estos trastornos conducen, por regla general, a procesos complicados y difíciles de desatar: se llaman obsesiones. En el primer caso, considerando que hay reencuentros, tarde o temprano tiene que suceder. La técnica utilizada por los equipos de rescate es no permitir duraciones largas ni repeticiones breves. Solo se autorizarán nuevas reuniones a medida que el avance es bien sabido que la presencia constante en el campo de los afectos terrenales impide el imperio del anhelo - este tormento humano.

Por otra parte, en una escala ascendente universal, los acontecimientos generados por los sentimientos puros – de las Artes, del bien, y del amor –, aumentan cada vez más en brillo, con o sin la presencia de sus agentes, siempre que estén necesariamente estabilizados emocionalmente.

Elysian permaneció en un sueño reparador durante el resto del viaje, que terminó al día siguiente.

Con alrededor de cincuenta espíritus enfermos, recogidos en las camas de hospital del vehículo anfitrión, regresó al Puesto de Socorro Número Nueve.

Tres días de estacionamiento en el plano de tierra fueron suficientes para llenar todas las plazas disponibles del vehículo.

Entre los atendidos se encontraban dos niños, el resto eran jóvenes y adultos.

Todos perdidos en condiciones difíciles.

Toda la tripulación, ya bien entrenada en estas misiones, se sintió feliz con el deber cumplido, una vez más.

A los recién llegados se les presentaron amplias posibilidades en el interminable camino de la evolución: ¡fueron recompensados porque ya habían dado sus primeros pasos!

Estos viajes sirvieron para muchas consideraciones, estudios y lecciones.

No hubo un solo salvador que no meditara sobre el misterio de la muerte, que devuelve a las criaturas a su patria espiritual, personas de todas las edades y clases sociales, sin previo aviso. Pero el servicio caritativo del que fueron testigos vivos demostró la bondad infinita de Dios, desmitificando los antiguos prejuicios humanos sobre los "horrores abismales de la muerte", reduciéndolos a simples cuentos de la Justicia Eterna.

Consideraron y entendieron que tales muertes, en el caso de aquellos atendidos, siempre ocurridos debido a accidentes o condiciones inevitables. En muchos casos, la violencia estuvo presente; sin que hubiese por parte de los involucrados cualquier intención de eso. Quedaba así comprobado que desde planos espirituales más elevados partían las instrucciones de "cuándo", "cómo" y "dónde" deberían ocurrir.

Y también qué personas deberían estar vinculadas a tales muertes, como asistentes, participantes o perpetradores indirectos.

Todas estas ilusiones evangélicas y doctrinales fueron constructivamente expuestos por el director del Puesto, Dr. Roboels, en reuniones semanales a las que asistieron todos los tripulantes de los grandes vehículos, así como cientos de otros invitados – asistentes y atendidos –, en condiciones de aprenderlos.

Varias de estas reuniones requirieron al día siguiente, completar dos turnos de día completo para lograr sus objetivos de aprendizaje moral.

Completando estas reuniones de estudio, de las cuales una vez extraídas las lecciones, el director del Puesto enfatizó el tema principal que había ocupado la atención.

Invariablemente, sus últimas palabras buscaban karma:

– Hermanos míos: todo emana de Dios. ¿No dijo Jesús: *"ni una hoja cae de los árboles sin la voluntad del Padre"*? Por tanto, debemos considerar, en los hechos dolorosos que presenciamos, la presencia de la ley universal de acción y reacción: la ley del karma. El hombre, a través de sus actos deliberados, en innumerables existencias, o reencarnaciones, acumula "karma bueno" o "mal karma", respectivamente debido al amor o desamor con que procede en la vida. Mientras haya "mal karma" que agotar, la criatura humana tendrá que reencarnar con programas de dolor y sufrimiento, lamentablemente. Sin embargo, cuando solo tenga "karma bueno", podrá ascender a mundos más felices, donde predomina el bien.

Y concluyendo:

– En otras palabras: esta es la hoja de ruta de la evolución espiritual.

La oración, como siempre, fue el último acto de tales reuniones, tanto como lo había sido la primera.

Elysian permaneció en tratamiento sonoterapéutico por el Dr. Malcolm durante un día después de la llegada del plano terrenal.

Debidamente autorizados, Clemente y Albert lo despertaron. Después de los saludos fraternales intercambiados entre los tres jóvenes amigos, Elysian narró a sus compañeros, con gran alegría, el encuentro que había tenido con su madre, sus hermanos y ¡su siempre amé a Joanne!

Los siguientes días transcurrieron dentro de la rutina de tareas asignadas a cada persona.

Durante semanas Elysian participó en nuevos recorridos de rescate. Por su propio bien, se le prohibió temporalmente volver a ver a Joanne.

En breves descansos, durante estas excursiones, se le permitía visitar, siempre acompañado de un asistente más experimentado, a sus familiares y el lugar donde había vivido, visitando, con nostalgia y emoción, los lugares por los que tantas veces había pasado.

En visita especial, fue llevado, a plena luz del día, a la finca de los Sfendu, donde, en las instalaciones de la servidumbre volvió a ver al mago, a través del cual pudo dirigirse al señor Bientout, esta vez para transmitirle apaciguadoras palabras de perdón.

Una vez más la mediumnidad psicofónica de Marcel gratificó a Elysian, el diálogo mantenido con su ex jefe, lleno de sinceridad, benefició los corazones de ambos.

Durante una visita muy rápida, vio a Joanne postrada en cama.

Al día siguiente participó en la ayuda a un niño que había sido pisoteado por un buey, por lo que horas después fue rescatado. Siguieron otras semanas con la participación de Elysian en la atención a víctimas de accidentes en esa región.

Como resultado de estos servicios, Elysian desarrolló, casi sin darse cuenta, conocimientos útiles sobre la fisiología del cuerpo humano: sistemas nerviosos, músculos, huesos, células, arterias, etc.

Pudo visitar a Joanne unas cuantas veces más, aunque fuera por unos momentos, pero quedó intensamente satisfecho.

Joanne, poco a poco, empezó a registrar esas visitas en su pantalla mental: sus pensamientos sobre Elysian se intensificaban día a día.

Después de unas semanas, la joven estaba completamente segura que, aunque no sabía cuánto tiempo llevaba vivo Elysian, lo había amado de verdad.

Y ahora, sin poder explicarlo, de alguna manera lo sentía vivo. Se hizo eco de su declaración de amor en el "Nido de las Cataratas."

Y, siendo honesta consigo misma, admitió: "¡Todavía lo amaba"!

Después de más o menos seis meses desde la primera visita a Joanne, el doctor Malcolm informó a Elysian que, la próxima vez, rescatarían a la joven y la llevarían al Puesto.

¡Elysian se sintió mal!

Serios disturbios lo visitaron al instante.

El motivo de esta perturbación era paradójico, feliz por la perspectiva de la compañía de Joanne y aterrorizado por la noticia de su muerte.

Sí: "¿por qué no ayudaban simplemente a las personas que morirían pronto y, casi siempre, de forma trágica?"

Se desorientó.

El doctor Malcolm, a modo de apoyo, argumentó:

– Los planes de Dios para Sus hijos no siempre están dentro de nuestro entendimiento. La bondad divina, siempre presente con los hombres, nos da una demostración elocuente de cómo todo es justicia y amor: deudores que somos ante la Ley universal del amor, vamos rescatando, existencia tras existencia, vida tras vida, parte de esa deuda.

Él continuó:

– Considera que si cometemos malas acciones, actuamos solos y deliberadamente; sin embargo, a la hora de rescatarlos, siempre contamos con el apoyo de trabajadores de la caridad, a sueldo de Jesús, el Amigo que ama a todos sus hermanos humanos sin distinción.

Especificó:

– Los acontecimientos relacionados con Joanne, que ocurrieron brevemente, en efecto, no difieren mucho de los acontecimientos que involucran prácticamente a todos los hombres. Mira tu propio caso: el servicio fue prodigioso al descarriarte y hasta el día de hoy cuentas con el apoyo y la protección del Maestro. En el momento oportuno, serás debidamente informado sobre los antecedentes de tu muerte, o mejor dicho, verás las imágenes de tu pasado, con todos los detalles que generaron tu deuda, y entonces, entenderás el motivo de la "aparente" desgracia que te abatió.

Inoportunamente, Elysian preguntó:

– ¿Cuándo, Doctor Malcolm?

– Cuando logres el equilibrio suficiente para asimilar la verdad sobre ti mismo.

ATRACCIÓN Y REPULSIÓN

Los días previos a la desencarnación de Joanne los pasó preparando a Elysian para formar el equipo de rescate que la ayudaría.

Las palabras del doctor Malcolm habían producido un excelente efecto calmante en el joven, el cual consolidó cada vez más en su espíritu la certeza de la caridad de Dios, que permite a los culpables compensar sus pecados, contando con el apoyo de manos invisibles.

La semana siguiente, como es habitual, el gran vehículo lateral salió del Puesto de Socorro número 9 en dirección a la región de Marsella, acogiendo en su seno almas caritativas y de buena voluntad. Elysian fue parte de este grupo de espíritus desinteresados de ayuda .

Para rescatar a Joanne, el equipo de rescate estuvo formado por cuatro colaboradores: Louis Chambert, Antoine Flammeyent, Leonard Salspiece y Elysian Champgnies.

Louis comandaba el equipo, llamado "Equipo Humildad." En oración abandonaron el interior del vehículo y de manera tradicional; es decir, a bordo de una "carruaje" sin animales de tiro, se dirigieron al lugar donde se encuentra la mansión de los Sfendu.

Todos orando, llegaron cerca de la finca.

Decenas de delincuentes, engañados como ellos, formaban pequeños grupos y conspiraban para asaltar la casa.

El principal objetivo de todos los desafortunados era Joanne. Agotada y al borde de la muerte, constituyó una presa para la pandilla, a la que apuntaban, como posible fuente del vital fluido que aun quedaba en la joven, ya sin defensas que impidieran tal "robo."

Elysian sabía, por experiencias anteriores, en otros servicios similares, que cada vez que ocurre una desencarnación, estas criaturas negativas se acercan, en busca de la savia de vida que está desapareciendo.

Aunque tenía nociones básicas de las causas y efectos de estos hechos, se preocupó mucho, demostrando una reacción exagerada, dañando así la armonía grupal del equipo de rescate.

"Joanne está en grave peligro", pensó Elysian. Louis, con rápidas palabras, le advirtió:

– Mi hermano Elysian: recuerda las enseñanzas que te dieron en las alas "B" y "C" y recuerda lo que siempre dicen los instructores sobre la ley de atracción y repulsión.

En una rápida fracción de tiempo, Elysian recordó la inolvidable lección que recibió meses atrás de un modesto colaborador del Puesto, quien, con incuestionable sabiduría, les dijo a los estudiantes:

– La naturaleza nos ofrece, cada día, multitud de demostraciones de la ley de atracción:

- las abejas, pequeñas, vuelan kilómetros en la dirección correcta hacia las flores;
- algunos insectos, como las hormigas, de un modo aun no explicado, localizan las fuentes de alimento específicas de su especie, en lugares que les resultan casi inaccesibles;
- otros insectos localizan con precisión la basura u objetos dañados, a menudo contenidos en recintos cerrados y distantes;

- los buitres, desde grandes alturas, determinan con precisión los cadáveres, a menudo ocultos tras arbustos o bosques;
- las aves rapaces, también desde grandes alturas, ven roedores u otros pequeños animales reptantes que les proporcionan alimento, como caza;
- en los desiertos, los camellos, de forma inexplicable, también se dirigen hacia el azimut que les conducirá al oasis, eligiendo acertadamente, entre infinitas direcciones posibles.

Y concluyendo:

– De la misma manera, los espíritus desencarnados y aun unidos al plano terrenal denso, por sus propias imperfecciones, necesitan del fluido vital del encarnado. Así, cuando sospechan de una desencarnación, en vista de las condiciones expuestas en los moribundos, los buscan con avidez, ya que allí el fluido vital se desprende del cuerpo físico, con posibilidad de ser succionado por ellos. Como vampiros, intentan absorber algo de esta energía, literalmente vital para ellos. ¡Oh, la ley de la atracción o de repulsión funciona de manera muy simple: espíritus que tienen las mismas vibraciones y aspiraciones, egoístas y nefastas, constituyen presa fácil para estos cazadores de muerte, pero cuando quien va a desencarnar tiene principios cristianos en su bagaje de conducta, no será perjudicados de alguna manera por tales ataques. Por mucho que haya atracción habrá repulsión, siendo todo una cuestión de afinidad.

Elysian recordó que entre los estudiantes uno preguntó:

– Respetado profesor, si la bondad de Dios está presente en todas partes, ¿no podría darse el caso en que la persona desencarnada, incluso sin tener un bagaje moral positivo, sea inmune a tales ataques?

Considerado, el orador respondió:

– Sí. Puede haber casos en los que una persona desencarnada, cuyo viaje al final es el resultado de actos contrarios al bien, reciba un alto cuidado y protección espiritual. Debemos tener en cuenta que la vida al final, en cualquier caso, es solo una etapa que termina, como la hoja vuelta de un voluminoso libro. Vidas anteriores pueden formar lastre, o más bien, mérito, para que esto suceda. Sin olvidar las intercesiones de familiares desencarnados que ya transitan por esferas espirituales superiores.

Otro estudiante preguntó:

– Con el perdón ante mi insistencia, ¿me gustaría saber si las personas desencarnadas sin mérito y sin almas que oran por ellos, son ayudadas en el último acto de la vida?

El maestro explicó:

– Sí. Hay casos como este. Incluso podemos decir que en todos los casos, con o sin mérito, la bondad divina es un regalo. Sin embargo, manteniendo la justicia universal, debemos coincidir en que es necesario un mínimo esfuerzo por parte de la víctima, aunque haya poca voluntad de actuar correctamente, en los momentos finales de su muerte. Incluso porque, muchas veces, las prolongadas enfermedades o agonías que preceden a la muerte, no son más que valiosas oportunidades de retractación, concedidas por el Creador, la criatura que violó los mandamientos del amor al prójimo, en cualquiera de sus múltiples manifestaciones. Tal ayuda le fue concedida, aunque aparentemente inmerecida, como una más de las infinitas oportunidades que Jesús, además de otros benefactores del plan mayor, brinda a todos los hombres, sus hermanos.

Recordando todas estas enseñanzas, Elysian colocó a Joanne en este último caso.

Sacándolo de sus reflexiones, Louis dijo:

– Sabemos por la información recibida de nuestros instructores que Joanne todavía está atrapada por el orgullo y la vanidad sin ningún respaldo de la caridad en esta reencarnación. Sin embargo, últimamente ha estado buscando respuestas a su drama en las oraciones y con ello ha atraído el apoyo de amigos de otras vidas, además de la tuya, ¡mi querido Elysian! Por lo tanto, estamos autorizados a ayudar allí, en nombre de Dios. ¡Tengamos confianza!

Elysian asimiló por completo la comprensión de los hechos.

Su temperamento, muy emotivo, pero dotado de capacidad mental para nuevos aprendizajes, sustituía así el desequilibrio ante los malhechores, con oraciones en su beneficio.

El "carruaje" avanzó a velocidad moderada hasta la puerta principal de la suntuosa mansión, donde aparcó.

Sus ocupantes abandonaron la misma y entraron a la casa.

Antes, Elysian vislumbró otro "carruaje", que identificó como también del Puesto de Socorro Número 9, en dirección a los establos.

No queriendo ser inoportuno, no dijo nada.

El equipo se dirigió a la habitación de Joanne. Siempre orando.

Elysian se sorprendió cuando vio a Joanne. La carga emocional era demasiada y se tambaleó. Apoyado por Antoine y Leonard, que lo revitalizaron magnéticamente, con las manos en la frente, se recuperó.

Joanne, en ese momento, vio a Elysian.

El joven se acercó al lecho de su amada.

Uno y otro extendieron sus manos para un entrelazamiento amoroso. Fuera de control, pero extremadamente feliz, Joanne balbuceó:

– ¡Elysian! ¡Sí querido! ¡Estoy muy mal y te necesito!

Fueron sus últimas palabras, como encarnada.

Operativamente, los tres rescatistas se acercaron a Joanne y con movimientos precisos y muy eficaces, ya tantas veces practicados, desataron, uno a uno, los tenues hilos fluidicos que sujetaban a la joven.

Joanne–encarnada, al poco tiempo, se transformó en Joanne espíritu.

Al recibir ayuda de los tres voluntarios del Puesto espiritual, Joanne, con las manos firmemente agarradas por Elysian, se mostró magnífica con el apoyo en un momento tan difícil, perdió la noción de los hechos.

Sin contracciones físicas, su mente se calmó y se sintió invadida por una somnolencia incoercible.

Continuando con el rescate, los tres integrantes del equipo permanecieron en la habitación durante algunas horas, orando y realizando pases recorriendo todo el cuerpo de la joven.

Partiendo de la cabeza, en movimientos a veces concéntricos, a veces perpendiculares, sin tocar la periferia orgánica de la mano, lograron desconectar su periespíritu - cuerpo etéreo, semejante en todo al cuerpo físico.

Lo único que quedaba, uniendo el cuerpo al periespíritu, era un hilo de plata que conectaba el abdomen físico con el abdomen astral.

Incluso ese hilo, después de aproximadamente cinco horas, se disolvió por completo, considerándose completa la tarea en ese entorno.

Joanne, ahora un espíritu, fue colocada cuidadosamente en una camilla por los cuatro miembros del equipo, ya que fue solo en ese momento que Elysian soltó las manos que lo sostenían junto a su joven amada.

Abundantes lágrimas corrieron por el rostro de Elysian. El equipo se retiró de la mansión, llevando a Joanne.

Todos se subieron al "carruaje" que los llevó, regresando al vehículo sede de todos los equipos.

El grupo de malhechores espirituales, al darse cuenta, horas antes, de la imposibilidad de acercarse a Joanne, tomó otro camino, todavía en la granja del señor Sfendu. Fueron al granero donde encontraron a muchos otros desafortunados, en una reunión muy agitada. Ellos también estaban indefensos. El grupo que estaba allí estaba tramando planes de ayuda criminal que involucraban a Alonse y Gislaine.

El grupo recién llegado fue violentamente repelido, pero permaneció en los alrededores, al acecho, como hienas ansiosas por unos restos mortales.

El grupo reunido en el granero decidió actuar sobre la pantalla mental de Alonse y para ello se designaron dos "expertos", voluntarios. Este triste dúo localizó al colono, muy lejos. Los dos espíritus magnetizadores se acercaron y, como si fueran adhesivos, pegaron sus periespíritus al cuerpo de Alonse, en un abrazo lúgubre, que fusionó a los tres personajes en uno solo.

Al escuchar los pensamientos del colono, se dieron cuenta de la fragilidad de sus defensas morales. Regocijados, los dos atacantes se mostraron contentos con las facilidades que les esperaban. Cumpliendo las órdenes e instrucciones recibidas del líder del grupo, comenzaron a imaginar escenas de sexo salvaje.

Los dos infelices proponentes desbordaban voluptuosidad y deseos sexuales.

Alonse, como una gacela descuidada que desfila tranquilamente en la guarida de los leones, quedó inmediatamente impresionado por las nocivas sugerencias. Él también sintió inmediatamente un deseo sexual incontrolable. Sin darse cuenta que era vehículo de sombras, vio, con ojos espirituales, la graciosa e inocente figura de Gislaine, ya que su pensamiento, sin razón, convocaba a la joven doncella como solución a su crisis fisiológica, pero ignominiosa.

La imagen de Gislaine también fue proyectada por el dúo malvado. Sabían, desde hacía muchos días, que el colono quería poseer a la criada, pues el grupo llevaba algún tiempo instalado en la finca Bientout, siendo Alonse, por la similitud de vibraciones, su compañía favorita.

Alonse nunca había sido notado por Gislaine. Esto aumentó el odio y el rencor hacia ella en su espíritu, aunque, paradójicamente, aumentó su idea de posesión carnal. Al mismo tiempo, también surgieron ideas de castigarla, con crueldad, por el desprecio con el que recibía sus miradas ardientes y codiciosas.

Los dos bandidos de la espiritualidad estaban magnetizando intensamente a Alonse, infundiéndole la idea de las acciones a realizar, cuando el líder del grupo, acercándose a los tres, ordenó a sus dos secuaces que cesaran la operación, que ya no era necesaria, ya que el motor magnetizado, que se energiza, rompe la inercia y continúa funcionando durante mucho tiempo. Incluso cuando estuviera desconectado, el colono actuaría basándose en sus propias fortalezas y decisiones, en total coherencia con los deseos del grupo.

En ese momento; sin embargo, el equipo de rescate que había llegado a la finca y que había sido visto por Elysian, desde lejos, intentó acercarse a Alonse, pero fue en vano.

Generosos e intrépidos, los miembros del equipo de rescate solo lograron llegar a una distancia de tres metros del colono, tratando de ayudarlo a liberarse de las redes del mal que lo envolvían.

Amenazas grotescas provinieron de los agentes negativos, amenazas que fueron ignoradas por los amables asistentes.

Se instaló un campo de repulsión invisible alrededor de Alonse, marcando la imposibilidad que el equipo auxiliar se acercara más. Incluso desde la distancia, los desinteresados mensajeros pidieron al colono que mantuviera el equilibrio, la templanza y una elevada moral.

En un esfuerzo supremo, casi final, incluso le preguntaron si le gustaría estar en el lugar de la criada.

Alonse, como un zombie, no registró nada en su cerebro sobre esta ayuda. Estaba envuelto en densas y pegajosas nubes. El deseo sexual exacerbado le impuso una urgencia de satisfacción.

Henri, el líder del equipo pacifista, le dirigió sus últimas palabras:

– ¿Qué diría tu madre si te viera ahora?

La imagen de su madre, desencarnada hacía mucho tiempo, pasó por la mente del colono. El hombre, frenético, tiró el cuadro, rechazando los recuerdos mnemónicos.

Solo en el equipo de rescate registró la presencia de un foco luminoso y brillante, flotando sobre el granero, dirigiendo rayos de luz hacia la cabeza del colono. Una amable entidad femenina, a través del canal del pensamiento, informó a Henri que ella era la madre de Alonse. Estaba sinceramente agradecida por la ayuda del equipo. Sin embargo, constató, con gran pesar, la inutilidad del apoyo. Solo permaneció, ahora, en oración. Jesús, ciertamente, en su gran piedad, comprendería la mala acción que estaba a punto de perpetrarse, reduciendo las consecuencias, infundiendo arrepentimiento, brindando oportunidades de reparación.

No fue posible que la elevada entidad permaneciera. Asimismo, el equipo de rescate abandonó el lugar, retomando el "carruaje", que no se movió, quedando todos en oración, adentro.

Henri informó a sus compañeros de su clarividencia.

Los asistentes, tristes y entristecidos, pidieron a Jesús que evitara o minimizara la desgracia que estaba a punto de sucederle a la joven.

Intuitivamente recibieron, como respuesta, instrucciones de permanecer atentos y vigilantes, en oración, ya que allí mismo tendrían actividades de asistencia.

Alonse, absolutamente inofensivo para el bien, oclusivamente bloqueado para el honor y la conducta recta, preparó un trozo de hierro, dejándolo a la mano para cualquier eventualidad.

Luego fue hacia donde estaba Gislaine.

Engañándola, hizo que la joven lo acompañara al granero, bajo el argumento que había órdenes de los patrones que debían cumplir.

Los siguientes hechos brutales tuvieron testigos-participantes, desde el plano espiritual, quienes se regocijaron con tal perfil.

Tan pronto como Alonse salió apresuradamente del granero, los rescatistas pudieron ingresar donde, con gran valentía, expulsaron a las entidades malignas que aun permanecían allí, contemplando el cuerpo sin vida de Gislaine.

Con providencial operación fluidica comenzaron a aislar el periespíritu de la joven, aliviando su sufrimiento físico.

Para el dolor moral, sabían, el tratamiento solo sería posible a largo plazo, en las instalaciones hospitalarias del Puesto de Socorro Número 9, a donde pronto sería trasladada, junto con Joanne.

Una vez que se atendió la muerte de Gislaine, su periespíritu fue transportado al vehículo grande, donde fue colocado en una camilla junto a la de Joanne.

Elysian, en pocas horas, creció mucho, en evolución espiritual.

Al ver llegar a Gislaine, en condiciones tan precarias, sintió una gran compasión por la doncella, a quien conocía de vista.

Después de la atención de la misión, el vehículo regresó al Puesto espiritual.

Tanto Joanne como Gislaine permanecerían en tratamiento de sonoterapia durante unos meses.

Mientras tanto, las tareas del Puesto requerirían la participación de Elysian en otros viajes semanales consecutivos al plano terrenal, para trabajos específicos de ayuda a personas desencarnadas en situaciones angustiosas.

Fue así que, dos semanas después de la llegada de las jóvenes, Elysian fue llamado al consultorio del doctor Roboels. Directamente el Director le dijo:

– Elysian: ahora tenemos la tarea de brindar apoyo a las personas encarnadas que conoces. Se trata del señor Bientout y del colono Alonse. En el próximo viaje, los equipos deberán estar estacionados en la propiedad del Sr. Bientout, ya que existe una gran posibilidad que allí se desarrollen acontecimientos dolorosos.

Impulsivamente sincero, Elysian respondió:

– Estoy listo, doctor Roboels. Le pido sinceramente que autorice mi participación directa en estos eventos, para poder ayudar a los dos hombres.

El doctor Roboels, complacido por la franqueza del joven, que demostraba mansedumbre y perdón, recomendó:

– Jesús es el ejemplo incomparable del perdón. Imitarlo es sumamente productivo. Es el camino recto para la evolución. Piensa, en los próximos días, en todos los pasajes de Cristo y de ti, ciertamente verás que en el fondo el perdón es el remedio para todos los males de la humanidad. Principalmente, cuando la incomprensión y la intolerancia son las causas de estos males, ya sea entre dos seres, entre dos grupos, entre dos ciudades, entre dos países o, en definitiva, entre toda la sociedad humana.

Y concluyó:

– ¡El perdón es mucho más dulce para el espíritu que la miel para la carne, etc.! ¡Y de tal forma confiere beneficios a quien la practica, lo que constituye el más poderoso de todos los mecanismos inmunológicos de la infelicidad que se pueden experimentar, en cualquier momento, en cualquier situación, en cualquier cuadrante del Universo!

AUXILIO PREVENTIVO

Los días que precedieron al viaje para ayudar a Bientout y a su empleado, el colono Alonse, fueron utilizados por Elysian en preparativos psicológicos, con el objetivo de obtener mejores resultados con el equipo.

El Doctor Roboels le informó a Elysian que a partir de esa misión, ya no sería solo parte de un equipo; no sería asistente de un equipo fijo: a partir de entonces participaría en varios grupos de ayuda.

– De hecho – añadió el doctor Roboels –, todos los trabajadores de nuestro Puesto, vinculados a estas tareas, se turnan entre sí, de modo que, en poco tiempo, todos habrán tenido un trabajo íntimo con todos, resultado de esta práctica que son nuestros objetivos.

Elysian recordó las clases recibidas donde todos los instructores, al referirse al trabajo grupal, recomendaban la búsqueda de la afinidad, a través de la práctica y el entendimiento común, donde florezca y prevalezca un clima fraterno de cooperación, dada la igualación vibratoria de sus miembros.

Además, al convocar a Elysian para participar en el cuidado de Bientout y Alonse, la Dirección del Puesto consideró su conexión íntima con ambos, ya que eran enemigos del pasado...

Unos días más tarde, Elysian subió al vehículo que lo llevaría a su conocida región de Marsella.

Su corazón estaba eufórico, ante la magnitud y trascendencia de la obra a realizar.

Ayudar a alguien que le había hecho daño fue una dulce sensación registrada en su espíritu, confirmando las bendiciones prometidas por Jesús, en relación al perdón, "la reconciliación con los enemigos...." Como es habitual, al aterrizar en la región de Marsella, la tripulación permaneció en oración durante varias horas, antes de cualquier desembarco, rumbo al trabajo.

El vehículo llegó por la mañana.

En la tarde del mismo día, Elysian y sus tres nuevos compañeros, que formaban parte del equipo denominado "Equipo del Perdón", se reunieron unas horas antes de partir, ultimando detalles de la misión.

Los salvadores de Bientout y Alonse sabían que ambos debían ser visitados, durante la noche, para instarles a perdonar al jefe y a arrepentirse al empleado. El "Equipo del Perdón" estaba compuesto por: Alain, Aldous, Jules y Elysian.

Alain, el jefe, junto con Elysian, se dirigen a la casa de los Sfendu. Los otros dos acompañantes, al "Nido de las Cataratas."

Al entrar en la mansión Sfendu, los dos jóvenes encontraron a Bientout, en su habitación conyugal, envuelto en una intensa agitación: no podía conciliar el sueño, a pesar que llevaba horas acostado. Su esposa, en otra cama al lado, dormía profundamente.

Alain puso su mano derecha sobre la cabeza de Bientout. Bajo el efecto hipnótico, el hombre se quedó dormido.

Su espíritu, al salir del vehículo físico, pronto vio a los dos jóvenes. Bastante asustado, reconoció Elysian. Frente a él preguntó:

– Entonces... ¿no moriste?

– Buenas noches, señor Bientout.

El tono de Elysian era tranquilo, calmado. Y concluyó:

– La verdadera muerte, como ves, no existe.

El cuerpo muere, pero nuestra alma permanece viva, inmortal.

Alain intervino respetuosamente:

– Con su permiso le informamos que estamos aquí en misión de paz y venimos en el nombre de Nuestro Señor Jesucristo.

– ¿Qué deseas?

– Les pedimos que permanezca preparado en los próximos días ejerciendo el perdón, no involucrándose en juicios apresurados, ni en actos de justicia con sus propias manos.

–¿De qué estás hablando...?

– Le advertimos, en nombre de Dios, que lo visitarán ladrones de la paz, ávidos de emociones infelices, intentando convertirlo en un instrumento privado de venganza. Por nuestra parte, le pedimos su consentimiento para que le ayudemos a no verse implicado en ninguna trama de violencia, preparada bajo la apariencia de pseudo justicia.

La advertencia no podría ser más directa. Incrédulo, Bientout preguntó:

–¿Quiénes son estos ladrones? ¿Y por qué me utilizarían en su venganza?

– En tu posición, siempre serás víctima de la avaricia ajena, pues es seguro que tus bienes materiales despiertan envidia en personas con escasa formación moral. Sin embargo, cuando tales personas se ven liberadas de la vestidura física, actuando burlonamente en el plano espiritual, buscan a quienes desconocen el plano material, para transformarlos en sus agentes, inculcándoles mentalmente órdenes nocivas.

Bientout estaba perplejo.

No asimiló del todo el mensaje de los dos jóvenes, pero creyó en ellos, sintiendo que eran sinceros.

En el fondo, estaba registrando que algo malo estaba sucediendo allí.

En ese momento, confirmando sus premoniciones, se escuchó un ruido anormal en la puerta de entrada al dormitorio. Un grupo de cinco espíritus atrasados enojados entró abruptamente. Al encontrarse con los dos jóvenes, en conversación fraternal con el dueño de la casa, en espíritu, provocaron mucho alboroto, dirigiendo insultos a los tres, adoptando una postura claramente agresiva.

Los dos jóvenes y Bientout se dieron cuenta que en unos pocos instantes serían atacados, violentamente, ya que la furia era visible en los ojos de los intrusos.

Bientout, dueño de la casa, un hombre valiente, no se dejó intimidar y se preparó para la defensa.

Elysian, todavía inexperto en este tipo de situaciones, estaba confundido. Nunca fue violento. Pero el instinto de conservación le llevó a una situación paradójica, dispuesto a defenderse.

Fue Alain quien tomó la iniciativa correcta: levantando el brazo derecho delante del cuerpo, dijo en voz alta:

– ¡Alabado sea Dios, nuestro Padre! Jesús nos proteja a todos, ahora y siempre. ¡La paz sea con ustedes!

Tales palabras, dichas con gran sinceridad, tomaron a los atacantes completamente desprevenidos, haciéndolos retirarse.

Paralizados por una fuerza invisible, como si hubieran sido anestesiados instantáneamente, carecían de control sobre cualquier acción. Con compasión, Alain continuó:

– Queridos hermanos: consideren lo que están haciendo como contrario a la ley del amor. Y todo lo que vaya en contra de la ley del amor, va en contra de los mandamientos divinos, particularmente aquellos que nos aconsejan amar a nuestro prójimo como a nosotros mismos.

Y concluyó, combinando bondad con energía:

– Vayan ahora y reflexionen sobre las consecuencias de sus malas acciones, sin olvidar que es ley de Dios que todo lo que sembremos lo tendremos que cosechar.

De mala gana, los desafortunados abandonaron la casa. Pero no abandonaron el lugar.

Recuperándose del contraataque completamente inesperado, comenzaron a planear un nuevo ataque cuando surgiera una mejor oportunidad. Bientout y Elysian miraron a Alain con admiración y respeto.

Entre los tres existía una comunión espiritual, llena de hermandad.

Bientout volvió a su cuerpo físico.

Una parte importante de la misión de los dos asistentes se cumplió: habían inculcado al rico la necesidad de una vigilancia evangélica.

Cuando despertó, Bientout recordaba vagamente el acontecimiento: había soñado que dos amigos habían impedido un robo en su propiedad.

– Qué extraño – pensó –, uno de los dos amigos era Elysian…

Jules y Aldous llegaron al "Nido de las Cataratas."

Encontraron a Alonse dormido.

En la misma habitación, también dormidos, estaban Marcel y Jussard.

Colocando suavemente su mano sobre la frente de Alonse, Jules hizo que su espíritu regresara a la habitación, de donde se había desviado desde que se quedó dormido.

Solo, como espíritu, llegó perturbado.

Sospechando, vio a los dos rescatistas desinteresados en su habitación.

Reflejando su personalidad ruda, les dijo:

– ¿Qué quieren aquí? ¿Con qué orden entran así a mi casa? Lo explicaré enseguida y lo explicaré bien, sino...

Jules respondió con calma:

– Amigo mío: llegamos en tarea del bien. Aquí estamos al servicio de Jesús, nuestro Amigo para siempre.

Alonse, irritado, respondió:

– No te necesito a ti ni a ninguno de tus amigos.

Jules, sintiendo la necesidad de ser objetivo, dijo:

– Venimos a sugerir el arrepentimiento, antes que ocurran desgracias mayores.

Enfurecido de una vez por todas, el colono dedujo que los anónimos visitantes sabían algo sobre él. Los sentía peligrosos. Los amenazó:

– Salgan de aquí, ahora, ahora, antes que los eche a patadas.

Jules, tratando de apaciguar la reunión, también dijo:

– No tenemos miedo a nada. No somos jueces. Simplemente sabemos que para ti este es un momento de arrepentimiento. Todos somos pecadores. Por eso no te acusamos de nada. Estamos aquí solo para ayudarte, ya que es cierto que las malas acciones cometidas siempre se vuelven contra quienes las cometieron, con el mismo dolor causado.

Alonse ahora estaba seguro que su crimen era de conocimiento de visitantes no deseados.

En ese momento, algunas entidades espirituales masculinas, ostensiblemente brutos y más, entraron al ambiente.

Alonse se alegró de la inesperada presencia. Saludó a los delincuentes y les informó que los dos jóvenes, irrespetuosamente, habían invadido su habitación y lo amenazaban con sospechar que él, Alonse, era un delincuente.

Hipócritas y conniventes, las entidades expulsaron a los dos jóvenes.

Al pie de las cascadas, a esa hora bañada por la serena luz de la luna, los dos amigos, cuya ayuda fraterna acababa de ser rechazada, dirigieron una sentida oración a Jesús, por el bien de los que estaban en la casa.

Marcel y Jussard, en espíritu, llegaron de regiones lejanas y fueron al encuentro de los dos salvadores.

Entre los cuatro hubo empatía recíproca.

El mago y el domador de animales, asombrados, no entendían cómo las cascadas se iluminaban de repente. ¡Fue la respuesta del cielo a las oraciones de los trabajadores del bien!

Los jóvenes habían salido de la habitación de Alonse con la dignidad de su honor: ¡humildes, pero no humillados!

Durante tres días y tres noches los trabajadores del Puesto de Socorro Número 9 estuvieron de guardia, de dos en dos, en la mansión Bientout y en el "Nido de las Cataratas."

En casa de los Sfendu, se estableció una fácil amistad entre el encarnado y los visitantes – Alain y Elysian –, quienes durante tres noches, en el espíritu de Bientout, desdoblándose a través del sueño, intentaron inculcar los beneficios del perdón.

Asimismo, en "Nido de las Cataratas", Jules y Aldous se llevaban bien con Jussard y Marcel, con quienes se hicieron amigos. Por tres noches, las orillas del remanso al pie de la cascada aquí, los dos encarnados, liberados espiritualmente del cuerpo físico por el sueño, se obligaron a encontrarse con sus nuevos amigos. Dentro de la casa, Alonse también se reunió, en espíritu, con sus compañeros con objetivos nefastos.

El mago y el domador, conscientes de la misión de los dos jóvenes, se embarcaron también en la tarea de recuperar a Alonse para el bien.

Alonse, cada vez que lo buscaban los caritativos mensajeros del Más Allá, se negaba perentoriamente a responderles...

Durante tres noches seguidas Jussard y Marcel, durante la jornada, fueron un canal de comunicación entre el "Equipo del Perdón" y Alonse. El colono, absolutamente desprevenido y espiritualmente endurecido, se irritó por las "palabras suaves" de los dos compañeros residentes.

El perdón, el arrepentimiento, la oración, el respeto a los demás, el amor a Dios, todas estas sugerencias, fueron rechazadas con vehemencia por Alonse.

Lo que los dos hombres decían al colono durante el día, por la noche sus compañeros desencarnados, en siniestros encuentros espirituales, lo recriminaban duramente, demostrando su inutilidad.

En casa de los Sfendu la situación estaba parcialmente controlada: Bientout estaba decididamente atento a las ventajas del dominio de sí mismo, que ya poseía, pero, sobre todo, a la excelencia del perdón.

Las entidades que perseguían malvadamente ese hogar, al darse cuenta de la inexpugnabilidad moral del hombre, dirigieron sus pensamientos, esfuerzos y acciones infelices hacia la mujer, Marceline. La esposa de Bientout, aunque era relativamente comprensiva, aun no completamente imbuida de los conceptos evolutivos cristianos, se convirtió en presa fácil. Su personalidad, débil en sí misma y sin fundamento espiritual en el Evangelio, quedó aun más debilitada por la reciente muerte de Joanne. En lo más profundo de su alma, no podía perdonar al destino el mal de quitar a su única hija de la convivencia del corazón de madre.

Por todo ello, no había manera de impedir que el bienintencionado Bientout buscara a su esposa para calmar su relación, buscando su apoyo para imponer una justicia ejemplar al malvado asesino de Gislaine, la ahijada de la pareja.

Bientout, al buscar a su mujer y comunicarle sus intenciones, hizo así una gran excepción en su comportamiento de jefe, marido y dueño de casa.

Este fue un gesto de buena voluntad.

Al ser recibido duramente por su esposa, sus celos destruyeron la frágil construcción pacificadora de su marido, ya que estaba sostenida por cimientos sacudidos por los antecedentes, cuando ocurrió el malentendido en la biblioteca.

Bientout, humillado en su propia casa, ahuyentado por su mujer como a un animal pestilente, dejó que el odio invadiera su pecho. Sordo a la razón, ciego a las sugerencias evangélicas de los dos espíritus amigos, abrió completamente su guardia moral y, actuando bajo la influencia de los vengadores espirituales que lo acechaban, esperando la primera oportunidad para atacar, se dejó guiar por la ira.

No podía estar exento de culpa por el error, porque si tuviera equilibrio y templanza espiritual, no habría permitido que su espíritu liberara su cuerpo de las acciones violentas que intentó contra Alonse, de las que tantas desgracias resultaron.

A Alain y Elysian, irrevocablemente, solo les quedó la posibilidad de ayudar a Bientout en el terrible momento de su caída desde lo alto de las cataratas. Bientout, en un milisegundo, debido a la fortísima vibración de los dos rescatistas, fue abruptamente desconectado de su cuerpo físico, que, segundos después, chocó contra la piedra afilada escondida por las aguas arremolinadas. Su espíritu, aun bajo la fuerte impresión de los agudos dolores que sentía en el rostro desfigurado por el tosco garfio lanzado por Alonse, fue recogido por los dos encargados del Puesto de Socorro Número 9, recibiendo inmediata asistencia y primeros auxilios espirituales.

Pronto se quedó dormido, profundamente, bajo la acción fluidica de los cuidadores.

Fue transportado dentro del "carruaje", quedando bajo el cuidado de Elysian.

Los otros tres componentes del equipo de rescate espiritual buscaron un rápido acercamiento con Alonse, pero los enemigos de Bientout, también desencarnados, muy en sintonía con el colono, no permitieron ninguna intromisión y mucho menos ninguna ayuda. Al contrario, exacerbaron la violencia natural de Alonse.

Así, el ataque a Jussard, el golpe del elefante, provocó la muerte de Alonse.

Posteriormente, sus cómplices se arrojaron sobre los restos, como hienas locas.

El espectáculo era aterrador: luchando y atacándose entre sí, luchaban por extraer de los órganos aun calientes del muerto el fluido vital que destilaba en desorden. Del cuerpo de Alonse emanaba humo, espeso, oscuro y maloliente, similar al metal fundido.

Alonse–espíritu, atónito, registró en el periespíritu las demoníacas acciones vampíricas de las infortunadas criaturas, que, hasta entonces, eran consideradas amigas.

Las oraciones de los tres miembros del amable equipo espiritual, inexplicablemente, no encontraron apoyo de inmediato.

Al menos eso les pareció a Jules y Aldous.

Solo, por su conducta, por su libre albedrío, se complacía en el mal mientras estaba en la carne. De ahora en adelante cosechó frutos amargos sembrados en el campo de su existencia, ya terminada.

Considerando la repetición irreversible de vidas terrenas anteriores, casi todas también mal utilizadas, el colono inició ahora el viaje bendito y redentor por los caminos del dolor.

Sí, estuvo presente la caridad de Dios, de los mensajeros que regulan la vida y las oportunidades. Las oraciones de los tres jóvenes asistentes espirituales, si no llegaban directamente a Alonse, liberándolo de la terrible muerte y de los grandes chupadores de energía, se elevaban alto y tenían su respuesta. Todo concuerda con la afirmación de Jesús: "¡*Pide y recibirás*"!

De hecho, traduciendo la ayuda solicitada, se perfilaba en las esferas reencarnacionistas superiores que Alonse obtendría la recuperación a través de un largo, sufrido y caritativo plan de vidas posteriores.

– ¿Cómo serían sus próximas reencarnaciones?

– Difíciles, ciertamente. Pero, nunca ante el desamparo de la divina providencia, dispensada permanentemente a todos Sus hijos. Aunque con la compañía, y bajo la influencia del dolor, como catalizador de su regreso al bien, Alonse, que había elegido este camino, tendría que recorrer caminos estrechos y pedregosos, ya que los anchos y fáciles le llevaron a tantas decepciones.

Alonse–espíritu, tropezando, se alejó de aquel lugar.

No entendía cómo veía su propio cuerpo siendo succionado por traidores…

Aturdido, tambaleante, pronto fue alcanzado por sus "amigos", una vez agotadas las reservas de energía vital de sus restos físicos.

Durante mucho tiempo Alonse sería cautivo de esa pandilla, obligado a participar en acciones nefastas.

El "Equipo del Perdón" regresó al vehículo anfitrión y al día siguiente regresó a la base: Puesto de Socorro Número 9.

En los meses siguientes, Elysian realizó decenas de tareas de primeros auxilios en el plano terrenal.

Sin embargo, en ningún momento dejó de acercarse a Joanne, que no se había despertado por decisión de la dirección del Puesto.

Bientout, igualmente, estuvo dormido durante varios meses.

Ante la preocupación expresada por Elysian por el despertar de Joanne y su padre, el Dr. Malcolm le explicó que en estos casos, en los que el equilibrio de perturbaciones en el momento de la desencarnación es considerable, el despertar siempre es difícil y requiere una mejor preparación.

Elysian, disciplinado, ahora entendiendo más cosas del espíritu, se había convertido en un elemento más calificado para las labores de rescate, como los del Puesto.

Tras la llegada de Joanne y Bientout, el joven tuvo la alegría indescriptible de ayudar al músico que tanto admiraba y que se había vuelto tuberculoso, llegando al Puesto en 1849. Un artista apasionado, como siempre les ocurre a las almas sensibles, dedicado enteramente a la arrebatos de pasión, despreciando todo lo que le rodeaba, que el artista exacerbaba en su dedicación a la música, se producirán daños irreparables a su salud.

La homeopatía, cuando la probó, ayudó más a su espíritu que a su cuerpo, porque, simultáneamente con las prescripciones médicas, el médico le presentó una hoja de ruta de conducta moral en la que se eliminaban los celos.

El músico, después de apenas dos meses de internamiento y tratamiento de sonoterapia en el ala "A", fue trasladado del Puesto a una institución más grande, que Elysian no conocía.

Elysian permaneció tranquilo y en armonía, esperando el despertar de su amada.

En una hermosa mañana soleada, Elysian fue invitado por el doctor Roboels a dar un paseo, en pareja, por los jardines del Puesto.

Las flores distribuyeron generosamente delicados perfumes por los callejones de los jardines, en respuesta al saludo del astro rey.

Con la serenidad y delicadeza que les eran propias, el Doctor Roboels informó a Elysian que pronto sería trasladado a otro lugar, una ciudad espiritual lejana, aunque estrechamente vinculada a las actividades del Puesto de Socorro Número Nueve.

Antes de hacer preguntas, el director añadió:

– No podrás estar presente en el despertar de Joanne, que será pronto, así como en el del Sr. Bientout. No por ti, sino porque ambos necesitan cuidados para su recuperación.

Y reticente, pero alentador, concluyó:

– Se había producido el ansiado encuentro con Joanne. ¡Confía en Dios!

– ¡Alabado sea Nuestro Señor Jesucristo! - Dijo Elysian.

Y esas fueron sus únicas palabras cuando le informaron que pronto tendría que dejar el Puesto que tantas alegrías le había dado.

– Tantos amigos, Joanne... - pensó Elysian.

Cuando estallan las inevitables lágrimas, el generoso director abrazó fuertemente al joven, sollozando fuertemente también.

TERCERA PARTE

LA "COSECHA DE ESPÍRITUS"

– Mi nombre es Claudinei.

Elysian y los demás compañeros, al descender del gran vehículo que los había transportado hasta allí, desde el Puesto de Socorro Número Nueve, sintieron consuelo en la autopresentación que les fue dirigida, a modo de recepción.

El hombre que pronunció estas palabras era de constitución corpulenta. Su altura superaba los dos metros. El aspecto periespiritual indicaba una edad de unos cuarenta años y mucha vitalidad. Ojos brillantes, cabello discretamente peinado con raya, ropa brillante bajo un delantal blanco, todo en el recepcionista demostraba sobriedad.

Saludó a los recién llegados uno por uno.

– Mi nombre es Elysian.

– Jesús nos bendiga.

– Que así sea.

Este primer diálogo dejó a Elysian tranquilo, de inmediato a su llegada.

Los que llegaron fueron recibidos de la misma manera.

El entorno les era completamente ajeno.

Sin embargo, la acogida fraterna hizo felices a todos, sin excepción. No trajeron equipaje ni otras pertenencias.

Los llevaron a un alojamiento sencillo, pero confortable, con dos ocupantes en cada habitación.

Claudinei les informó que tendrían aproximadamente una hora para rehacerse, tras lo cual debían dirigirse a la sala de reuniones. Elysian y su compañero de cuarto, Pierre, encontraron un recipiente transparente sobre una mesa pequeña que contenía agua. Al lado había dos vasos y un libro.

El agua estaba limpia y atractiva. Ambos la tomaron.

Pierre tomó el libro con indiferencia y lo hojeó.

El título era *"El Cristo y los Cristianos."*

La página, elegida al azar, estaba encabezada por la frase: "El Padre todo lo ve y a todos provee." Siguieron consideraciones sobre la preocupación ansiosa por la vida, por la comida, la bebida y el vestido, recomendando Jesús que miremos el ejemplo de las aves del cielo y los lirios del campo. Además de sugerir que acumulemos tesoros en el cielo, libres de insectos, ladrones y óxido, simplemente concluyó la página exhortando a todos a no preocuparse por el mañana.

A petición de Elysian, Pierre leyó el mensaje completo en voz alta.

Sin decirse una palabra, ambos oraron. Después de descansar un poco, salieron afuera esperando que Claudinei los llevara a la sala de reuniones.

Otras parejas ya estaban cerca, con el mismo propósito.

Casi una hora después, con todos agrupados, Claudinei llegó y los condujo al salón, donde tomaron asiento.

Claudinei, al frente de la sala, en lo que era una especie de escenario, se dirigió a todos diciendo:

– Bienvenidos, amigos míos y mis hermanos. ¡Jesús esté con todos nosotros!

– Que así sea - respondieron la mayoría de los presentes.

– Esta ciudad se llama "Cosecha de los Espíritus" y todo y todos aquí están bajo la responsabilidad directa del venerable hermano Víctor, a quien pido la gentileza de hacerse cargo de esta reunión.

De una de las filas de asientos del salón surgió un hombre, que aparentaba tener poco más de cincuenta años, estatura mediana, ropa sencilla. Caminó hacia el escenario y al llegar saludó a Claudinei e hizo un gesto de reverencia a los demás presentes.

Con rostro tranquilo, voz tranquila, dijo a los recién llegados:

– Nuestra humilde ciudad celebra hoy su llegada. Aquí se encuentra la coordinación central de alrededor de ciento cincuenta Puestos como aquel de donde ustedes vienen. En total viven aquí unos ocho millones de hermanos. La mayoría proviene de esas estaciones. Nueve décimas partes de los habitantes, más o menos, están estacionados aquí por un corto tiempo, el tiempo suficiente para decidir su próximo traslado. Los demás, entre los que se incluyen nosotros y todos los aquí presentes, tenemos una oportunidad excepcional de evolución espiritual, ya que el período de penitencia se divide en dos mitades: una para estudios y otra para trabajos de ayuda a los demás.

Haciendo una pausa, continuó:

– La duración de la estancia en esta ciudad no es corta. Por los relojes terrenales, nunca menos de veinte años.

Sorprendidos, varios oyentes se miraron. Elysian sintió una opresión en el pecho.

– Veinte años, al menos… - pensó, con pesar.

Aclarando los pensamientos de casi todos, Víctor añadió:

– Nunca podremos olvidar que Dios es justo. Invariablemente recibimos lo que merecemos. También cabe destacar que el aprendizaje que se obtendrá, es la conquista de espíritus dedicados a su mejoramiento íntimo, y que el tiempo de asistencia a los necesitados es de elección relativa de cada uno, en cuanto a quien debe ser ayudado.

Y estas palabras, dichas ahora en un tono muy coloquial, balsamizaron a todos, ya que les dieron un vistazo de la oportunidad de ayudar a sus seres queridos, sin importar dónde se encontraran.

El respetado coordinador también dijo:

– Aquí mismo encontrarán oportunidades para servir a los demás, pues la mayoría a que nos referimos anteriormente, ahora alojados temporalmente, y están compuestos por almas de mediana edad en ilusiones, en desilusiones, atadas a las pasiones inferiores del mundo.

Para cerrar la reunión, Víctor dijo:

– Mis amados hermanos y hermanas, no nos detengamos en este primer encuentro. Muchos, muchos otros pasarán. Agradezcamos al Padre por la luz de la inteligencia, el impulso para el aprendizaje moral, el refugio del Sol, el deleite de las aguas, la bendición del entendimiento y el regalo incomparable de la oportunidad de trabajar. Oremos, como Cáritas.:.[1]

- *"Dios Padre Nuestro, que tienes poder y bondad, da fortaleza a los que pasan la prueba, da luz a los que buscan la verdad, pon compasión y caridad en el corazón del hombre.*

Dios, da al viajero la estrella guía, al aflicto consolación, a los enfermos, descanso.

Padre, da al culpable el arrepentimiento, al espíritu la verdad, al niño el guía, al huérfano el padre.

Señor, que tu bondad se extienda sobre todo lo que creaste.

---

[1] Esta oración, llamada "Oración de Caritas", aparece en la obra *"Rayonnements de la Vie Spirituelle"* - Fulguraciones de la vida espiritual -, publicado en Bélgica y psicografiado por el espíritu de Cáritas; es decir, la Caridad, el 25 de diciembre de 1837. Nota del médium.

Piedad, Dios mío, para los que no te conocen, esperanza para los que sufren, que vuestra bondad permita que los espíritus consoladores derramen paz, esperanza y fe por todas partes.

Dios, un rayo de luz, una chispa de tu amor puede abrasionar la tierra; déjanos beber en las fuentes de esta bondad amiga e infinita y todas las lágrimas, se secarán, todos los dolores se calmarán; un corazón, un pensamiento, se subirá hacia ti, como un grito de reconocimiento y de amor.

Como Moisés en la montaña, te esperamos con los brazos abiertos, ¡oh! ¡poder, oh! bondad, ¡oh! belleza, ¡oh! Perfección, y quiere llegar de alguna manera a tu misericordia.

Dios, danos la fuerza para ayudar al progreso para suscribirte hasta ti; danos caridad pura, danos la fe y la razón, danos la simplicidad que hace de nuestras almas el espejo donde debe reflejarse tu espíritu iluminado."

Al salir de la reunión, todos fueron invitados a dar un paseo por un bosque florido cercano.

También recibieron, a modo de explicación, un manual que contiene instrucciones sobre las distintas actividades, horarios, direcciones, etc., de esa ciudad acogedora.

El mencionado manual, en su prefacio, ilustraba su propósito, al mismo tiempo que informaba al lector sobre los orígenes de la "Cosecha de los Espíritus."

A continuación, en "instrucciones" numéricamente crecientes, proporcionó valiosas aclaraciones sobre el nivel evolutivo de la ciudad, así como sobre su destino específico.

Elysian y Pierre, cuando regresaron a su habitación, leyeron frenéticamente el manual, devorando las instrucciones.

El instructivo sobre el nivel de avance en esa ciudad aclaró que:

– en el mundo espiritual, que la Tierra y su contraparte material, los espíritus, transitan en espacios correspondientes a su evolución;

- tales espacios, que solo para fines de comprensión podrían compararse con las capas atmosféricas terrestres, forman hipotéticos "escalones";
- solo para facilitar la comprensión de tan elevada materia, uno puede imaginar que estos "escalones" son siete;
- tal división, también hipotética, se hace para mejorar la asimilación del concepto de avance espiritual;
- por estos "escalones" no solo viajan los espíritus desencarnados: por ellos también circulan los espíritus encarnados, aunque no se detienen allí, ni por el desarrollo del sueño, ni por condiciones mediúmnicas;
- de un "escalón" a otro, el espíritu solo asciende por mérito; es decir, por su nivel evolutivo;
- para la afirmación anterior no hay recíproco, es decir: los espíritus más evolucionados pueden, en cualquier momento, por su propia voluntad, visitar los planos inferiores;
- estas visitas, generalmente programadas por espíritus más ilustrados y con más crédito en las tareas del bien, tienen casi siempre como objetivo ayudar a los desafortunados allí estacionados o, allí, a los prisioneros.

Las descripciones de cada "escalón", que el manual presenta a continuación, constituyeron una mera proyección de hasta dónde había logrado subir el espíritu humano; naturalmente, explica el texto, además de la máxima perfección humana, se le presentarán nuevos "escalones" hacia el infinito, nunca alcanzable, ya que existe la "Perfección de las perfecciones": ¡Dios!

El manual antes mencionado describía los "pasos" de la siguiente manera:

Primer Escalón

"Hábitat" obligatorio de los espíritus involucionados.

Aunque a nivel espiritual, se ubica mediante interpenetración en regiones terrenales, ya que sus habitantes no tienen la más mínima capacidad para desconectarse de los fluidos pesados que generan y de los que se alimentan. ¡Ahí está la escoria de la humanidad, el único lugar posible de presentarles condiciones para reparar sus defectos, a través del remordimiento que proviene de su sufrimiento, del que ellos mismos son causa. La vida es bastante desagradable: *"hay llanto y crujir de dientes"*, como dijo Jesús.

Todos los pensamientos, por regla general bestiales, toman forma, en esta zona, que se encuentra en cuevas y pantanos, así como, probablemente, en el interior de la corteza terrestre. ese último lugar, supuestamente dio lugar a la concepción de "fuego del infierno" – nunca extinguible –, especialmente porque y dónde se encuentra el núcleo fundacional del planeta Tierra.

Según la Ley Divina, el pensamiento es una fuerza creativa; Así, allí el mal que habita en el alma del malvado adquiere expresión física solo vista por él y sus familiares, también sintonizados en la misma hediondez: frente a sus propias creaciones malvadas, el sufrimiento de su creador es indescriptible.

En algún lugar de estos lamentables lugares se encuentran los espíritus de los suicidas, un lugar tan triste que ni el mismo Sol puede alcanzarlo.

Resuena, con fuerza, en todos los rincones del Universo, como también es Ley Divina, la indicación de Jesús: *"a cada uno según sus obras"*, que el apóstol Pablo expresó con *"lo que el hombre siembra, eso también cosechará."*

Pero también allí se manifiesta la bondad del Padre, que no abandona a ninguno de Sus hijos. Los mensajeros de la caridad, en postura desinteresada, van continuamente a las cuevas, cavernas y valles profundos, llevando la esperanza y el mensaje cristiano a quienes allí yacen. Cuando la bendita luz del sincero arrepentimiento aparece en el alma de tales réprobos, representa la boya del exhausto náufrago: son atendidos por aquellos espíritus bondadosos, iniciando el largo viaje que los conducirá al bien.

Segundo Escalón

También y aun así, está al nivel de la tierra física.

Es el lugar de los espíritus apegados a las posesiones terrenas y atrapados a deseos inferiores. Estos espíritus se realizan a sí mismos, observando con ellos encarnaciones en sintonía con los mismos objetivos y manteniendo también una conexión íntima con médiums interesados.

Hay mucho sufrimiento en esta región, traducido en necesidades insatisfechas, generando angustia y frustración. No es raro que legiones de espíritus endurecidos y dictatoriales esclavicen a los más débiles, paradójicamente, a través de sus propias debilidades.

Y ahí es donde suceden las llamadas pesadillas, de encarnados, cuyos espíritus van allí, por sintonía, en cuanto se desconectan del cuerpo físico, a través del sueño.

¡Naturalmente, en la continuación de esta vida, en la que el dolor siempre los acompaña, los miembros de esta área tomarán conciencia que lo son! La vida solo aumenta sus ya numerosos problemas. Luego, desearán otra condición, momento en el cual la chispa divina que habita en su alma los inducirá al remordimiento, que constituirá una oración ardiente, nunca sin respuesta de Dios.

Tercer Escalón

Aquí es donde realmente comienza la región espiritual.

En este estrato los espíritus comparten sus intereses, a veces hasta cosas materiales, a veces para objetivos morales más elevados.

Y este es el "escalón" del despertar a la verdad.

Cuarto Escalón

Contiene la "Cosecha de los Espíritus."

Aquí las cosas del espíritu hablan más fuerte y sus habitantes están en condiciones de tomar, quizás, la más importante de sus decisiones: adelanto, evolución, progreso espiritual; la retaguardia, las llamadas del mundo.

Quinto Escalón

Determinados por su evolución espiritual, los habitantes de estos espacios iluminados sienten el placer de ayudar a los demás.

Las tareas amorosas que emprenden les proporcionan un conocimiento maravilloso, primero de la sabiduría divina y luego del alma humana. Conscientes de sus deudas pasadas, se esfuerzan por saldarlas, buscando un reintegro que les permita ascender a regiones superiores, donde podrán ejercer mejor su papel fraterno.

Sexto y Séptimo Escalón

Lugares donde prevalecen el amor, la luz y la paz.

Teniendo el planeta Tierra, como uno de sus destinos, el agotamiento de las deudas, a través de pruebas y expiaciones, es lícito suponer que todos los espíritus humanos – y con el mayor respeto, incluso los habitantes de estos lugares –, son todavía deudores de la justicia divina. Sin embargo, por mérito, asisten a niveles de enseñanza altísimos - y solo podemos suponer, una vez más -, impartidos por entidades con una elevación superior a la terrenal.

Así, en este nivel están los espíritus que, a través de los esfuerzos, actitudes y trabajos realizados, en el plan de Dios – caridad –, obtienen en él la opción de permanencia hasta vuelos superiores de evolución: muy probablemente, en poco tiempo, reembolsarán sus últimas deudas, obteniendo méritos para habitar mundos regenerativos.

Por regla general, el desapego y el tono de estos lugares casi celestiales, ya que sus habitantes, después de un tiempo allí, se despojan de su brillo espiritual y descienden a los planos inferiores de la existencia humana para, misioneramente, traer de vuelta al redil a los animales callejeros, según la inolvidable parábola del Buen Pastor – el Maestro Jesús.

Otra instrucción, en el frente, decía: "Reencarnación – Concatenación."

- los "escalones" de la evolución no tienen fronteras rígidas que los separe uno del otro, se compenetran entre sí. Esto se debe a que, en la Naturaleza, todo ocurre de forma ordenada, secuencial, dinámica…
- cada plano se muestra al habitante según la luz que puede proyectar;
- por lo tanto, un espíritu de una región inferior ni siquiera podría transitar por una superior, porque no tendría las condiciones individuales para iluminar su camino e identificar los espíritus, objetos, lugares, etc., de ese plano;
- los espíritus de los planos inferiores, que permanecen por algún tiempo en la "Cosecha de los Espíritus", son protegidos por almas caritativas que los acogen y acompañan, en todos sus movimientos. Normalmente, su

permanencia es breve y tiene un fin específico: la concatenación de la próxima reencarnación;
- así, el objetivo principal de la presencia en esta ciudad de aquellos espíritus es la participación, en asambleas conjuntas con quienes serán sus padres, cónyuges, hijos y demás compañeros terrenales, coparticipantes en su próxima vida, tanto como, en la mayoría de los casos, han sido en vidas pasadas;
- aunque aquí se planifica detalladamente la próxima vida de cada uno de los componentes de un grupo, generalmente unidos por varias etapas pasadas, esto no representa en absoluto una garantía que esto vaya a suceder y ni siquiera que, si sucede, sucederá ser pronto;
- la planificación de nuevas vidas que se unirán comienza con llamadas unilaterales y luego, juntas, con todos los implicados; en ambos tipos de reuniones, los participantes tienen derecho a voz y voto: por tanto, no siempre se llega a un consenso;
- cada personaje esté debidamente informado sobre los principales hechos del pasado, con vistas al futuro, para la indemnización debida;
- los diligentes instructores, responsables de tales encuentros, presentan al futuro reencarnante sugerencias sobre la nueva etapa en la Tierra, informándole de las dificultades que enfrentará y que deberá superar con esfuerzo, trabajo y sacrificio; estas dificultades siempre se atribuirán en proporción directa a la capacidad de cada persona para resistirlas.

En resumen, para la decisión se analizan básicamente los siguientes elementos:
- nacimiento: lugar, familia - ascendientes, descendientes, emparentados;

- equipamiento orgánico: salud, enfermedades, esperanza de vida, carácter, sexo, nivel de inteligencia, etc.;
- posesiones materiales: profesión, jefes, colegas, subordinados, situación financiera, etc.;
- formación del hogar: cónyuge, hijos;
- acontecimientos notables: accidentes, cambios, etc.;
- logros: tareas individuales y colectivas en el ámbito de la asistencia a los demás.

Todo está perfectamente perfilado, al detalle, para que no queden dudas sobre ningún elemento.

Después de largos debates, que se repiten decenas de veces, durante meses e incluso años, en busca de un consenso general, todo queda debidamente registrado en el acta, la cual, luego de ser firmada por todos, es entregada al Departamento de Reencarnaciones de esta ciudad.

Estas actas, previa consideración y aprobación por ese Departamento, se transmiten luego, utilizando un sistema similar a la teleimagen, a los lugares más altos de la espiritualidad, para rectificaciones o para aprobación de las entidades angelicales que allí habitan.

Estas entidades superiores en el bien, en la mayoría de los casos, mitigan las dificultades, ya que su percepción del alma de cada uno de los involucrados en el proceso llega a rincones ocultos y a veces invisibles de su pensamiento. Esta exploración del ser más íntimo pretende contrarrestar, por un lado, las fervientes promesas de reparación y, por el otro, las potencialidades existentes.

Los bondadosos mentores saben que muy pocas criaturas pueden realizar, en forma física, las tareas que se les piden cuando aun son solo espíritus.

Es que amigos tan generosos, además de su propia luz que les proporciona una vasta iluminación del pasado, tienen bajo su responsabilidad el "archivo universal" de todos los seres humanos del planeta Tierra, en el que se guardan archivos individuales, en imágenes vivas, todos los acontecimientos relacionados con ellos desde su creación.

La "Cosecha de los Espíritus", así como otras ciudades espirituales similares, tienen, en sus respectivos Departamentos de Reencarnación, sucursales del "archivo universal", con registros individuales de los espíritus que se distribuyen a cada una de ellas.

Estos archivos filiales requieren un grado avanzado de evolución por parte de quienes los manejan, ya que por ellos desfilan conmovedores dramas personales, familiares e incluso colectivos.

Al día siguiente los invitaron a otra reunión, en el mismo lugar.

Claudinei, responsable de la pasantía de los ex residentes de los Puestos, les dio un "día de nacimiento" y luego informó:

– Nuestra casa se alegra con tu presencia, ya que ahora ustedes también forman parte de ella. Algunos permanecerán aquí unos veinte años. Otros tardarán más si así lo desean. En cualquier caso, ¡benditas oportunidades de trabajo profesional se ofrecen a todos los necesitados, no solo de aquí sino también de otros lugares de la esfera astral, a través de viajes a otros lugares como el nuestro! La bendición siempre es mayor para el que da, aunque también es mayor para el que recibe. En todo momento podrán consultar, de forma individualizada, los archivos públicos de esta Dirección, para lo que siempre contarás con el seguimiento de los responsables de los mismos. Verán que hay archivos extensos, cuyos archivos, similares a grandes láminas de vidrio transparente, se cuentan por millones. Un asesor siempre le indicará qué formularios pueden ser obligados. No hace falta decir que toda la información es confidencial: solo se transmite parcialmente a las personas interconectadas, entre sí, a través de vidas pasadas, ya que el conocimiento pleno avergüenza y desequilibra a la mayoría de las criaturas humanas, entre las que nos incluimos.

Elysian y los demás compañeros quedaron francamente impresionados con todo, desde la recepción hasta la organización de esa ciudad–Dirección.

Para concluir, Claudinei añadió:

– Tendremos reuniones diarias en este lugar, todas las mañanas.

Por ahora los invito a orar:

"Jesús, consuelo de los hombres: aquí nos encontramos, espiritualmente de rodillas ante Tu bondad. Acepta, ¡oh! ¡Señor!, nuestro voto de trabajo en este rincón del Universo. Incluye la "Cosecha de los Espíritus" entre los lugares donde ¡alabado sea Dios! Los nuevos habitantes de esta Casa, aquí presentes, llegan con convicción y alegría, esperando que todos puedan enrolarse en Tus filas de la labor evangélica. ¡Que así sea!"

Desde puntos desconocidos de la sala llegaban los sonidos de un coro cantando un himno con un efecto muy suave y calmante. Delicados aromas igualmente invisibles de flores cuidadosamente cultivadas impregnaron toda la habitación, inundándola.

Ambiente flagrante muy agradable.

A partir del techo, varios focos intensificaron la luminosidad de la habitación, que de por sí ya era bastante luminosa.

Por mucho que Elysian lo intentara, no podía deshacerse del anhelo. Recordó a Joanne, su dulce Joanne y su corazón estaba atormentado por la realidad que los había separado, dos veces.

Este hecho no pasó desapercibido para Claudinei. Localizando, en las reminiscencias, la perturbación que tenía Elysian, inmediatamente intentó apoyarlo, manteniendo con él varios diálogos, en repetidas ocasiones que, amablemente y "casualmente" él se encargaba de provocar. Inculcó en el espíritu del joven la insignificancia del tiempo, si se lo compara adecuadamente con la eternidad. Le hizo sentir la bondad y la justicia de Dios al dejarlo alejado de Joanne por un tiempo, para que ella también aprendiera a valorar su presencia, cuando él regresara a verla, lo que seguramente sucedería pronto.

Elysian, una vez más dando muestras de humildad, aceptó las recomendaciones de su nuevo amigo.

Experimentado y bueno, Claudinei se aseguró que el joven recibiera, lo antes posible, encargos que pudieran alejarlo de la inmersión en el pasado que insistía en repetir.

La terapia fue beneficiosa, ya que Elysian, responsable y cumpliendo con sus obligaciones, dedicó a ellas todo el tiempo disponible en su nueva vida.

Y así pasaron dos años.

Hasta que un día, que marcaría de forma indeleble en el calendario de sus días más felices, a Elysian se le concedió permiso para regresar al Puesto de Socorro Número 9. El viaje debía realizarse dentro de una semana.

Mientras tanto, Elysian fue relevado parcialmente de sus funciones, para poder conocer mejor los principales acontecimientos ocurridos con Joanne, Bientout, Gislaine... y Alonse.

Por lo tanto, con gran ansiedad, debidamente contenida, el joven supo que Joanne ya se había recuperado de su enfermedad y luchaba actualmente contra una barrera difícil para el progreso de su espíritu: la apatía, la falta de motivación para todo.

En cuanto al Sr. Bientout, que aun sufría impresiones nocivas y dolorosas en su cuerpo fluidico – secuelas de su grave desencarnación –, ya era consciente de su situación. Recibía visitas de su hija de vez en cuando y al igual que ella, estaba deprimido y desinteresado por todo y por todos. Estaba aparentemente indignado por su muerte, lamentando haber perdido, en un minuto, todo: familia, riqueza, propiedades, honor y respeto por uno mismo. De la familia, tan pequeña, solo quedó su hija, porque su esposa, Marceline, según los serviciales asistentes, había estado enclaustrada en un convento del que nunca había salido. En el convento, recluida, sin otras tareas, sus pensamientos se centraban únicamente en su marido infiel y su infeliz hija. Bientout, incluso estando despierto, percibió claramente la fijación mental de su esposa. Y sufrió más.

Marceline, con procedimientos mentales tan negativos, cuyas raíces se alimentaron del odio y se fortaleció en la tristeza – todo el proceso encontró eco en su hija y en su marido –, hizo imposible cualquier acercamiento entre ellos, a veces cuidadosamente autorizado y planificado por los asistentes del Puesto espiritual.

Gislaine: todavía no había despertado del letargo que la envolvía desde la tragedia que le había sucedido. Su espíritu, llamado innumerables veces a la perdición, no dio signos de receptividad ni de aquiescencia a consejos honorables. Las lesiones físicas que condujeron a su muerte imprimieron anormalidades idénticas en su psicosoma que le provocaron un dolor crucial y permanente. A un gran costo, los trabajadores del Puesto lograron aliviarlo. Y, cuando se le proporcionó algún alivio, gracias al amor evangélico de los magnetizadores especializados del ala "A", donde estaba internada, ella misma se encargó de rechazar esos benditos anestésicos fluídicos, reaccionando con oscuras ideas de venganza contra su verdugo. La mantenían en terapia del sueño, ¡pero esta situación no podría durar mucho más...!

En cuanto a Alonse, la situación era terrible: deambulando por pantanos, siendo constantemente atacado por repugnantes reptiles, después de interminables y desorientados vagabundeos, había logrado encontrar un precario refugio en una cueva. Allí se acumulaba el gas de los pantanos, haciendo el ambiente difícil de tolerar, debido a los olores fétidos que exudaban permanentemente y que había que tragar, como aire. Se alimentaba de material putrefacto que sacó del barro. Este alimento, el único disponible en aquellos lugares oscuros, parecía trozos de troncos podridos, a menudo con grandes cantidades de gusanos pululando sobre ellos. Sentía un calor sofocante casi todo el tiempo. Pero, inexplicablemente, también sentía mucho frío. Y, horror de los horrores, nunca fue de día ni de noche, siempre crepúsculo a través de densas nubes gaseosas bajas. ¡Perdido en su dura lucha por la supervivencia, su espíritu a veces vence al mal que estaba en su corazón, le hizo recordar lo hermoso que era respirar el aire más puro de las haciendas...! Qué clara y deliciosa era el agua del "Nido de las Cataratas..." Ante tales recuerdos, inexorablemente vio al jefe, con el rostro destrozado por el anzuelo, caer desde lo alto de las cascadas, en el remolino de aguas claras, desaparecer en el espacio y luego el remanso teñirse de rojo ante la visita de la muerte. Bientout había venido a justificarlo.... Y tenía razón o había estado loco al torturar a Gislaine tan salvajemente.

- Gislaine, ¿dónde estarías ahora?

¿Cómo podría estar allí él, Alonse, si hubiera sido alcanzado por un choque muy violento de ese maldito elefante?

¿Cómo, aun así, sentía que su pecho iba a explotar de inmediato, con ese dolor agudo que sintió cuando el animal lo golpeó?

Pero eso fue hace tanto tiempo...

¿Y por qué este maldito dolor no lo abandonó?

¡Ah! Si pudiera, mataría a todos otra vez, pero ahora incluyendo a esa bestial elefante y a su despreciable entrenador, Jussard.

¡Sí! ¡Cómo me encantaría matarlos a todos!

Mantenía sus pensamientos constantemente en estas escenas de revuelta y casi siempre temblaba ante los ladrones.

Pasaban bandas de gente malvada, maldiciéndolo y atacándolo, expulsándolo de su miserable refugio, arrojándolo, sin piedad, en los estanques.

Al principio reaccionó.

Pero lo habían golpeado tan brutalmente que decidió no anticipar ninguna reacción adicional.

Cuando la pandilla se fue, regresó a la cueva fétida, sintiendo lo mismo que siente un inquilino desalojado brutalmente cuando regresa a una casa.

AMOR, AMOR...

Elysian estaba impactado por todo.

Su corazón generoso elevó una oración a Jesús, por Alonse.

La retrospectiva de los personajes que hablaban de cerca de su vida lo llevó inevitablemente a preguntar a Claudinei, por quien tenía gran consideración y respeto, qué grado de intimidad él, Elysian, tenía con Gislaine y Alonse.

Porque, al amar ardientemente a Joanne, la lógica era su conexión con sus padres.

– Pero, ¿con Gislaine y Alonse...?

Claudinei, prudente, le informó que a su debido tiempo ésta y otras preguntas tendrían respuesta completa.

Dos días después de este último encuentro con Claudinei, Elysian parte hacia el Puesto de Socorro que lo acogió hace cuatro años y donde ahora se encuentra el mayor tesoro de su corazón: ¡Joanne!

. Su corazón literalmente se cayó del pecho, debido a los fuertes latidos que desencadenó la expectativa del próximo encuentro con Joanne.

El desequilibrio no fue solo cardíaco: también sus pensamientos, presa fácil de la ansiedad, en aquel viaje, no demostraron el equilibrio que casi siempre es evidente...

Iba a ver a Joanne otra vez. Eso fue todo lo que importaba.

No faltaron las recomendaciones de Claudinei para hacer de la oración su compañera inseparable de viaje. Elysian no olvidó tal consejo: oró con devoción, pero sus oraciones no lograron completarse, ya que la imagen de Joanne interrumpió el flujo mental de recogimiento e intercambio con esferas superiores de la espiritualidad y, extrapolando la realidad misma, casi se materializó junto a Elysian.

Entonces se produjo un abrazo, mentalmente centrado en el joven, largo y acogedor, entre ellos.

En este deleite imaginario, Elysian se despertó repentinamente y, saliendo del letargo momentáneo, comenzó otra oración.

Pero Joanne insistió en reaparecer y abrazarlo. Fue liberado de esta situación problemática cuando llegó al Puesto.

Sin sentirse feliz, Elysian se despidió de la tripulación del vehículo que lo había traído. Y, al pisar el suelo nostálgico que tan generosamente lo había acogido en el pasado, contempló aquel paisaje tranquilo.

Un segundo antes de ver al doctor Roboels, que había venido a darle la bienvenida, sus ojos, obedeciendo a los mecanismos naturales de la sensibilidad y la gratitud a Dios, produjeron copiosas lágrimas que, rompiendo el dique del autocontrol, duramente conquistado, rodaron por el rostro abajo.

Cuando lo recibió el director del Puesto, cuyo apretón de manos expresaba felicidad mutua por la reunión, Elysian lloró más.

El doctor Roboels, muy experimentado en despedidas y regresos, tampoco pudo evitar las inocultables lágrimas se mezclaron con las de Elysian cuando, mientras lo abrazaba, abrazó con fuerza el rostro del joven.

No se dijo una sola palabra entre ellos. No fue necesario.

Después del Doctor Roboels, Elysian volvió a ser acogido por Clemente, su amigo y compañero, nunca olvidado. Clemente condujo al recién llegado a su respectivo alojamiento.

Inmediatamente y sin demora, adivinando sus pensamientos, lo invitó a dar un paseo por los jardines de Puesto, ¡así sin más! Había ocurrido años atrás, en su primer paseo, tras salir del pabellón "A", cuando se encontraba en tratamiento.

Elysian no le preguntó nada a Clemente, en voz alta.

Pero la prisa de Elysian era indiscutible quería saber sobre Joanne.

Juntos fueron a los hermosos jardines del Puesto.

En la misma banca, donde se sentó por primera vez, y donde quedó deslumbrado por las flores y sobre todo por el Sol, en esa misma banca, ¡estaba Joanne!

Sin poder contener el impulso, corrió hacia la joven. Cuando lo vio, igualmente embargado por una emoción indescriptible, incontrolable, imparable, al instante se levantó de la banca y corrió hacia Elysian.

Pocas palabras podrían expresar la belleza de aquella escena, en la que los dos jóvenes, ya libres de toda limitación social, familiar o económica, se abrazaron apasionadamente.

Finalmente, ese abrazo, tantas veces deseado en la carne y que Elysian había sentido en verdadero delirio durante el viaje justo ahora, se materializó, paradójicamente, en el mundo espiritual.

RECONSTRUCCIONES

Cuatro semanas de esplendor vivieron Elysian y Joanne.

El amor sin barreras entre dos criaturas que unen ideas y espíritus en un solo ideal, es una de las expresiones magnánimas de la Naturaleza. Producto del amor puro hacia otro ser, quien ama y es correspondido tiene el Sol del amor y se desliza entre las nubes de la felicidad, viendo el mundo con la visión de un ángel.

También Elysian visitó Bientout en numerosas ocasiones. Siempre estuvo acompañado de Joanne.

Los jóvenes tuvieron otra felicidad, ver que el hombre, aunque como un parapléjico preso por sus dolencias orgánicas, les había extendido las manos, en cada visita, en un gesto sintomático de reconciliación con Elysian y sobre todo de aprobación de su unión con su hija.

El amor de los jóvenes, grabado en sus ojos, presente en sus movimientos y palabras, proporcionó a Bientout, dos años después del desastre que le había sobrevenido, sus primeros momentos de paz y de integración en la vida.

Durante dos largos años, Bientout ni siquiera había podido hablar. Ahora, frente a los dos jóvenes, aseguró que Elysian era un verdadero amigo, primero por haberlo ayudado cuando estaba vivo, y segundo por amar increíblemente a su hija, a quien él mismo, como padre, amaba intensamente.

Durante los dos años que padre e hija estuvieron detenidos en el Puesto, habían sido informados sobre los antecedentes y las graves consecuencias de los hechos que los afectaron.

Si, por un lado, la joven mostró percepción y conformidad, su padre, aunque silenciado por los traumas, demostró rebelión y odio.

De manera elemental se les mostró la Ley del karma – acción y reacción –, hasta la saciedad, con innumerables argumentos lógicos y ejemplos indiscutibles.

Bientout, incluso rebelado, había logrado asimilar parcialmente el muy justo alcance de equilibrio que se desprende del concepto de mérito, de plantación y cosecha, de libre albedrío – penas y recompensas –, en definitiva.

Lo poco que había aprendido era ya suficiente para borrar, por algunos espacios, de su alma el terrible peso de la venganza, sustituyéndolo por el "ligero peso" del perdón. La revuelta que había estado arraigada en su espíritu durante tanto tiempo frente a la presencia amistosa y consultiva de Elysian comenzó a disolverse.

El miedo que había en su alma le hizo navegar contra la corriente del Evangelio, con tropiezos; el perdón lo llevó de regreso a las tranquilas corrientes del bien, en el mar de la vida.

En cuanto a Joanne, innumerables asistentes al Puesto, que se convirtieron en sus amigos, le hicieron reconocer la inutilidad de una vida sin realizaciones personales y colectivas, orientadas al máximo hacia quienes las necesitaban.

Realizó, tal como lo había hecho Elysian, el curso en la Escuela "La Primera Sabiduría – La Vida", en el ala "B."

Fue allí donde, durante una de las clases, se hizo evidente su espíritu, respecto del mal uso que había hecho de las innumerables posibilidades materiales puestas a su disposición, cuando encarnada.

Belleza y fortuna. Familia y salud. Inteligencia y libertad.

¡Todo lo tenía!

La clase que reveló la realidad se refirió a la "Parábola de los Talentos", en el que Jesús exhortaba a sus discípulos a buscar reproducir siempre las bendiciones recibidas de Dios, nunca a enterrarlas en la inanición.

Cuando, semanas después, llegaron a su mente otros pensamientos sobre la naturaleza temporal de las posesiones terrenales - de lo cual ella misma fue evidencia – Joanne, autoinducida, se preguntó qué beneficios le había producido tener tanto.

La respuesta, siempre simbolizada por un vacío, demostraba que estaba en deuda.

Así, además del testimonio de varios ejemplos de otros amigos que pasaron por las mismas dificultades, sin superarlas, y que ahora buscaban nuevas oportunidades de obtener la debida compensación, transfiriéndose a otras instituciones, para trabajar por los necesitados, Joanne también a eso, sinceramente, se dedicara.

Después de un mes de completa felicidad, Elysian fue informado por el Director del Puesto que debía regresar a "La Cosecha de los Espíritus."

Antes de partir, el joven se reunió con Bientout y Joanne para despedirse, en la sala donde estaba ingresado y de la cual aun no podía salir todavía.

Entrelazados, los tres, el joven suplicó a Jesús, en una conmovedora oración, que vibraciones de consuelo y paz llegaran a Marceline, Gislaine y especialmente a Alonse. Oró además que el Maestro los sostenga en sus buenos propósitos evolutivos, iluminando sus espíritus en el momento de las decisiones más difíciles, generalmente con familiares y amigos, cubriendo sus corazones de paciencia, tolerancia, comprensión y amor.

Reservado para el día anterior a su partida, Elysian recibió una gran sorpresa: lo llamaron al consultorio del doctor Roboels, donde encontró a su padre, sonriente.

Padre e hijo se abrazaron felices, un abrazo largo.

– ¡Tantos años, hijo mío...!

Ellos lloraron.

El padre de Elysian, dado de alta hacía mucho tiempo y que servía en una institución espiritual que brindaba apoyo a los jóvenes, fue traído al Puesto por mérito ganado, en tareas humildes y duraderas.

La visita allí para encontrarse con su hijo mayor, desencarnado, fue la primera etapa del viaje que emprendería luego hacia Marsella, para ver también a su familia, todavía en la carne. Si fuera posible, les hablaría cuando estuvieran en pleno sueño.

El Director, emocionado, compartió el feliz momento. Creyó oportuno aclarar una duda que inquietaba a Elysian:

– En la medida en que asumimos la responsabilidad de la orfandad de alguien, tendremos que sentir, al menos en una existencia, los malestares y las dificultades, morales y espirituales, de los huérfanos que provocamos.

Esta reparación nos la exigirá, implacablemente, nuestra conciencia, cuando la razón y el remordimiento nos muestren las consecuencias de la falta de un padre.

Elysian lo entendió fácilmente.

En su pasado, como quizás en el pasado de los huérfanos, probablemente haya registros de actos violentos, llevados a cabo con malicia, que resultaron en que los padres fueran despojados de sus hijos.

El Director añadió:

– El ser humano, en las distintas fases de su evolución, conecta familiarmente con innumerables personas similares.

Hemos tenido y tendremos muchos padres y madres - dijo a los atentos oyentes -. Igualmente, muchos hermanos, hijos, abuelos...

Por la experiencia necesaria, nos reencontraremos con familiares, en vidas sucesivas, cambiando con ellos posiciones de ascendencia, descendencia, otras de parentesco y convivencia social.

Este hecho hace que el número de parientes que tenemos sea innumerable. Cuando estemos en armonía con todos y todos entre nosotros, alcanzaremos la gracia de pertenecer a una sola familia: ¡la gran familia universal!

Podríamos pensar que tal vez esto es lo que Jesús quiso decir cuando dijo que habría un rebaño para un solo Pastor.

Al día siguiente Elysian retornó a la "Cosecha de los Espíritus."

Su corazón estaba lleno de felicidad y sueños para el futuro.

El doctor Roboels, al despedirse, le aseguró que de vez en cuando en el tiempo podría reunirse con Joanne.

Pero el director se mostró reticente a decir "dónde":

– Aquí en el Puesto o más lejos, en otro lugar...

Por el momento, al volver a la "Cosecha de los Espíritus", solo la conciencia de la eternidad era un alivio del dolor inevitable que suponía la separación de Joanne.

Joanne, por su parte, con los ojos bañados en lágrimas ardientes, que ya lo extrañaba, incluso en los últimos momentos de la estancia de Elysian en el Puesto, no había podido controlarse lo suficiente como para evitar el vértigo incoercible que nublaba por completo su conciencia. Fue apoyada por dos amables asistentes que la llevaron, inconsciente, a sus habitaciones.

Estuvo inconsciente durante tres días. Los voluntarios del Puesto permanecieron ansiosos junto a su cama, vigilando su recuperación, y consciencia, a través de la energización vital, transmitiendo pases reparadores.

Al despertar aceptó una invitación para inscribirse, como voluntaria, para brindar servicios de asistencia a niños pequeños, pues según le habían informado, existía otra institución espiritual muy vinculada al Puesto, con tal encomienda.

Un año más permaneció en el Puesto, recibiendo clases de evangelización, participando eventualmente en algunas tareas para ayudar a otros servidos, quienes allí recibieron el don de alojamiento, trato y, sobre todo, iluminación espiritual. Finalmente llegó el día de materializar lo que se convirtió en su sueño devocional: fue trasladada a un lugar llamado "Aurora Espiritual", destinado exclusivamente a recibir a los recién nacidos terrenales, una vez que hayan despojado de su cuerpo.

La gestión del nuevo hogar de Joanne estuvo a cargo de Anne–Claudette, una señora amable y competente, de unos treinta y cinco años, muy hermosa.

Al igual que Joanne, todas las demás colaboradoras de "Aurora Espiritual" llevaban en su alma femenina el deseo sublime de acoger en brazos a pequeños bebés desafortunados.

La noble dama, profundamente conocedora del embarazo y del nacimiento de las criaturas humanas, combinó estos conocimientos con un alto conocimiento de amor y donación.

Se venía aplicando desde hacía varios años en estudios sólidos sobre los procesos de encarnación, especialmente en sus aspectos más castigadores: el caso de los mortinatos y el caso de los seres que mueren a las pocas horas, o incluso a los pocos días, de vida. Por méritos, fue designada para la Dirección de "Aurora Espiritual", donde desarrolló métodos específicos de atención a casos tan dolorosos y, al mismo tiempo, de apoyo a familiares encarnados.

Joanne recibió, como primer deber, junto con otros recién llegados, la misión de acoger a los bebés que llegaban.

Casi siempre inconscientes, indefensos, privados de todo, • los bebés solían llegar fríos y en condiciones precarias.

Invariablemente, eran llevados por equipos de rescate que los rescataban tras desencarnar, llevándolos, inmediatamente, a "Aurora Espiritual."

Al recoger a los bebés, Joanne los abrazó físicamente contra su cuerpo, transfiriéndoles calidez, cariño y protección. Luego, los vistió con prendas de abrigo que una numerosa legión de abnegados fabricantes tejieron y almacenaron, en las amplias instalaciones de esa benemérita institución.

Al mismo tiempo, realizaba sencillas tareas auxiliares de lactancia, bebiendo agua para los bebés y entreteniéndolos gentilmente cuando se despertaban dolorosamente.

La acción magnética restauradora fue otro recurso que Joanne aprendió a utilizar, siempre combinada con la oración.

La joven permanecería allí por un período no pequeño: aproximadamente veinte años terrestres.

Elysian, al llegar a la "Cosecha de los Espíritus", se dedicó por completo a la tarea misionera de la caridad en favor de los necesitados. Con su postura equilibrada, con su ardor evangélico, muy impulsado por la gratitud a Dios por haberle concedido el amor de Joanne, con sus virtudes peregrinas de humildad y la tolerancia, ejerció el bien durante diez fructíferos años, a veces, en el plano espiritual, junto a la erraticidad; ahora, en el plano terrenal, junto a las violentas disensiones de seres y familias en desacuerdo...

Después de una década, dentro de la cual tres veces pudo visitar a Joanne, aunque por breves períodos, Elysian fue inscrito, gracias a sus logros, en una importante escuela de la "Cosecha de los Espíritus" en la carrera de Medicina.

Allí se quedaría, sin más compromisos que el de estudiar con aplicación y alegría, durante diez años más. Elysian y Joanne, aunque estaban separados, se sentían integrados.

Se sintieron felices.

Bientout, después de dos años de permanecer en total inmovilidad, en el ala "A" del Puesto de Socorro, intentó pasos tímidos. Gracias a Elysian había logrado sobrevivir a la tormenta que lo había azotado. Y, dadas las enseñanzas evangélicas citadas repetidamente por sus asistentes, buscó una nueva dirección, otra forma de vida. No cumplió ni tres años en el Puesto y fue trasladado a una colonia similar. Allí aceptó humildemente trabajos relacionados con la tierra, en la siembra y cosecha, además de ayudar en el almacenamiento y purificación del agua.

Durante diecisiete años trabajó en estos proyectos, pasando de simple agricultor a director general de las plantaciones. Combinando su propio conocimiento y otros, se convirtió en un consumado granjero.

Con razón merecía el honor de dirigir los jardines de ese lugar, llamado "Cosecha Fraternal."

Había estado viviendo en esos benditos parajes durante quince años cuando solicitó cambiar su nombre, buscando alejarse de los viejos recuerdos, de las fabulosas riquezas, de los desgraciados acontecimientos, pensó que le haría bien que le llamaran con otro nombre, distinto del de Bientout.

Siempre había admirado la singular figura de Josué, un luchador incansable, continuando la obra de Moisés. Y que, en sus largos ciento diez años de vida, obediente al Señor, siguió dirigiendo a su pueblo, proporcionándoles tierras y más tierras, más allá del Jordán – así como los "salvados de las aguas", había prodigios a los ojos de los hebreos después de su paso por el Mar Rojo.

Por eso le gustaría ser llamado Josué, en lo que fue atendido.

Gislaine, abrumada por el odio y las implicaciones de venganza contra Alonse, no pudo despertar.

Permaneció dos años en el Puesto de Socorro Número Nueve, siendo visitada únicamente por equipos de servicio especializados, quienes la mantuvo así, a través del tratamiento de terapia del sueño.

Su espíritu, en lapsos de conciencia, se había sumergido en un nefasto torbellino de represalias que debía infligir a Alonse sin falta, cueste lo que cueste y en el tiempo que hiciera falta.

Al no poder permanecer más tiempo en el Puesto, fue trasladada, inconsciente, a una institución espiritual especializada en brindar tratamiento a espíritus cristalizados en la negatividad.

Allí tendría que permanecer, en un sueño profundo y prolongado, hasta descongelar de su mente los graves impulsos vengativos que la acosaban, lamentablemente, insistió en fortalecerse.

Durante este largo período de letargo, su mente, dando lugar a impulsos vengativos contra Alonse, le provocó horribles visiones, que experimentó plenamente: se vio empantanada hasta las rodillas en un pantano fétido infestado de animales repugnantes y Alonse delante de ella, a poca distancia, también con sus movimientos casi completamente imposibilitados, ojos vacíos, mirando con avidez.

Con indefinible claridad veía ahora, en Alonse, el mismo hombre que fuera su amante en un pasado distante.

Se burlara de él en ese entonces, rechazándolo, lo que resultó en su suicidio, dejando esposa e hijos totalmente desamparados.

Esos trances malignos, de los cuales solamente el perdón podría liberarla, duraran cerca de veinte terribles y sufridos años.

Agotadas todas sus reservas morales, plenamente consciente que no conseguiría jamás vengarse de Alonse, pues sus incontables intentos no habían prosperado, por la inmovilidad que el charco le imponía, impidiéndole aproximarse a su victimario, igualmente inmovilizado, pensó un día, vagamente, en Joanne y en la hacienda de los Sfendu.

Se acordó como, aun una niña, fuera transferida allí.

Sus padres adoptivos - su siguiente recuerdo - le enseñaron, entonces, que había "santos bondadosos", que recompensaban a quienes los obedecían...

Aferrándose a este recuerdo, como un náufrago a un pequeño trozo de tablilla, se arrodilló y, levantando la vista, gritó con la mayor potencia posible de su voz:

- Santos del cielo: sáquenme de aquí, por el amor de Dios.

Y sollozando:

- ¿Qué debo hacer para obedecerlos?

Inmediatamente, una pequeña parte del cielo se iluminó y Gislaine, después de casi dos décadas de estar en la oscuridad, vio acercarse un ángel, en forma de mujer, que le dijo:

- Querida hija: ¡solo perdona!

Gislaine se desmayó, en su estado de sonambulismo, mayormente lleno de pesadillas y dolor.

Ella fue rescatada.

Alonse, sin reservas espirituales, no podía soportar el indescriptible *"modus vivendi"* que él mismo había creado.

Las ecuaciones mentales provocadas por su mal comportamiento le llevaron a delirios desastrosos, en los que no encontraba explicación lógica a tanto sufrimiento.

Creyéndose víctima deshonrada de seres infernales, que, de hecho, comúnmente pasaban por allí para torturarlo, se sumergió en la revuelta, y al regresar a la superficie de la realidad se involucró con la locura, única salida posible para él.

Además de sus ya insoportables sufrimientos, recibía, además, constantes visitas de Gislaine, cada vez que pensaba en ella.

Siempre la veía ensangrentada, furiosa, vengativa.

Lo invadieron sentimientos controvertidos, a veces de voluptuosidad, a veces de odio.

Gislaine era a veces la sirvienta joven y atractiva, a veces su amante, voluble e irresistible, de hace mucho tiempo.

Así permaneció, hasta que fue sacado obligatoriamente de allí, para reiniciar un largo camino de reparación.

CUARTA PARTE

EL AYER MÁS EL HOY FORMAN EL MAÑANA

Pasaron veinticinco años desde la desencarnación de Elysian.

El tiempo, remedio infalible para todos los males, ejerció influencias beneficiosas sobre todos los espíritus desencarnados restantes del hogar y las propiedades de los Sfendu.

Como la tónica del tiempo es el dinamismo – la acción continua -, los instructores espirituales estrechamente vinculados a aquellos acontecimientos decidieron, de común acuerdo, que nuevas etapas de reencarnación verían iniciados sus procesos, para aquellos personajes. La "Cosecha de los Espíritus" a través de los medios a su alcance, fue aclamada unánimemente como punto de encuentro de futuros retornados. Ellos eran: Elysian, Joanne, Gislaine, Bientout, Alonse, Marceline, "Abuela Negra", Marcel y Jussard.

Uno a uno fueron llevados a ese santuario espiritual, a excepción de Elysian, quien ya llevaba más de veinte años destinado allí y ahora completaba el curso de Medicina, con especialización en enfermedades y traumatismos craneoencefálicos.

Claudinei fue designado recepcionista y portavoz para las instrucciones que debían transmitirse a los invitados.

A su llegada, fueron instalados individualmente en habitaciones privadas, para que nunca más volvieran a encontrarse, al menos hasta nueva orden.

Se preparó un desfile visual de los principales acontecimientos del pasado, que contiene toda una lista de errores y aciertos del grupo, cuya exhibición, realizada individualmente, debe dar como resultado la comprensión y el propósito de la reencarnación, definiendo: "quién", "dónde", "cuándo" y, lo más importante, "cómo" reencarnar...

En un pequeño compartimento, de paredes absolutamente blancas, solo entraba la persona convocada, siempre apoyada por dos asistentes, ambos discretos y competentes.

En esta primera fase, ninguno de los espíritus que asistieron vio ni escuchó a los demás.

Sin embargo, se les advirtió que pronto se celebrarían reuniones colectivas. Entonces, familiares, jefes, empleados, amigos… y enemigos se encontrarían cara a cara.

Y así comenzó la proyección de imágenes, para lo cual tres de las cuatro paredes de aquella pequeña, pero cómoda habitación servían como biombos simultáneamente.

El primero en ver la proyección fue Elysian.

El tiempo de proyección estaba previsto para dos horas diarias, durante una semana.

Aquel que contemplaba la auténtica repetición de escenas ya vividas, era magnetizado por los dos asistentes, para poder proporcionar él mismo, desde sus contenedores cerebrales, la trama que se mostraba. El proceso utilizado por los instructores transportaba, de la mente a la pared, las acciones del personaje de ayer, que no era otro que el asistente de hoy.

Sorprendentemente, entre varios personajes en movimiento, se resaltaron con mayor brillo y colores más fuertes las acciones de quien las originó y estuvo presente.

De manera singular, en determinados acontecimientos la imagen quedaba congelada en una o dos paredes y en la tercera se reproducían escenas, a tamaño ampliado, reforzando así en la memoria de los espectadores la fantástica repetición de su pasado.

En otros momentos, todas las imágenes cristalizaban y los asistentes hacían comentarios adecuados a los planteamientos que consideraban necesarios.

Por separado, vieron su pasado:
- Elysian, totalmente equilibrado;
- Joanne, en apreciable condición espiritual;
- Bientout, comprometido con su propia reforma íntima;
- Gislaine, lamentablemente todavía obsesionada con ideas de venganza, aunque sea por períodos escasos;...
- Alonse, estuvo atento a la potencia y especializada fluidificación, ya que su espíritu, en condiciones normales, ya no estaba lúcido;
- Marcel, que había desencarnado hacía unos cinco años y tenía un entendimiento razonable;
- Jussard desencarnó mucho antes que Marcel, pero dotado de templanza mental, habiendo desarrollado la sencillez de las cosas;
- Marceline, perdida desde hacía más de doce años, pero todavía inmersa en una desesperación total, necesitando cuidados e intervenciones constantes por parte de los asistentes para comprender lo que estaba sucediendo;
- "Abuela Negra", también desencarnada desde hacía más de una década y plenamente lúcida, gracias a indiscutibles méritos morales.

Como preámbulo de la proyección, a la que asistieron todos, se mostró, sin particularizar personas ni lugar las condiciones de vida de las que disfrutaban los habitantes de la región situada entre el norte de África, el sur de Europa y parte de Asia, en el período comprendido entre los siglos VI y XVI.

Así, en esa sala se recreó una conversación hecha de muchos años de vida.

A continuación se podría ver que tal enfoque se dirigía hacia Egipto, entonces en el siglo XVI: es que en Egipto y países adyacentes, el mundo vio los horrores de trece siglos de crueles combates de conquistas devastadoras y, al mismo tiempo, cuando menos, un mal por día, por cada conquistador...

En este insólito viaje al pasado, o más que eso, en la fantástica presencia del pasado allí en ese ambiente, casi incrédulo, aunque sin complejos, esto es lo que vieron:

EGIPTO – 1.580

La vida en Egipto siempre se ha debido al río Nilo.

Si no hubiera un gran río, no habría Egipto: solo desierto.

El río, el más largo del mundo en extensión, desde su lejano nacimiento hasta su desembocadura, en Egipto, pasa por otros innumerables países, donde recibe un mayor volumen de agua de varios afluentes, además de cal y humus, un verdadero regalo precioso y natural.

Como en su recorrido encuentra, en la mayoría de los casos, solo llanuras marginales, cuando se producen las inundaciones anuales, de junio a septiembre, se produce un desbordamiento natural, formando extensas franjas de tierra muy fértil, en ambas orillas. Las inundaciones son una rara combinación de fuertes lluvias en los grandes lagos africanos por donde pasa el río, combinadas con el agua del derretimiento de la nieve de las montañas de la misma región. Así, aunque en el propio Egipto hay pocas lluvias, es en ese territorio donde, camino a su desembocadura, el río Nilo promueve mayores beneficios a la agricultura.

Cuando las aguas regresan al lecho normal, dejan suelos laterales sumamente fértiles, donde las semillas germinan increíblemente rápido, simplemente con ser arrojadas sobre ellos.

En el año 632 murió en Arabia el profeta Mahoma.

Fundador de la nueva religión, el Islam, llevó a sus innumerables seguidores a las conquistas, en la llamada "guerra santa."

Así, los árabes llegaron a Egipto en el año 640 y fundaron su primera ciudad: Al-Faustat.

Poco a poco, el pueblo egipcio adoptó la religión y las costumbres árabes.

Los árabes fueron condescendientes con las costumbres de los pueblos conquistados y en ese terreno se impusieron gracias a su avanzada evolución.

Sin embargo, eran intransigentes e intolerantes con respecto al poder: no había perdón para la desobediencia, solo la muerte.

En los siglos siguientes, los turcos continuaron sus conquistas, siempre a costa de grandes y sangrientas batallas.

En 1517

877 años después de la llegada de los árabes, los turcos otomanos invadieron todo Egipto, convirtiéndose en los nuevos propietarios.

El Imperio Otomano, en aquella época, estaba en pleno poder, con dominios en Asia Menor, Mesopotamia, Europa y África.

La "tierra de los faraones", tan famosa y tan venerada, fue degradada, sin ceremonias, a simple provincia del Imperio Otomano, que, durante unos trescientos años, sembró el terror en aquellas lejanas tierras.

Y así durante doscientos ochenta y un años los turcos permanecieron en posesión de Egipto, sin disfrutar de mayores riquezas naturales, impedido por la propia dureza de la geografía egipcia.

La confiscación de la producción agrícola, única riqueza, provocó a los egipcios, en aquellos tiempos de sufrimiento, pruebas indescriptibles: miles de muertes por inanición – por hambre – tuvieron lugar frente al río generoso, llevando al pueblo a un alto nivel de revuelta.

En este ambiente, todos los personajes ahora estaban alojados en la "Cosecha de los Espíritus."

Yahia Neguib (Marcel), con el corazón angustiado y un sabor de muerte en la boca, tal era su preocupación, rápidamente se dirigió al pueblo de Isna, ubicado a la orilla del río grande, a unos quince kilómetros de su casa.

Fue en busca de la partera competente que atendía a los niños en toda esa región, siempre que había problemas. Su cuñada, Rajah Nshad (Marceline), había iniciado el trabajo de parto, respecto del tercer hijo, pero algo gravísimo estaba sucediendo: ¡parte del feto se había liberado del interior del útero y se había hecho visible! Sin embargo, la interrupción del parto, en ese momento, provocó un dolor agravado en el momento máximo, mostrando una peligrosa anomalía.

Su hermano, Saeed Khalil (Bientout), marido de Rajah, desesperado por no poder hacer nada para resolver el problema, y mucho menos saber cómo aliviar el dolor de su esposa, le pidió a Yahia que fuera lo más rápido posible hasta la ciudad de Isna en busca de la señora Jehan ("Abuela Negra"), una conocida partera. Yahia ni siquiera pestañeó: avanzó rápido por el camino arenoso y no tardó en recorrer los casi quince kilómetros que separaban su casa desde la residencia de la partera en Isna.

Encontró a la mujer en casa y le contó por qué era fundamental que estuviera presente en casa de su cuñada, quien estaba prácticamente en agonía. Sus palabras y su nerviosismo dejaron en claro la urgencia de la ayuda que se debía brindar a la parturienta.

La señora Jehan, al escuchar las palabras explicativas de Yahia, no hizo una sola pregunta y ni siquiera dijo una sola palabra.

Por los detalles, imaginó de qué se trataba: gemelos. Realmente, era muy serio.

Y ciertamente más allá de sus posibilidades, porque tal vez mucho más allá de su conocimiento.

Sin embargo, accedió a ir al pueblo, situado en los límites del gran desierto.

Cogió algunos accesorios, un litro de una poción basada en el láudano y rápidamente abordó el problema.

A su llegada, realizó exámenes superficiales que lamentablemente confirmaron sus sospechas: allí estaban naciendo gemelos.

Y peor: quizá se trataba del rarísimo caso de gemelos siameses. Solo a través de narrativas, de orígenes perdidos, conocía de estos casos.

Y no hubo noticias de supervivencia, ni de la madre ni de los niños, en ninguno de estos casos.

Las técnicas de parto conocidas entonces eran completamente ineficaces en tales casos.

No hizo nada.

Se retiró al patio trasero de la cabaña y llamó a Saeed. Le dijo, sin dudarlo:

– No puedo hacer nada. Ni yo ni nadie más. El caso de su esposa, que resulta ser una entre un millón, no autoriza ninguna intervención.

Y concluyó lúgubremente:

– Todos morirán: madre e hijos.

Ante el estupor y el tormento de Saeed, suavizó parcialmente su afirmación anterior:

– Solo Alá... Solo Alá...

Saeed, al escuchar maldiciones e imprecaciones provenientes de su esposa, se encontraba entre lo real y lo irreal.

En ese momento, no reunía las condiciones mínimas para tomar una decisión.

Su mente, en un proceso psicológico de escape, se había nublado por la razón, especialmente porque continuaban las invectivas de Hajah contra él.

El hombre estaba allí físicamente, pero su espíritu buscaba desesperadamente escapar de su cuerpo. Se predijo que estaría a punto de desmayarse. "Todos morirán: madre e hijos", martilleó su cerebro. Reuniendo sus últimas reservas, desafió a la señora Jehan:

– Estoy acostumbrado a ayudar a camellos, yeguas, vacas e incluso elefantes a dar a luz a sus crías. Muchos casos son complicados y si no se hace nada, todos mueren, como usted dijo. ¡Por eso imploro cualquier intento, excepto permanecer aquí de pie!

La señora Jehan miró fijamente a Saeed, con gran admiración. Y sopesándolo palabra por palabra:

– Muy bien, que quede claro que las posibilidades están en contra.

Saeed salió de su aturdimiento y proclamó:

– ¡Por Mahoma, asumo todos los riesgos y responsabilidades!

Sus palabras liberaron a la partera de cualquier fracaso, ah, cómo, respondió a las histéricas acusaciones de Hajah, quien continuó gritando:

—Maldita sea, maldita sea: ¿quién les dice a ti y a tu hermano que se involucren con la magia...?

Hajaha se refirió a algunos acontecimientos extraños que involucraban no solo a Saeed sino también a su hermano Yahia: desde hacía algún tiempo Yahia había visto figuras del otro mundo, con quienes Saeed estaba hablando. Muchas de estas apariciones hablaron por boca de Yahia.

Se identificaron perfectamente y enviaron mensajes a algunos familiares, generalmente residentes en esos lares.

A medida que se difundió esa noticia, gente del pueblo y también extraños comenzaron a visitar la casa de Saeed, en busca de tales milagros. Algunos simplemente tenían curiosidad, otros querían asegurarse que no surgieran ciertos actos deshonestos, provenientes de la muerte, otros, más sinceros, estaban movidos por un inmenso anhelo.

Casi todo el mundo hablaba de pago.

Saeed y Yahia, imprudentemente, rechazaron los pagos.

Hajah nunca había aceptado tal relación con los muertos y principalmente porque esto solo ocurría cuando los dos hermanos estaban juntos. Le había pedido varias veces a Saeed que expulsara a su hermano de allí.

Saeed, incapaz él mismo de explicar el origen del fenómeno, sabía que esto no era obra de Satán, aunque tampoco estaba autorizado por Mahoma.

Sacando a la luz secretos familiares inexpugnables de aquellas zonas cercanas, no tardaron en ser, paradójicamente, adorados y execrados por muchos. Los dos hermanos fueron consultados para pequeñas cosas, como objetos perdidos, planes, cosas que hacer, consejos matrimoniales...

Todos fueron atendidos amablemente. Nunca escucharon lo que querían escuchar. Muchos regresaron a sus tareas sin recibir una sola palabra del querido difunto y en este caso, los dos hermanos se sintieron ofendidos y amenazados.

En cuanto a las instrucciones de Saeed, siempre fueron firmes y seguras y el tiempo lo demostró.

Calentaron mucha agua.

Sacaron a todos de la casa, menos a la mujer.

Jehan le dio a beber a Hajah una copa llena de láudano. Con dificultad, el paciente ingirió el precario anestésico.

Luego, con la valiente ayuda de Saeed, la partera hizo algunas incisiones bien colocadas en la región genital de Hajah, utilizando un instrumento muy afilado que ella había traído, junto con otros utensilios propios.

Y, tras la episiotomía, ante el asombro de Jehan y Saeed, sucedió lo imposible: dos niñas fueron retiradas del sublime ambiente uterino y, tras algunas sacudidas de la partera, lanzaron tímidos maullidos.

Casi imperceptiblemente comenzaron a llorar. Hajah se había desmayado.

Los recortes fueron mucho mayores de lo esperado, dada la grave situación presentada.

Después de realizar las suturas necesarias y algunos otros cuidados, la partera le recetó algunos tés para que le diera a Hajah, cuando despertara.

Cobró un alto precio por sus servicios, mucho más allá de los medios de Saeed. Después de recibir una parte de lo que se le debía, abandonó la cabaña y regresó a Isna, acompañada por Yahia.

La noticia se extendió por todo el pueblo y causó un gran revuelo: las gemelas tenían los cuerpos unidos por las caderas. ¡Allí estaban ellos, las indisolubles!

Jehan, por absoluta falta de conocimiento, no había podido aconsejar nada a su padre sobre las medidas que debía tomar, de ahora en adelante, con sus anormales hijas. Hajah, recuperando el sentido, fue informada de todo por Saeed. Se negó rotundamente a aceptar a sus hijas. No quiso, al menos verlas. Se provocó un terrible abatimiento físico, deseando morir, por lo que, bajo la apariencia de un suicidio indirecto, se declaró en huelga de hambre. No perdonó a Saeed ni a la naturaleza por la desgracia que le había sucedido. La vergüenza pública sería insoportable: nada en este mundo podría explicar, y mucho menos justificar, semejante infelicidad, semejante castigo.

Se sintió abandonada por todo y por todos.

Empezó a odiar a Saeed, el mayor culpable, que al involucrarse con los muertos había traído tanta desgracia a la casa. Realmente odiaba a la señora Jehan, que debería dejar morir a los "monstruos." Condenó ferozmente a Yahia quien, además de compartir magia con Saeed, también había ido a Isna a buscar a la partera. Finalmente, odiaba, mucho, a ese bicho raro que el destino le había regalado como hijas.

Estaba segura que el cielo la había castigado tan cruelmente por culpa de su marido y su cuñado, ya que no tenía recuerdos de haber cometido errores tan graves que pudieran ser castigados con tanta seriedad.

Su rebelión, por tanto, fue total.

El mundo ya no era un lugar para ella.

– Que la muerte lo solucione todo.

Profundamente disgustada por la terrible trampa que el destino le había impuesto, Hajah se dejó sucumbir poco a poco.

No podía soportar el peso de tanta vergüenza, de tanta desgracia.

Por lo que, sin tener cuidado con los profundos y extensos cortes que le hicieron, no realizó los imprescindibles vendajes prescritos por la partera.

Rechazó cualquier alimento, así como los tés medicinales. No en vano, menos de cuarenta y ocho horas después del traumático parto, la delicada región física femenina quedó infectada. Su estado de salud fue irreparablemente comprometido.

Todos los intentos y esfuerzos de Saeed por revertir la morbilidad de su esposa fueron inútiles.

Entre delirios febriles, entre esfuerzos sobrehumanos y contorsiones, totalmente contraindicadas para su situación; el execrable volcán se activó de repente, ardiendo por donde pasaba, colapsó por septicemia, agravada por hemorragias imparables.

Siguieron momentos de gran dolor y angustia en la vida de la familia de Hajah: su marido, Saeed; sus dos hijos, Nabil al–Madi (Elysian), de doce años y Abdel Abud (Joachim), de nueve años y su cuñado Yahia. Y también, de las hijas gemelas, la de la derecha, Inaiat (Joanne) y a la izquierda, Neemat (Gislaine), que, al nacer, quedaron abandonadas al desamparo maternal.

Las huérfanas, unidas desde la cintura hasta la parte exterior del muslo, fueron tratadas por todos con especial atención y cuidado, siendo constantemente objeto del cariño de su padre, que permaneció viudo, a pesar de varias oportunidades de nueva unión que surgieron.

Todos colaboraron en la increíble crianza de las gemelas. Sin embargo, una vergüenza imborrable se cernía sobre ellos.

Los primeros tres años de la vida de las gemelas fueron una transición difícil.

¡La existencia de los siameses despertó de inmediato la curiosidad popular que cuenta la noticia! De hecho, recorrió cientos y cientos de kilómetros, llegando a oídos de un famoso médico, radicado en la Capital, donde venía realizando prodigiosas cirugías en el campo de la obstetricia.

Casualmente, la señora Jehan, al enterarse que los gemelos se estaban convirtiendo en un espectáculo público, recordó que ella era la responsable de esa "monstruosa aberración" de la naturaleza, al considerar íntimamente el cuadro, eso causó tanto horror a cualquiera que lo vio. En una mezcla de arrepentimiento, conmiseración e integridad moral, llegó a la capital un mensajero con una nota para el famoso obstetra, el doctor Mahmud Said, transmitiendo datos relacionados con el parto, la edad de las gemelas, para terminar preguntando si había solución a tan doloroso drama.

Las noticias sobre las gemelas llegaron primero al doctor Mahmud, como siempre sucede; sin embargo, con la posterior llegada de la nota, el cirujano, cuya mente aguda por la Ciencia que guiaba los procedimientos, decidió que necesitaba presenciar el fenómeno.

Casi seis meses después de enviar la nota, cuando ya no pensaba en el caso, Jehan se sorprendió por la presencia, en la puerta de su casa, del doctor Mahmud.

¡El médico estaba sumamente preocupado por el caso, porque hasta ese momento nunca había sucedido algo así! Le informó a la partera que quería estudiar el problema científicamente, en vivo. No se mencionó ninguna solución.

Y así, sin demora, ambos fueron a la cabaña de Saeed.

Cual no fue la alegría de los habitantes de la rústica choza cuando el sencillo séquito, al entrar, dijo para qué estaba allí.

Saeed, en estos tres años, había superado sus objetivos agrícolas al tratar de pagarle a la señora Jehan, lo que además hizo;

ahorrar algunas economías para la adquisición de algunas áreas de tierra cultivable.

La vida de las gemelas atravesaba una etapa delicada, ambas ya tenían casi cuatro años.

Tenían su propia individualidad y personalidad. Solo no tenía libertad ni privacidad.

Todo estaba bajo el foco de indecibles contradicciones recíprocas, porque sus funciones fisiológicas, aunque físicamente cautivas unas de otras, se procesaban en diferentes ciclos y horarios biológicos.

Muchas veces Inaiat se despertaba y quería levantarse, pero Neemat seguía durmiendo y cuando despertaba reaccionaba con dureza.

Otras veces, Neemat tenía hambre, pero Inaiat se negaba a ir a comer e incluso cuando una comía, la otra sentía reacciones alérgicas, derivadas de una acción intolerable.

Cuando una de las niñas se presentó enferma, la otra, entre el horror, la ira y el miedo, estaba segura que pronto ella también enfermaría.

Saeed, inmerso en sus tareas agrícolas, que ocupaban dos tercios del año, gracias a las generosas crecidas del gran río que sustentaban sus vidas, poco podía hacer por sus hijas. De junio a septiembre, época en la que el río se desbordó e inundó casi todo, Saeed pasó más tiempo con sus hijas. Cuando las aguas retrocedieron y regresaron a su lecho normal, era hora de apresurarse a sembrar, sin desperdiciar ni un centímetro de tierra donde el río había dado su bendito paseo anual.

Los gemelas estaban al cuidado de una vecina, desde que Hajah falleció.

La pobre señora, a cambio de algo de comida, había acordado con el padre de las niñas que ella se haría cargo de ellas, pero sin responsabilidad alguna ante cualquier imprevisto. Así estaba acordado y así se había hecho durante más de tres años.

Las niñas, incluso ahora, comprendieron parcialmente su terrible drama, de oscuras proyecciones para el futuro.

Nabil, el hermano mayor, prestó especial atención a Inaiat. Fue amable y paciente con ambas, pero Inaiat recibió mayor atención que la que recibió Neemat.

El padre, afectuoso con ambas, solo estuvo presente en casa al final del día, junto con su tío, cuando las gemelas, como buscando escapar de la realidad, se retiraron temprano a la cama.

No llovió en esa región.

Por eso la casa de Saeed tenía dos habitaciones sin techo. Allí se almacenaban herramientas agrícolas, semillas y productos cosechados.

A menudo, al anochecer, debido al calor sofocante, las gemelas fueron llevadas a una cómoda habitación y Nabil, que les hizo compañía hasta que se durmieron, les contó historias sobre las estrellas.

Los tres hermanos, mirando al cielo, desde el interior de la habitación, vieron el desfile de las estrellas, cuyo panorama cambiaba cada hora, con las estrellas pasando lenta y silenciosamente...

Algunas estrellas fueron elegidas como amigas ideales. Y así pasaron los días y los meses.

Sin demora, el doctor Mahmud pidió permiso a Saeed para examinar a las gemelas y le explicó que era la primera vez que conocía un caso así y que, por lo tanto, no podía prometer nada.

Las gemelas unidas siempre han sido una excepción en los anales de la Medicina.

El doctor Mahmud, desde que conoció el caso, se interesó muchísimo por él. Buscó información de otros colegas, pero su investigación no prosperó: se sabía muy poco al respecto. A las gemelas, desde el principio, les gustó el médico. Para ellas, él constituía su primera esperanza. Y también la última.

Lo sabían intuitivamente.

El médico analizó a las hermanas durante varias horas, sin decir palabra. Ningún gesto, ninguna reacción demostró sorpresa.

Después de un examen minucioso, salió de la cabaña, se paró de espaldas a la puerta de entrada, a unos treinta metros de distancia, y dirigió la mirada hacia arriba.

Permaneció así, inmóvil, durante media hora.

Toda la familia de Saeed esperaba en la entrada de la cabaña. Nadie se atrevió a interrogar al visitante sobre ningún aspecto del examen que había realizado. Ni siquiera la señora Jehan.

El doctor Mahmud se volvió hacia la cabaña y regresó. Miró fijamente a las niñas y dijo:

– Cuando cumplan siete años, estaré aquí y las separaré. No puedo hacerlo ahora porque, además que los tejidos aun estaban bastante penetrados, no podíamos proceder con los cortes, sin causar lesiones mortales en las venas, que aun están frágiles, siendo algunas de ellas la única fuente de suministro de sangre a las zonas en que se encuentran ubicados.

Y concluyó, enigmáticamente:

– Por otro lado, si quieren mi ayuda, tendrán que empezar a prepararse para la cirugía de inmediato.

Las gemelas se miraron en desacuerdo. Mahmud añadió:

– Cuando empecemos la cirugía, que es bastante delicada, sabiendo de antemano que los riesgos serán enormes, será fundamental que las dos estén absolutamente identificadas una con la otra, pactados de antemano ante cualquier imprevisto que muy probablemente vaya a suceder. No debemos olvidar que casos como este son muy raros y lamentablemente no hay informes de supervivencia, salvo por un corto tiempo, cuando nacen gemelos unidos. Alá hay sido bueno con ustedes, porque están vivas y principalmente porque sus órganos vitales son independientes, al igual que los huesos de las partes unidas.

Saeed se arrodilló frente al médico y le besó las manos. Las niñas simultáneamente comenzaron a llorar.

En un gesto espontáneo, se acercaron al doctor Mahmud y le vendaron las piernas, una niña en cada pierna. El hombre, inesperadamente objeto de tanta confianza y agradecimiento, quedó intensamente conmovido y no pudo, por mucho que lo intentara, contener las abundantes lágrimas que corrían por su rostro sereno.

Los demás, igualmente, sintieron sus ojos flotando en lágrimas.

El médico decidió quedarse en esa casa por unos días.

Su objetivo era estudiar mejor la anomalía, bajo su responsabilidad a partir de ese momento. Sabía que tenía una misión muy difícil por delante, ya que nunca antes había visto ni participado en un caso similar. Astuto y experimentado, había captado una gran animosidad entre las hermanas. ¡Intentaría revertirlo! Base indispensable para el éxito de lo que se proponía lograr.

La señora Jehan, que no quiso perderse ninguna parte de aquel rumoreado caso, también permaneció en esa casa unos días.

La estancia de Mahmud con las gemelas fue de gran beneficio moral, pues logró convencerlas que lo mejor para ellas era una convivencia fraterna, basada en la tolerancia recíproca.

En un lenguaje muy sencillo, como todas cosas profundas, también logró inculcar en sus mentes las teorías de causa y efecto, de acción y reacción, de choque de retorno, en definitiva.

Les hizo ver que Alá, el Creador Supremo, no permitiría que tan grande desgracia les alcanzara, si no fuera porque ambas necesitaban pasar por esa prueba.

Profundizando en la teoría kármica, tomando el ejemplo de las principales actividades de todos en esa región, en términos de agricultura, específicamente en términos de libertad de siembra, pero también de cosecha obligatoria, el médico, al cabo de una semana, cambió el panorama espiritual de todos en aquella casa, especialmente de las gemelas.

Con prodigiosa habilidad pedagógica, recogiendo frutos que también nacen juntos, así como algunas semillas, caracterizó erróneamente la situación como la crueldad del destino. Esto se debió, eso sí, a leyes desconocidas respecto a los vegetales, pero muy justas leyes de Alá, cuando dos almas debían intercambiar el odio por el amor, aunque fuera por los caminos del dolor, convocado por un maestro infalible para los alumnos recalcitrantes.

La última noche que pasó en casa de Saeed, mientras todos contemplaban el majestuoso cielo, lleno de estrellas, el doctor Mahmud les dijo a las hermanas que algunas estrellas le habían dicho que las gemelas, en otras vidas, en un pasado lejano, habían sido princesas, quienes codiciaban el trono real, haciéndose mucho daño mutuamente, lo que resultó en la muerte prematura de ambas; en otra ocasión, todavía como hermanas, tenían dones mágicos y usaban a los dioses de la tierra hacerse daño a sí mismas. Por lo tanto, Alá las había unido ahora, pobres y sin dones, brindándoles una oportunidad incomparable de desarrollar la amistad y el amor mutuo.

Todos escucharon las sabias palabras de Mahmud. Dijo también, atrapando a todos en una búsqueda interior:

– Tu buena familia, así como tus otros amigos, seguramente también están involucrados en tu pasado.

Al día siguiente, dejando anhelos y un millón de esperanzas, el médico y la partera exigieron su destino.

Las semillas espirituales sembradas por Mahmud germinaron en los corazones de Inaiat y Neemat mucho más que las semillas de grano que se sembraron en la gran cosecha que el gran río renovaba anualmente.

Las niñas, en una semana, aprendieron a amar a ese hombre.

Esta semilla germinó espléndidamente, al darse cuenta que también amaban a su padre, a sus hermanos y a su tío.

Y, cuando un año después, Inaiat enfermó, con problemas propios de la infancia, pensando que iba a morir, le confesó a Neemat, entre lágrimas de corazón, que la quería mucho y le pidió perdón por las cosas que había hecho, como princesa y como bruja.

Neemat, profundamente conmovida, correspondió con la misma sinceridad: le confesó su amor a su hermana, pidiéndole también perdón por el pasado, por "aquellas cosas malas" de otras vidas.

Inaiat se recuperó días después y, debido al contagio, fue Neemat quien enfermó.

Esta situación, que antes causó tanta angustia y aumentó el odio entre las gemelas, ahora se desarrolló en un ambiente de absoluta comprensión y apoyo recíproco.

Saeed, desde que el médico se fue, había llamado a su hermano y a sus dos hijos, proponiéndoles que todos redoblaran sus esfuerzos para ahorrar dinero para pagar la operación.

Hubo unanimidad de ideales y por eso se ampliaron las tareas agrícolas, comenzando simultáneamente a criar camellos, muy útiles y buscados por los beduinos.

Cerca de allí, más adentro del desierto, lejos de la orilla del río, había un gran criador de camellos, burros, búfalos y elefantes que, en simpatía por Saeed, le había proporcionado las condiciones para desarrollarse, junto con Yahia y sus hermanos Nabil y Arfan Abud, hijos de Saeed, su propia manada.

El criador, Aziz Ibrahim, guio a todos transmitiéndoles las particularidades de los dromedarios, lo que se tradujo, en poco tiempo, en un próspero negocio para Saeed y su familia. Aziz Ibrahim (Jussard) compró, pagando generosamente, todos los lotes de camellos puestos a la venta por Saeed y su familia. Yahia se hizo muy amigo de Aziz, descifrando sus extraños sueños, lo que resultó en que se convirtiera en un hombre tolerante y desapegado, que amaba a los animales, no permitiéndose crueldad hacia ellos.

Habían pasado tres años desde que el médico visitó a Saeed. Su regreso era esperado con impaciencia por todos, especialmente por las gemelas.

Un día, al amanecer, cuando todos aun descansaban, casi a la hora de levantarse, la casa de Saeed fue rodeada por más de cincuenta hombres, todos ellos guerreros y turcos sanguinarios, que invadieron brutalmente las instalaciones de aquel humilde hogar.

Sometían a todos y exigían recompensas, sospechando la existencia de dinero, pues habían estado siguiendo los negocios realizados, relacionados con la venta permanente de animales.

Ante la agresividad de la banda, a punto de matar a todos, Saeed les entregó sus ahorros de tres años.

Contento con el resultado, el jefe de los turcos, Mustafa Zaghlul (Alonse), ordenó la retirada.

También se llevaron algunos animales y almacenaron provisiones.

Como un camello grande estaba enfermo y no se movía con la agilidad que Mustafa requería, fue salvajemente muerto por él.

Saeed siguió, de lejos y en secreto, el movimiento de los bandidos y vio cuando acamparon a orillas del río, en una zona deshabitada.

Regresó al hogar y pidió venganza a su hermano, sabiendo que moriría. Pero el odio nubló su razón. Su sueño de ver operadas a sus hijas estaba en manos de ladrones de ese maldito turco.

Yahia no compartía la idea de venganza de su hermano. Sin embargo, aceptó acompañarlo: no lo abandonaría en este trance doloroso.

Los dos adultos no esperaban que Nabil escuchara esos planes.

Poco después de la medianoche, el campamento de los criminales fue acechado por dos figuras furtivas: Saeed y Yahia. Se creyeron bendecidos por Alá cuando vieron a Mustafa, borracho, salir de su tienda, tropezando, pidiendo el río, tal vez para lavarse la cara. Como felinos al acecho de su presa, dejaron que el bandido llegara al río, cuando Saeed, que tenía una herramienta en la mano, de manera penetrante, saltó hacia Mustafa, haciéndole perder el equilibrio y rodar por el suelo.

El criminal, extremadamente entrenado en peleas, recuperando sus movimientos, parcialmente anestesiados por el alcohol, desenvainó un enorme puñal que colgaba de su cintura y se lanzó contra Saeed.

Nabil, oculto hasta entonces, pero testigo presencial de toda la escena, al ver a su padre en peligro, saltó entre él y el turco.

El joven llevaba en la mano una pequeña cuerda hecha de fibras de papiro, con la cuerda en el extremo desenredada y en cada hilo había un guijarro firmemente atado. Girando la cuerda alrededor de sí mismo, dándole una velocidad increíble, hizo que el extremo que contenía los guijarros golpeara a Mustafa en la cabeza.

El bandido, golpeado inesperadamente, sintiendo un dolor extremo, con los ojos nublados por su propia sangre, perdió la pista de Saeed, tropezó con Nabil, cayó al río y se golpeó la cabeza con una roca.

Murió instantáneamente.

Las aguas que pasaban por allí, con furia, se pusieron rojas por unos instantes, luego volvieron al color del barro.

Otro bandido, dormido por el alcohol, cerca de ese lugar, se despertó sobresaltado al escuchar el grito desgarrador que soltó Mustafa al ser alcanzado por el arma improvisada de Nabil. De pie, aturdido, daga en mano, atacó a los "invasores", suponiendo que eran ladrones.

Nabil volvió a hacer girar su cuerda, dispuesto a arrojársela al enemigo, quien, al verlo, corrió hacia él.

Saeed, sintiendo peligro para su hijo, se interpuso a su vez entre los dos, recibiendo el golpe de los guijarros que penetraron dolorosamente su rostro.

Golpeado, Saeed sintió un gran dolor y rodó por el suelo. El miembro de la banda criminal, al ver la pelea de Yahia y Nabil, aunque estaba armado, huyó cobardemente, gritando y pidiendo ayuda a sus compañeros. Pero casi toda la banda estaba borracha y relativamente lejos, por lo que Saeed, Yahia y Nabil pudieron alejarse sin ser perseguidos.

Saeed fue llevado por los dos, quienes lo llevaron a casa. De prisa, despertaron a las gemelas y a Arfan, y todos fueron al interior del desierto, hacia la propiedad de Aziz Ibrahim.

Llegaron antes del amanecer.

Consciente de los hechos, el rico propietario y criador de animales alojó a toda la familia en una remota dependencia.

La banda de atracadores, a primera hora de la mañana, con la noticia de la muerte de su líder, levantó su campamento, también con prisa, intentando escapar de allí, temiendo que las fuerzas organizadas de la población lanzaran un segundo ataque.

Se dirigieron hacia el desierto.

Cuando pasaron por la casa de Saeed, al verla abandonada, dedujeron que de allí había venido la venganza. Quemaron todo. Luego, adentrándose en el desierto, atravesaron las tierras de Aziz, encontrando el lugar bien protegido por los empleados del criador.

Preguntaron por la familia de Saeed y obtuvieron la respuesta que había rumores que habían ido a Isna.

La pandilla decidió alejarse lo más rápido posible, asustada por la muerte de su propio líder.

Saeed fue tratado en la medida de lo posible, pero después de tres días, incapaz de resistir sus heridas, murió.

Nabil se desesperó. Él nunca se perdonaría a sí mismo. La consternación era general.

Aziz, actuando con caridad, envió un mensajero de confianza a Isna en busca de Jehan. Le envió una gran suma de dinero para que pudiera hacer arreglos para que el doctor Mahmud viniera a operar a las gemelas.

La nota decía que, si por casualidad se revelaba el secreto del alojamiento de las gemelas y sus familiares en la casa del criador de animales, la vida de la partera se vería interrumpida, por orden de él, Aziz, ya que todo ocurría con el permiso de Mahoma, cumpliendo la voluntad de Alá...

El destinatario de la nota no tuvo dificultad en cumplir las órdenes de Aziz, pues, casualmente, al día siguiente de llegar el mensaje - con mucho dinero -, el doctor Mahmud llegó a Isna.

La partera le contó los hechos, pidiendo secreto, ocultando la parte referente a la recompensa real enviada por el criador de animales.

Sin perder tiempo, se dirigieron a tierras de Aziz.

Mezclando alegría con pena, esperanzas y miedos, el médico programó la operación para la mañana siguiente.

Las dos hermanas, ahora amigas, pasaron la noche cogidas de la mano, hablando en voz baja, sumamente emocionadas y llenas de esperanza. No pudieron dormir ni un solo minuto.

Su estado de excitación, combinado con el sueño que la tensión y la expectación habían robado de sus cuerpos, hicieron que los tés anestésicos cuidadosamente preparados por la partera solo tuvieran un efecto parcial.

El médico, antes de iniciar la cirugía, se arrodilló y apoyó la frente en el suelo, con las manos extendidas al frente, con las palmas también en el suelo.

En esa posición, mojó varias veces todo su cuerpo con arena.

Respetuosamente, comenzó a orar, levantando la cabeza y mirando hacia la lejana tierra del profeta Mahoma: la ciudad de La Meca.

Su iniciativa de orar tuvo un efecto catalizador en los demás: todos imitaban sus gestos y repetían sus palabras:

– No hay más Dios que Alá y Mahoma es su profeta. Creo en Dios, en sus ángeles, libros y mensajeros, en el día postrero, en la resurrección de los muertos, en la predestinación de Dios, en el bien y en el mal, en el juicio, en la justicia, en el paraíso y en el fuego del infierno."[2]

– Que los cuatro ángeles que sostienen el trono de Dios intercedan ante Él a favor de los fieles mortales aquí presentes, Inaiat y Neemat.

Y, poniendo ahora sus manos sobre las cabezas de las gemelas, concluyó:

– El ángel Gabriel guíe mis manos....

---

[2] Nota del Médium. Del Corán, libro sagrado de los musulmanes.

Las hermanas, semi anestesiadas por los tés de Jehan, se durmieron profundamente, como en trance hipnótico, haciendo posible la delicada cirugía, con el dolor completamente aliviado.

Inaiat, ya separada de Neemat, se quedó sin el músculo del muslo femoral. No podía caminar a menos que se apoyara con muletas.

A Neemat, le destruyeron el acetábulo óseo, ya que su fémur se apoyaba en la estructura de los huesos de la hermana, como soporte lateral, que, extirpado mediante cirugía, eliminaba la unión del hueso superior desde la pierna hasta la pelvis; de esta manera también podía moverse solo con apoyo.

Por unanimidad, todos estuvieron de acuerdo: comparativamente con la situación anterior, ¿qué implicaba caminar cojeando y con muletas, pero con plena individualidad?

En términos profesionales, la separación quirúrgica de las gemelas significó un acto de alta competencia médica.

En términos espirituales, tenía un significado más amplio: representaba el fin del mal karma: el pago de una deuda pesada.

No es de extrañar, por tanto, que un año después de la milagrosa cirugía, Inaiat y Neemat, que no se soltaban ni un minuto, contrajeran una enfermedad infecciosa que les llevó a la desencarnación en pocos días, ya que sus reservas y órganos estaban debilitados y decididamente frágiles.

Desencarnaron esa misma noche, mientras dormían, entre convulsiones febriles, una abrazada a la otra.

CONQUISTADORES DERROTADOS

A las escenas del desenlace de las gemelas se sucedieron otras, aunque rápidamente repetidas, relacionadas con los acontecimientos ocurridos en la región de Marsella, tras los cuales terminó la proyección.

Todos los implicados, debidamente asistidos con fluidez por los dos colaboradores técnicos, observaron cómo se desarrollaban las escenas. Al congelar las escenas en la pantalla frontal, a cada uno de los asistentes se le mostró lo siguiente en las pantallas laterales aspectos particulares de sus vidas anteriores:

Bientout

– En un regreso lejano había provocado un duelo con Alonse, impulsado por una pasión intrascendente por una cortesana que ambos deseaban; vio, en detalle, que en aquel evento utilizó cobardemente su notoria destreza con la espada para quitar de su camino a su rival.

Con esto, atrajo odio y deseos de venganza por parte de Alonse.

Más tarde, en Egipto, cuando fue asaltado por su antiguo rival, quien a través de la red de la reencarnación se cruzó en su camino quitándole sus bienes y su paz, no pudo perdonarlo.

Buscando venganza se embarcó, por su cuenta, en una venganza que culminó con la muerte de su antiguo enemigo y la suya propia.

Más tarde, en Francia, como poderoso terrateniente, acogió a Alonse como su empleado, después de haber provocado, indirectamente, la tragedia con la que él, Bientout, se había convertido involuntariamente en culpable de asesinato: la muerte de Elysian.

Su muerte, también provocada involuntariamente por Alonse, estuvo garantizada por su brutal tendencia a buscar la razón por la fuerza, en contraposición, por la templanza, a utilizar la fuerza de la razón, en todos sus asuntos pendientes: su muerte, en el "Nido de las Cataratas", era similar a la forma en que Mustafa lo descubrió, en el río Nilo.

El resarcimiento fue literal.

En cuanto a las gemelas, sus hijas, habían sido, en el tiempo, hijas igualmente amadas a las que él había ayudado a extraviar, fomentando su lujuria y el uso de poderes mágicos.

De hecho, en una existencia anterior a Egipto, contrariamente al compromiso asumido antes de nacer, cuando todavía veía su locura en la espiritualidad, se acercó a Gislaine negativamente, ya que no la liberaba del libertinaje en el que se encontraba, porque de ella se batió en duelo con Alonse, matándolo.

En Egipto sufrió con ellos y por ellos.

En Francia, pagó su deuda con ambos, brindándoles orientación y protección. Porque Gislaine murió. Había matado por ella.

La muerte accidental de Elysian, que él mismo provocó, se debió al pasado, en Egipto: como instrumento del destino, aprendió la lección de la no violencia, al igual que Elysian, quien, además, pagó su deuda.

En cuanto a su discordia matrimonial con Marceline, donde fue acusado injustamente de ser infiel y sufrió como resultado, todo no fue más que una deuda atenuada. Porque, debido a una conducta desviada, cuando oía confidencias espirituales en Egipto, traídas por la mediumnidad de su hermano, se complacía en iniciar intrigas familiares. A modo de ayuda, infundía confianza a sus clientes, haciéndoles contar secretos, que luego divulgaba a traición. Mucha gente sufrió como resultado. Acumuló enemistades y pesadas cargas que inevitablemente tendría que redimir.

Como jefe de decenas de empleados, se convirtió en un pacificador de la discordia, enmendando así gran parte del pasado.

En Francia, también evitó la prueba de la riqueza: utilizó juiciosamente sus bienes materiales, prestados por la divina providencia, de modo que no contrajo nuevas deudas.

Su tarea más urgente tendría que ser, a partir de ahora, ayudar a Alonse.

Para lograrlo, inicialmente tendría que moderar su carácter, esforzándose por sustituir el ímpetu por la deliberación.

Marcelina

– Comprendió plenamente sus desgracias, conformándose.

Se dio cuenta que, como madre de Joanne y Gislaine, hace muchas, muchas vidas anteriores, no tenía derecho a educarlas ni a inculcarles una alta moral. Al contrario: las había pervertido, con su omisión y complacencia, ante las frivolidades mundanas y el silenciamiento cuando vio a sus hijas exacerbadas en sus sentidos físicos; más tarde, como amigas, en la vida anterior a Egipto, cuando ella era Nohre, en un reino lejano de Asia, aun así las perdió.

En Egipto, al recibirlas como hijas – gemelas unidas –, las despreció, perdiendo una excelente oportunidad de, aceptando la fatídica pero temporal sugerencia de la unión física, promover la feliz y eterna unión espiritual, con y entre ellas.

Al suicidarse indirectamente, dañó sus órganos reproductivos, por lo que, en Francia, cuando dio a luz a Joanne, había sufrido durante mucho tiempo y poco después quedó estéril.

En Francia, no acogió a Gislaine, su ahijada y sirvienta, porque en el fondo de su alma, en su memoria ancestral, la consideraba todavía una rival: la cortesana por la que su marido se había batido a duelo con su otro amante, matándolo.

En cuanto a culpar a Yahia de la desgracia en Egipto y luego, en Francia, expulsarlo de sus tierras, en la persona del mago Marcel, también entendió su error.

Avergonzada de sí misma, llena de remordimientos, no podía perdonarse tantas oportunidades perdidas.

Su responsabilidad futura era reconciliarse con Bientout, a quien había acusado injustamente, y también con Gislaine y Marcel.

Joanne y Gislaine

– Comprendieron que sus vidas estaban unidas negativamente por la envidia y el odio. Hasta que, en Egipto, por decisión de los técnicos de la reencarnación, vinieron inexorablemente unidas por lo físico – aura penetrando aura– de modo que cada una sufría y era humillada, expuesta a la más completa execración pública. Todo, con miras a adquirir humildad, liquidar éxitos acumulados y, principalmente, el desarrollo de la armonía recíproca.

En vidas anteriores a Egipto, se dedicaban a la artesanía, a veces como hermanas, a veces simplemente como compañeras, sin ningún parentesco; pero, siempre enemigas, entre ellas; esta enemistad fue sostenida e incluso alentada por Marceline, a veces como madre, a veces como madre y amiga, que las recibía en palacio, por separado, pidiéndoles pócimas de amor. Fue como madres que murieron aun jóvenes, al mismo tiempo, en dolorosos sufrimientos, pues utilizaban recíprocamente fuerzas del mal que estaban a su sueldo, a cambio de la locura que provocaban en criaturas inocentes, utilizando sus inequívocos poderes y dones sobrenaturales.

La muerte de las dos hermanas constituyó un doble homicidio, ya que se hicieron una imagen de muñeca, una de la otra, utilizando la ropa interior de su hermana, pinchándolo continuamente en la "madrugada del mal." Esta era la noche del año en la que se hacían sacrificios a los dioses, en conmemoración del terrible incendio que había destruido, tiempo atrás, todos los alimentos almacenados para el mal.

Así, las mujeres venían, de vidas pasadas, plagadas de enemistad entre ellas. Habiendo perdido todas las oportunidades de perdón recíproco, los científicos de la reencarnación decidieron brindarles una unión obligatoria - gemelas unidas -, por un tiempo, lo suficiente para apaciguar sus rencores.

Las cicatrices de la infancia, de Amhas, representaron una "alerta" desde el plano espiritual, para recordar y fortalecer la reconciliación. Además, tales síntomas actuaron como un puente que conectaba el abismo social que los separaba. Cumplido su propósito, desaparecieron.

Las picaduras de avispa a Gislaine y las inyecciones aplicadas a Joanne, que las atormentaron durante mucho tiempo, constituyeron un regreso a las picaduras que, siglos atrás, habían infligido a las muñecas imagen, no solo entre sí, sino también a petición de otras personas malvadas.

Gislaine había llevado previamente a Alonse al suicidio, causando sufrimiento y desesperación a la esposa y a los hijos del amante suicida.

Luego, actuando inútilmente, se alió con Bientout en el conflicto que culminó en el duelo en el que, una vez más, la muerte la abrazó reemplazando las ardientes caricias de su traidor amante.

Es justo, por tanto, que haya venido a Francia como sirvienta, huérfana de nacimiento, desheredada de todos los bienes materiales, negra, estigmatizada por la sociedad, sin derecho a tener familiares, cónyuge y mucho menos hijos.

La violencia con la que fue golpeada por Alonse retrataba la misma violencia que ella misma había sembrado en su pasado. Evidentemente, su tarea más urgente sería reconciliarse con él, interrumpiendo el ciclo de desajustes creado entre ellos, provocando la solución de la continuidad de sombrías perspectivas de futuro, si la fatalidad no se interponía entre ellos.

Se decidió en el plano espiritual que Joanne, en Francia, tendría dos pruebas terrenales difíciles: la belleza y la fortuna. La belleza le traería tentaciones que transformaría en amistades, reconciliando a hombres inadaptados y mujeres celosas, pero, sobre todo, redimiría, al hacerlo, su conducta frívola, que el pasado lejano consignó como una deuda a pagar. La fortuna, bien utilizada, sería en sus manos un instrumento para multiplicar bendiciones, como siempre y en cuantas manos así actúan. Para ella; sin embargo, representaría una poderosa herramienta para reconstruir su camino, también perdido en los pliegues del tiempo. Elysian y Gislaine se acercaban a ella para recibir ayuda material. Aquella sería su empleada y este sería su sirviente.

En una etapa de reencarnación posterior a Francia, habría una secuencia de reajustes: formaría un hogar con Elysian, para fortalecerse mutuamente en las tareas caritativas que ambos pretendían realizar.

Elysian

– Aclaró sus dudas sobre el hecho que no había disfrutado del amor de Joanne en Francia: antes de su vida en Egipto, formó pareja con ella, cuando ella era princesa, de modo que juntos, actuando con premeditación, guiaron a decenas de jóvenes parejas descarriadas, él atrayendo a las jóvenes hacia sí y ella a los chicos. Con conducta tan turbia promovieron dolorosas separaciones de almas que se amaban.

En Egipto, como hermanos, sufrieron innumerables humillaciones.

Por ser la causa indirecta de la muerte de Mustafa y su padre, acabó en Francia, por acciones indirectas de ambos, pasando por el mismo sufrimiento.

Pecó mucho con Joanne, en un pasado lejano. Vivió con ella en Egipto, en medio de angustia y dolor moral.

La amaba profundamente, en Francia, un amor que no pudo prosperar.

Pero ahora, sus corazones ya se poseían el uno al otro y eso era felicidad. Como recompensa por su postura espiritual actual, combinada con Joanne, constituiría un hogar terrenal, a continuación.

Utilizando los conocimientos médicos adquiridos en la "Cosecha de los Espíritus", particularmente en el área de neurología, volvería a enfermar y sería el médico que reconduciría a la normalidad, varios clientes con trastornos nerviosos: los clientes de mañana, muchos de ellos, víctimas de ayer.

Marcel

- En Egipto estuvo bajo el mismo techo que Bientout y Marceline, como su hermano y su cuñado; la convivencia de la pareja volvió, en Francia. Su mediumnidad dio lugar al odio de Hajah, quien le achacó el "castigo divino" de las gemelas, al morir odiándolo.

Por tanto, es natural que, al ser acogido como huésped de Bientout, cuando su mediumnidad estalló de nuevo, éste se mostrara hostil por Marcelina, sin "jamás" haberse encontrado.

Sin embargo, desarrollando a través del esfuerzo el propio respeto por Dios y por los demás, alcanzaría una razonable evolución espiritual, especialmente después de haber aprendido del maestro Lionés, todos los conceptos y mecanismos de comunicación entre espíritus y encarnados.

Su objetivo, solicitado voluntariamente, se hizo mayor convivir con todos en ese grupo, particularmente para ayudar a Marceline y, en la medida de sus posibilidades, dedicarse de todo corazón y el alma a la recuperación de Alonse.

Simeón Joachim y Jussard

– Espíritus íntegros y humildes, fueron libres de seguir otros caminos.

"Abuela Negra"

– La partera que cobró caro por sus conocimientos cuando estuvo en Egipto, se había recuperado ante la justicia universal en Francia, en efecto, sin rebelarse, con amabilidad y desprendimiento, sembraba el bien a cuantos se acercaban a ella, utilizando sus dotes mediúmnicas, ligados a la manipulación de hierbas medicinales.

Su acercamiento benéfico a Joanne y Gislaine sirvió para reequilibrar viejas deudas, cuando las descarrió de caminos evangélicos, enseñándoles el uso negativo de pócimas y fuerzas ocultas.

Ahora era libre de pasar a otras etapas de la vida, con miras a mejores condiciones evolutivas.

Alonse

– Para presenciar la retrospectiva de su existencia, necesitaba el pleno apoyo de los dos asistentes del hermano Víctor.

Con enormes dificultades comprendió el porqué de sus aflicciones, de sus dolores, de sus penas, de sus desgracias...: ¡él mismo!

En el corazón de tantas infelicidades estaba su espíritu endurecido, vengativo, brutal e insensible al mor.

Se había desviado tanto del camino evolutivo que solo por obligación pudo regresar al punto distante de su elevación, dejada olvidada en el pasado.

Para poder retomar la convivencia en el bien, tendría que agotar su voluminoso karma negativo, producto de un vasto campo de maldad. Pero esto se haría por etapas, en las que no habría acción ni razón, ni voz ni voto.

Profundas anomalías en su cuerpo espiritual, provocadas por él mismo, hacían imposibles las reencarnaciones cercanas con un físico normal.

Como mínimo, durante dos reencarnaciones sucesivas sería de gran valor permanecer en un estado de letargo, sin memoria, sin control de la vida, privado de oír y de hablar. La debilidad física, combinada con el bloqueo cerebral y mental, constituiría una barrera insuperable para protegerlo de innumerables enemigos que, sumidos en pensamientos de venganza, lo buscaron ansiosamente, muchos de ellos en grupos.

Como el acusado no emite vibraciones mentales, sus víctimas, especialmente las desalojadas, nunca lo localizarían.

La bondad de Dios, dispensada por igual a todos Sus hijos, era evidente en el presente y en el futuro de Alonse, ya que el tiempo – que todo lo resuelve, todo lo arregla, todo lo calma –, actuando simultáneamente con los réprobos y los vengadores, todos proporcionarían superación espiritual; con ello, el arrepentimiento visitando a todos estos espíritus, la fraternidad sería fruto de lo que, al principio, había sido una plantación equivocada.

Lo difícil ahora sería su aceptación en una familia terrenal.

Y un agravante más: la crueldad hacia los animales tendría que ser sustituida, en primer lugar, por el respeto hacia ellos, para evolucionar, con el tiempo, hacia el amor.

Después de todas estas revisiones individuales, los personajes se reunieron bajo la segura dirección del hermano Víctor, asesorado por Claudinei.

El Doctor Roboels, como invitado especial, asistió a varias de estas reuniones, siempre que su presencia fuese necesaria.

Roboels y Claudinei, enseñando humildad, hicieron que todos tomaran conciencia de su pasado:

El Director del Puesto de Socorro Número Nueve, que en Egipto había actuado tan providencialmente con las gemelas, acogió a todos en la institución bajo su dirección, ya que tenía con ellos innumerables y marcadamente infelices relaciones. Como invasor árabe, durante el establecimiento del Islam, en sus inicios, alrededor del siglo VII, comandó legiones que diezmaron pueblos enteros y a sus habitantes. Contrajo tantas deudas y acumuló tantos enemigos que la divina providencia, después de devolverlo obligatoriamente a indemnización, le permitió, como médico – sobre todo excelente cirujano –, retomar su evolución, curando y corrigiendo graves defectos físicos en tantos como fue necesario.

Se esforzó tanto, actuando siempre con gracia, que se ganó el mérito de, como Director del Puesto de Socorro, curar también a aquellos mismos espíritus que, producto de su violencia pasada, habían caído en las vertientes del mal.

Su recuperación, ante su propia conciencia, se venía produciendo desde hacía siglos.

Pronto sería reintegrado, dejando la Dirección del Puesto. Por unanimidad, todos querían tenerlo como miembro de la familia.

Respecto a Claudinei:

Había sido subcomandante de las legiones árabes comandadas por el doctor Roboels, participando activamente en todas las sangrientas invasiones.

Posteriormente, como sultán en Egipto, fue el patrocinador de la mayor parte de los enormes gastos de las operaciones que realizó el doctor Mahmud.

Llegó a esta situación luego de sufrir el shock de volver a sus malas acciones.

Retractándose ante el deber, adquirió las condiciones para, como su antiguo comandante, y junto a él, ayudar a los demás, ayudándose, en primer lugar, a sí mismo.

Había un acuerdo tácito entre el sultán y el médico: todas las cirugías practicadas a los fieles se harían gratuitamente, para engrandecimiento de Alá y para que, en el "día del juicio final", pudieran ser recibidos por Él.

Cuando llegó la noticia del caso sin precedentes de las gemelas de Isna, el sultán se interesó mucho y proporcionó al médico todas las facilidades necesarias para brindarles la atención adecuada.

El éxito de la cirugía fue enteramente atribuido a Alá, por ambos.

Así, el sultán y el médico, unidos al principio por ideales conquistadores, ahora recorrieron juntos el camino correcto.

Con emoción y alegría indescriptibles, Claudinei recibió una invitación de los amigos de la espiritualidad mayor, presentada por el hermano Víctor, para reemplazar al doctor Roboels, en dirección del Puesto de Socorro Número Nueve.

En reuniones colectivas posteriores, en la "Cosecha de los Espíritus", las dificultades y desequilibrios de Alonse, Gislaine y Marceline, fueron compensados por los pases magnéticos vigorosos y casi permanentes transmitidos por otros instructores espirituales, convocados *"ad hoc."*

Fueron casi diez meses de deliberaciones y debates.

En todos los encuentros, la mitad del tiempo se dedicó a la oración, la evangelización, la meditación; la otra mitad se utilizó para las diferentes configuraciones de la reencarnación, detallando todo su desarrollo.

Con autoridad y energía, los instructores impidieron cualquier discusión que pudiera derivar en acusaciones. Imbuidos de una gran motivación, haciendo votos y comprometiéndose para cuando regresaran al piano terrenal, el grupo llegó al siguiente consenso:

- Elysian y Joanne pronto volverían al plano físico, formando un hogar, recibiendo a Gislaine y Alonse como hijos. Elysian, médico; Joanne, responsable de una institución que acoge a personas excepcionales: le darían amor a su hijo con discapacidad – única manera de entrar en contacto con él -, además que el amor es un poderoso remedio para la triste amargura de la debilidad mental;
- Gislaine, viviendo con Alonse - discapacitada y extremadamente necesitado -, tendría compasión de él, una de cuyas virtudes el amor comienza... Dedicándose a su hermano lo ayudaría mucho, pero más a ella misma. Hasta la reencarnación, ambos permanecerían bajo custodia en la "Cosecha de los Espíritus";
- Bientout y Marceline volverían a hacer un hogar, en el que Marcel sería hijo único; con esto los tres quedarían inducidos a la reconciliación. Bientout sería el hermano de Elysian. Marceline sería la hermana de Joanne. Las dos familias, de edades similares, convivirían estrechamente durante toda su vida, ayudándose mutuamente ante las dificultades comunes;
- Marcel, a través de sus dotes mediúmnicas, despertaría en todos el conocimiento y la práctica de la Doctrina Espírita, de la que se beneficiarían enormemente; la tesis de la reencarnación mostraría soluciones a las dudas familiares y profesionales de los padres de Alonse. Dedicaría especial atención a su primo, dedicándole amor y caridad, empleando juiciosamente con él su equilibrada mediumnidad. A las posibilidades psicofónicas, ya

conquistadas, se sumarían las de curación y clarividencia, redoblando su responsabilidad, pero ampliando su potencial en la práctica de la caridad.

SIGLO XX Portugal – Ciudad de Oporto

La Facultad de Medicina estaba engalanada.

La noche estaría llena de maravillas y emociones, mientras los médicos formados allí, la última promoción antes del estallido de la Primera Guerra Mundial, recibirían sus diplomas.

La familia y los invitados ya estaban alojados en el gran salón, muy bien iluminado y enmarcado con hermosas flores naturales.

A la hora señalada, el maestro de ceremonias apareció en el escenario, frente al público, con el telón cerrado.

Saludó a todos e inmediatamente se abrieron las cortinas. Ahora se podía ver a los graduados, de perfil.

Fueron aplaudidos alegremente.

Al piano, una joven comenzó a interpretar el Himno Nacional. Todos se pusieron de pie y cantaron el Himno.

Después de realizar el *"juramento hipocrático"*, los graduados recibieron su diploma, con los "inevitables" discursos.

Coronación de la ceremonia, confraternización, lección general, entre salazones, platos, dulces y algunas bebidas.

Miguel Francisco, primer lugar de la clase, en la mesa con Dulciana, su prometida, estuvo acompañado de sus padres y su hermano Edmundo, mayor que él.

Edmundo, elogiado floricultor, había decorado la habitación con clase y gusto inigualables. En la intimidad familiar lo llamaban "doctor de las flores", parodiando a Miguel, "médico legítimo."

Con ellos, también Amelia, la hermana de Dulciana, mayor que ella.

Los dos matrimonios, Miguel–Dulciana y Edmundo–Amelia, charlaban animadamente cuando el Decano de la facultad, el Doctor Albano, quien salió a recibirlos. Invitado a unirse al grupo, aceptó.

Luego de unas amenas conversaciones, el Decano invitó a Miguel a quedarse en ese Colegio, como contratista. Explicó que era intención de la Facultad abrir un Departamento de Neurología y el trabajo de Miguel, como estudiante y académico en este campo de la Medicina, lo había acreditado para integrar el equipo médico especializado que se conformaría.

Muy emocionado, Miguel aceptó.

Además de realizar su ideal profesional, podría casarse con su amada Dulciana, ya que el soñado e indispensable apoyo material del futuro hogar acababa de materializarse, desterrando las preocupaciones económicas.

Cuando el "magnífico rector" puso su mano sobre el hombro de Miguel, ambos tuvieron la clara, pero inexplicable sensación que eran amigos, hace mucho tiempo, lejanos en el tiempo...

Este sentimiento, de hecho, se había manifestado desde la llegada de Miguel a la Facultad, años atrás, cuando fue recibido por el Decano, junto a los demás compañeros que conformarían la promoción. En los años siguientes, viviendo en el Colegio, Miguel disfrutó en varias ocasiones de la compañía del rector, adquiriendo innumerables conocimientos extraescolares, sobre Filosofía, sobre la Naturaleza, sobre Dios...

Se hablaba en los pasillos de la Facultad, sin ninguna connotación de crítica o malicia, del singular hecho que, durante horas y horas seguidas, hasta altas horas de la noche, el Decano y Miguel permanecían en lo alto de la gran torre del tanque de agua, armados con potentes telescopios, para escanear el cielo estrellado.

Y eso, paralelo a los estudios de Medicina, que llevaban a cabo.

Todos los días Miguel se dedicaba a la astronomía, cuando las noches eran estrelladas.

Había encontrado un compañero así en el rector. Miguel, un soñador, narró a sus amigos sus momentos pasados con las estrellas, diciendo que una de ellas en particular – Spica –, cuando apareció en el paisaje celestial, le advirtió que era hora de irse a dormir...

Sus colegas apreciaban mucho estas narraciones astronómicas, plagadas de leyendas, pero igualmente repletas de información científica, demostraciones irrefutables de la palidez de la Tierra... y de sus habitantes.

Un pianista desconocido, pero excelente, tocaba descuidadamente el piano, encantando a todos con su técnica y armonía musical, extrayendo hermosas canciones de un repertorio inconexo.

Cuando Albano tocó el hombro de Miguel, se escucharon las primeras notas de una pieza musical romántica, cuyo tema estaba relacionado con la tristeza, probablemente las del propio autor...

El Decano y el graduado se miraron profundamente, conmovidos por un sentimiento indefinible.

Dulciana, espontáneamente, abrazó a su prometido y al rector, llena de felicidad. Declaró que no podía descifrar por qué se sintió tan embelesada cuando escuchó esa música. Con sorpresa, escuchó la misma declaración de los dos hombres. Albano, sereno y demostrando perfecta comprensión de lo que decía, aclaró que, en ocasiones especiales, como aquella, Dios permite que el pasado se haga presente, uniendo amigos, uniendo corazones, siendo la música uno de los vehículos más fieles y adecuados para transportando anhelos y emociones, de un tiempo a otro, superando todas las barreras.

La aceptación por parte de todos que ésta era una verdad incuestionable se debía a lo que había en sus almas.

El invitado añadió a todos los presentes en la mesa:

– La reencarnación aclara el universo mediante respuestas lógicas, que de otro modo no podrían afrontar las preguntas de la razón, cara a cara.

Todos quedaron conmovidos.

Las dos jóvenes parejas reflexionan sobre la pregunta sin respuesta:

– ¿Dónde habías escuchado esas mismas palabras antes...?

Allí mismo, Miguel invitó a Albano a ser su padrino de boda.

Tanto el estudiante como el Decano estaban emocionados. En señal de aceptación de la honorable invitación, el rector abrazó a Miguel, incapaz de evitar que sus fugaces lágrimas se mezclaran con las del joven.

Animado por la feliz imagen, Edmundo tomó las manos de Amelia y le declaró su amor. No pasó mucho tiempo antes que él supiera íntimamente que ella también lo amaba.

Amelia, encantada, abrazó tiernamente a Edmundo. Desbordantes de felicidad, el grupo brindó por el momento mágico con copas de espumoso champán.

El pianista, en un "gran final" de su aislada participación musical, tocó al aire los últimos acordes de la que se convirtió en la "canción favorita" de Miguel y Dulciana.

CUMPLIENDO COMPROMISOS

Unos meses después de la graduación de Miguel, la boda de ambas parejas se llevó a cabo el mismo día.

Singular coincidencia: dos hermanos, casándose con dos hermanas, en el mismo momento, en la misma iglesia, con los mismos padrinos y los mismos invitados.

Combinando amistad con practicidad, todo entre las dos parejas era común, incluida la ubicación de sus futuras residencias y las casas vecinas.

Como resultado de su matrimonio, los dos padres dieron la bienvenida a sus hijos en menos de un año.

Dulciana dio a luz a Lucía Helena.

En casa de Amelia nació Luiz.

Unos diez años después, llegó un segundo hijo para Miguel y Dulciana: en medio de dificultades durante el embarazo y el parto, nació Haroldo. El feto, esperado con amor y cariño, tenía problemas físicos congénitos irreversibles y a los pocos meses se confirmó el síndrome de Down.

Los padres, que se turnaban para quedarse despiertos innumerables noches para cuidar a su pequeño hijo enfermo, siempre en crisis, nunca se rebelaron ni cedieron al inconformismo.

El doctor Albano, que los visitaba con frecuencia, los consolaba moralmente, infundiéndoles siempre la certeza de la justicia divina, sugiriéndoles un seguro refugio espiritual en la acogida y la oración.

Les llevó a la lógica convicción que solo la reencarnación desata los nudos engendrados por la Ciencia, cuando la Ciencia, en su búsqueda de respuestas, adolece de una falta de expansión en el tiempo para los análisis, dado que las dificultades humanas no se originan ni están circunscritas a estrechos límites, límites de una sola vida o de una generación.

Los tíos de Haroldo no pudieron ocultar la repulsión que les causaba su sobrino. Disimulando este sentimiento, a veces aludía a compromisos inexistentes, y otras se excusaban con tareas infantiles, para no acercarse al niño anormal.

Los padres de Haroldo, al principio, se indignaron ante tales muestras de desprecio. Sin embargo, con el paso de los años aceptaron el hecho. Sobre todo, porque el comportamiento de otros vecinos y otros amigos y conocidos fue idéntico.

Haroldo tenía diez años cuando Luiz entró corriendo a la casa pidiendo ayuda a sus padres para ayudar a su prima, que atravesaba una grave crisis. Los padres de Haroldo estuvieron ausentes y no hubo forma de llamarlos.

Edmundo, algo molesto, obedeciendo a su naturaleza de siempre responder a los pedidos de su hijo, acudió a la casa de su hermano.

Haroldo hizo espuma.

Extremadamente pálido, estaba tendido en el suelo. Mirada perdida.

Edmundo levantó a su sobrino y le tocó la frente. Habló más fuerte, en ese momento, su formación cristiana. Habría hecho lo mismo por cualquiera.

Tío y sobrino se miraron fijamente. La mirada del niño era de odio y terror.

En el adulto, la mirada de intenso asombro del doloroso momento de vacilación en la cima del "Nido de las Cataratas."

Edmundo, asombrado, tambaleándose, levantó la vista y dijo:

– Dios, Padre Nuestro, da descanso a los enfermos y a los culpables el arrepentimiento...

Mentalmente, Luiz continuó la "Oración de Cáritas." Inmediatamente, las miradas cambiaron.

Los dos antagonistas de ayer, llenos de una emoción muy fuerte, se abrazaron con miedo.

Edmundo abrazó a Haroldo contra su pecho.

El niño sintió el calor y el cariño. Inexplicablemente, salió de la crisis. Su rostro se suavizó y dos lágrimas borraron el odio de sus ojos.

Edmundo, sin poder evitarlo, rompió a llorar. Los brazos deformes del niño se enroscaron con avidez alrededor del cuello de su tío, que como náufrago que se aferró a un aro salvavidas.

Luiz comprendió que sus oraciones no habían calmado a Haroldo hasta entonces, el plan mayor programaría la reconciliación de los dos enemigos.

Allí, una vez más, la compasión promovió el perdón.

Tío y sobrino nunca dejaron de verse otra vez.

Edmundo, en cada momento disponible, otros no tanto, inventó mil y una excusas, encontrando la manera de estar con Haroldo.

Nadie podía explicar por qué cada vez que estaban juntos ambos lloraban, claramente de alegría.

Amelia, siguiendo el ejemplo de su marido y su hijo, poco a poco se fue acercando a Haroldo, colmándolo de cariño y protección.

De todos los familiares, solo Lucía Helena no admitió el nacimiento de Haroldo, presa del rechazo incoercible de su hermano, rechazó cualquier acercamiento a él.

No solo lo rechazó como a un hermano, también lo odiaba.

Su odio, manifiesto, trajo más sufrimiento al hogar.

Luiz, el primo, por el contrario: no dejaba solo a Haroldo ni un momento, brindándole sus atenciones y, más aun, su cariño conmovedor.

Los familiares se dieron cuenta que Luiz, que ya tenía once años, tenía magníficas dotes. Su presencia calmaba a su primo, quitándole los dolores "con las manos", cuando se las ponía en la cabeza, sobre todo durante las terribles y rutinarias crisis que le afectaban.

En estas ocasiones, muchas de las cuales fueron presenciadas por el Dr. Albano, el anciano rector tomaba un ejemplar del libro espírita *El Evangelio según el Espiritismo* que había regalado a los padres de Haroldo y leído en voz alta desde una página abierta al azar. Invariablemente, las lecciones evangélicas abordaban las dudas del momento, de uno u otro allí presente.

Lucía Helena tenía un perro grande, llamado "Carbón." Estaba muy apegada al animal, regalo de sus tíos en su décimo cumpleaños.

Nadie supo explicar cómo aquel perro se encariñó con Haroldo, ya que este último, de apenas unos meses de edad, comenzó a gatear dolorosamente por la casa, raspando sus rodillas con el suelo, debido a las dificultades que le imponía la atrofia de sus extremidades inferiores.

El perro, mostrando generosidad, lamió las heridas del niño, muy suavemente y a largos intervalos.

Haroldo tenía tres años cuando logró emitir, guturalmente, el único sonido que le permitían sus discapacidades físicas: con mucho esfuerzo, dirigiéndose a "Carbón", lo llamó "rro."

El perro llegó en el mismo momento, dondequiera que estuviera, y meneando la cola, se apoyó en el niño que, encantado con esta trivial demostración de amistad, dejó traslucir algo de alegría.

Fue en esta etapa que Lucía Helena, al ver que su perro se hacía amigo de Haroldo, sintió lástima por su hermano pequeño enfermo e indefenso.

El Doctor Albano, aprovechando esta providencial apertura en los sentimientos de la joven, la alertó sobre la fragilidad de los vínculos de parentesco terrenales.

No pasó mucho tiempo antes que Lucía Helena comenzara a ver en Haroldo más que un hermano, sino alguien puesto a su lado, bajo el mismo techo, necesariamente para reajustes que, aunque inexplicables para su espíritu, no por ello inexistentes: si había no en el presente motivos para odiarlo, ciertamente la respuesta a este enigma tenía que estar en un solo lugar posible: en el pasado.

Haroldo siempre estuvo enfermo y su hermana, íntimamente compadecida de él, a partir de ese momento destruyó sus muros espirituales que la separaban de él y él reclamó para sí, parte del cuidado permanente que le brindaban sus padres, su primo, su amigo el Decano y hasta su perro.

A partir de ese momento, la mirada de Haroldo se suavizó, alguna vez permanentemente congestionada, sus ojos, siempre enfocados en la lectura, comenzaron a buscar la mirada de su hermana cuando ella lo atendía.

Nunca más Lucía Helena dejó de hacerle la compañía diaria a su hermano y no tardó mucho en empezar a quererlo, trasfundiéndole consanguinidad a la compasión, de compasión a piedad, de piedad ¡al amor universal!

Hablaba fuerte en su alma femenina, dotada de intuición y maternidad, que ese hombre era muy importante para ella; deforme e inútil en esta vida, pero ciertamente expresivamente activo y conectado con ella, en vidas anteriores...

Con el paso de los años, Miguel se especializó en curar pacientes nerviosos, además de desarrollar habilidades extremas en neurocirugía. Realizó cirugías muy delicadas, curando a clientes incluso de otros países.

Su esposa, sin escatimar esfuerzos, basándose en la experiencia vivida con su hijo, cuando éste cumplió cinco años, había fundado una digna organización benéfica para niños excepcionales. Al principio decidió que allí solo se cuidarían a niños pobres.

Miguel atendió a la mayoría de los internos brindándoles una inestimable asistencia médica.

Poco después de inaugurada la institución, falleció el Dr. Albano.

En poco tiempo, la institución pasó a servir también a los ricos, porque, si los pobres admitían a sus hijos por absoluta falta de recursos, los ricos lo hacían por absoluta incompatibilidad con las desgracias, raras excepciones.

Y así, el dinero recaudado de quienes podían, contribuía a los gastos de quienes lo necesitaban.

Considerando que las personas excepcionales, en su caso, presentan graves anomalías, en aquella época su esperanza de vida era corta, por lo que había una gran rotación de internos. Los pocos reclusos que ampliaron su edad tenían asistencia garantizada.

Profundizando sus estudios científicos, sus análisis profesionales y acumulando experiencia cristiana, gracias al estudio y práctica de la Doctrina Espírita, Miguel concluyó que los llamados "débiles mentales" contienen una demostración incomparable del amor de Dios; de hecho, son espíritus de la más alta inteligencia, o de un magnetismo y liderazgo irresistibles, o con todas estas cualidades, que, muchos de ellos, en vidas pasadas abusaron de ellos, promoviendo infelicidad... y enemigos.

Cuando se extravían, ante una conciencia culpable, la mayoría ruega una oportunidad de compensación, que se les concede. Las Leyes de la vida, que evidencian la justicia y la misericordia, permiten que estos espíritus, otrora grandes y poderosos líderes, sean colocados en organismos bloqueados, liberándolos de innumerables ataques vengativos, durante su estancia al abrigo de un cerebro inactivo.

Con su poderosa inteligencia anestesiada, los excepcionales han intensificado su sensibilidad espiritual que les enseña, de manera indeleble, que el amor "cubre multitud de pecados."

Por regla general, sus familiares y otros asistentes son socios del pasado.

El amor y el cariño fraternales son prácticamente las fuerzas más poderosas del universo que compenetran esta armadura astral, induciendo al alma aprisionada a reflexionar sobre la magnanimidad de Dios.

Una pequeña minoría de recalcitrantes solo pospone el momento de su liberación ante el bien; si el arrepentimiento lleva mucho tiempo, se les obliga a realizar los reajustes necesarios, tantas veces como sea necesario.

Miguel observó además que, en todos los grupos de personas, llamados peyorativamente "excepcionales" por la sociedad, siempre había al menos uno de ellos, que irradiaba paz y tranquilidad con el grupo. Concluyó que probablemente no había un espíritu deudor, como los demás, sino misionero, en el papel de mediador, actuando así como antena, entre el plano mayor y ese entorno sufriente.

Luiz, al alcanzar la mayoría de edad, estaba en plena posesión de virtuosos dones mediúmnicos.

Caritativamente atendió a aquellos en apuros que lo buscaban. Sembró esperanza y consuelo espiritual a los desesperados.

Asistía regularmente a reuniones espirituales, celebradas en una de las instalaciones de la institución que regentaban sus tíos.

Allí estaba todos los días Dulciana, directora de la institución, llevando a Haroldo.

Miguel tenía deberes médicos regulares.

Luiz, asiduamente, pasaba mañanas enteras en esa bendita casa, administrando energías magnéticas revitalizantes al interior, a través de pases.

Todos se dedicaron con gracia a estas dignas tareas. Es como si estuvieran cumpliendo un contrato firmado consigo mismos.

Tales son las semillas cuyos frutos permitirán a todos los espíritus, iguales al deber, entrar en el reino de los cielos.

Ese día tendrán el rostro iluminado por excelencia: ¡la milésima!

Haroldo tenía diecisiete años cuando, una mañana, Lucía Helena se despertó sobresaltada creyendo escuchar a su hermano llamándola. Corrió a la habitación de su hermano a tiempo de confirmar el milagro, porque tomando la mano casi fría de su antiguo enemigo, todavía lo escuchó balbucear, antes de decir:

"– ¡Gis... lai... ne!"

FIN

www.ingramcontent.com/pod-product-compliance
Lightning Source LLC
LaVergne TN
LVHW041750060526
838201LV00046B/959